AF830137

Der Staatshaushalt

des

Königreichs Sachsen.

Der Staatshaushalt

des

Königreichs Sachsen

in seinen verfassungs- und etatrechtlichen Beziehungen

nach dem Stande der heutigen Gesetzgebung und unter Berücksichtigung der geschichtlichen Entwicklung.

Von

Dr. Ernst Löbe,

Wirklichem Geheimen Rate und Präsidenten der Königl. Sächs. Oberrechnungskammer.

Dritte, neu bearbeitete Auflage.

Leipzig,
Verlag von Veit & Comp.
1912.

Druck von Metzger & Wittig in Leipzig.

Vorwort zur zweiten Auflage.

Die vorliegende Schrift bildete in ihrer ersten Auflage den ersten Teil eines von mir im Jahre 1899 unter dem Titel „Der Staatshaushalt des Königreichs Sachsen in seinen verfassungsrechtlichen Beziehungen und finanziellen Leistungen" veröffentlichten Werkes.

Die wesentlichen Änderungen, die in der Zwischenzeit auf dem Gebiete der verfassungsrechtlichen Beziehungen des Staatshaushalts im Wege teils der Gesetzgebung, teils der Vereinbarung der Regierung mit den Ständen eingetreten sind, haben namentlich in den an der Verwaltung des Staatshaushalts beteiligten Kreisen den Wunsch rege werden lassen, meine hierauf bezügliche Darstellung in einer Gestalt zu besitzen, die den veränderten Verhältnissen allenthalben Rechnung trägt.

Ich habe mich deshalb insoweit zu einer Neubearbeitung meines Werkes entschlossen, die ich nunmehr mit dem Wunsche der Öffentlichkeit übergebe, daß es ihr auch an ihrem Teile gelingen möge, der zur richtigen Beurteilung staatlicher Einrichtungen und Zustände vielfach geradezu unentbehrlichen Kenntnis unserer verfassungsrechtlichen Staatshaushaltsverhältnisse in immer weiteren Kreisen Eingang zu verschaffen.

Damit die Benutzer meines Buches die einschlagenden Bestimmungen der Verfassungsurkunde und der sie abändernden und ergänzenden Verfassungsgesetze, des Gesetzes über den Staatshaushalt nebst der dazu erlassenen Ausführungsverordnung und des Gesetzes über die Oberrechnungskammer ihrem vollen Wortlaute nach jederzeit sofort zur Hand haben, habe ich ihm diese Bestimmungen in Gestalt selbständiger Beilagen angefügt.

Dresden, im Juli 1906.

Dr. Löbe.

Vorwort zur dritten Auflage.

Bei der abermals nötig gewordenen Neubearbeitung des vorliegenden Werkes ist sein Inhalt überall dem gegenwärtigen Stande des Staatshaushaltswesens entsprechend ergänzt und, soweit nötig, berichtigt worden. Insbesondere haben dabei die Änderungen Berücksichtigung gefunden, die auf dem Gebiete der den Staatshaushalt berührenden Gesetze und Verwaltungsvorschriften seit dem Erscheinen der zweiten Auflage eingetreten sind. Aber auch sonst ist der Inhalt des Werkes in allen seinen Teilen einer eingehenden Nachprüfung unterworfen worden, die zu manchen veränderten Anschauungen geführt hat. Im übrigen hat sein Titel, da es außer den verfassungsrechtlichen auch die rein etatrechtlichen Beziehungen des Staatshaushalts behandelt, eine entsprechende Erweiterung erfahren.

Dresden, im Juli 1912.

Dr. Löbe.

Inhaltsübersicht.

Erklärung der hauptsächlichsten Abkürzungen.

A. R. V. bedeutet Allgemeine Vorschriften für das Staatsrechnungswesen des Königreichs Sachsen.

BGB. „ Bürgerliches Gesetzbuch für das Deutsche Reich.

GS. „ Gesetzsammlung für das Königreich Sachsen, so genannt vom Jahre 1818 ab, oder Sammlung der Gesetze und Verordnungen für das Königreich Sachsen, so genannt vom Jahre 1832 ab.

GVB. „ Gesetz- und Verordnungsblatt für das Königreich Sachsen, so genannt vom Jahre 1835 ab.

Löbe, Handbuch bedeutet Löbe, Handbuch des Königlich Sächsischen Etat-, Kassen- und Rechnungswesens mit Einschluß der rechnungsmäßigen Staatshaushaltskontrolle. 2. Aufl.

RGB. bedeutet Reichsgesetzblatt.

StHG. „ Gesetz, den Staatshaushalt betreffend, vom 1. Juli 1904.

StHG. AV. „ Verordnung zur Ausführung des Gesetzes vom 1. Juli 1904, den Staatshaushalt betreffend, vom 18. Januar 1905.

VU. „ Verfassungsurkunde des Königreichs Sachsen vom 4. September 1831.

Erster Abschnitt.

Der Staatshaushalt und das ständische Bewilligungsrecht.

1. Den Ständen des Königreichs Sachsen, die nach der Verfassungsurkunde vom 4. September 1831 das gesetzmäßige Organ der Gesamtheit der Staatsbürger und Untertanen und als solches berufen sind, deren auf der Verfassung beruhende Rechte in dem durch selbige bestimmten Verhältnisse zu der Staatsregierung geltend zu machen (§ 78), aus zwei in ihren Rechten und Befugnissen einander gleichen Kammern sich zusammensetzen (§§ 61 Abs. 1, 62 Abs. 1) und längstens alle zwei Jahre zu einem ordentlichen Landtage einberufen werden müssen (§ 115 Abs. 1 in der Fassung des Verfassungsgesetzes vom 3. Dezember 1868), ist verfassungsmäßig u. a. das Recht entscheidender Mitwirkung bei Festsetzung des Staatsbedarfs und der Mittel zu seiner Deckung gewährleistet (**VU.** §§ 96 ff.). Dieses Recht aber, dessen Ausübung den Ständen dadurch ermöglicht wird, daß ihnen bei jedem ordentlichen Landtage ein Voranschlag des Staatsbedarfs auf die zwei nächstfolgenden Jahre nebst den Vorschlägen zu dessen Deckung möglichst bald nach Eröffnung des Landtags mitzuteilen ist (VU. § 98 in der Fassung des Verfassungsgesetzes vom 3. Dezember 1868), steht in seinen sachlich wichtigsten Beziehungen in engem Zusammenhange mit der Entwicklung der landesherrlichen Einnahmequellen in den ältesten Zeiten unserer vaterländischen Geschichte.

Geht man bis auf die um das Jahr 968 erfolgte Entstehung der das Stammland bildenden Mark Meißen, insbesondere aber auf die Zeit zurück, zu der diese in den Besitz des noch heute im Königreiche Sachsen blühenden Herrschergeschlechts der Wettiner gelangte, was durch die im Jahre 1089 vom Kaiser Heinrich IV. als Deutschem Könige erfolgte Belehnung des Grafen Heinrich von Eilenburg aus dem Hause Wettin geschah,[1] so ergibt sich, daß für die Landesherren der damaligen Zeit ihr Besitz an Grund und Boden die Hauptquelle der Einkünfte bildete.

[1] Posse, Die Markgrafen von Meißen und das Haus Wettin bis zu Konrad dem Großen S. 11, 205, 244.

Dieser Besitz war teils erblich (Allodialgut, Kammergut), teils umfaßte er diejenigen Ländereien, die den Markgrafen vom Kaiser als Besoldung für die Verwaltung des Markgrafenamts zu Lehen gegeben waren (Besoldungsland, Benefizialland). Mit der Ausbildung der Landeshoheit und nachdem die Markgrafenwürde im Hause ihrer Träger erblich geworden war, wuchs indessen das Besoldungsland dem landesherrlichen Erbgute zu. Der den Landesherren zugehörige Grundbesitz wurde teils von ihnen selbst bewirtschaftet und gewährte Nutzungen durch seinen Waldbestand, durch den Betrieb von Viehzucht, Ackerbau, stellenweise auch bereits Weinbau, verbunden mit Weinkelterei, ferner von Jagd, Fischerei, Mühlen usw., teils war er gegen Zins und Dienste an Dritte dergestalt ausgetan, daß letztere dadurch zu den Landesherren in das Verhältnis der Hörigkeit traten, teils war er Dritten gegen die Verpflichtung zur Ableistung des Kriegsdienstes zu Lehen gegeben.

Eine zweite Einnahmequelle der Landesherren waren die Regalien, worunter Hoheitsrechte verstanden wurden, die ursprünglich, wie auch schon der Name erkennen läßt, dem Könige vorbehalten und von diesem auf die Markgrafen übergegangen waren. Die finanziell wichtigsten waren die Gerichtshoheit, die Schutzhoheit, die Hoheit über die Forsten, die Landstraßen, die öffentlichen Flüsse und sonstigen Gewässer einschließlich der Fischereinutzung und der Anlage von Mühlen, der Bergbau, der Hüttenbetrieb, das Münzen, die Zölle. Denn an sie knüpften sich neben sonstigen Einnahmen mannigfache Gebühren und Abentrichtungen, wie beispielsweise Gerichtsgebühren, Strafen, Bußen, Verwaltungsgebühren, Geleits-, Wege-, Brücken-, Fährgelder, Wasserzölle, Fischzinsen, Mühlenzinsen, Stättegelder, Marktzölle und sonstige Zölle von dem auf dem Transporte sich bewegenden Warenverkehre, Bergzehnten, Hüttenzinsen, Schlagschatz (Münzgewinn) und dergleichen mehr.

Mit den Einkünften, die den Landesherren aus diesen Quellen zuflossen, konnten sie schalten und walten, wie sie wollten, und ohne daß sie dem Lande darüber Rechenschaft schuldig waren. Nur mußten sie selbstverständlich damit nicht nur die Kosten ihrer Haus- und Hofhaltung bestreiten, wozu in erster Linie die Einkünfte aus dem Grundbesitze dienten, sondern sie hatten daraus auch den Aufwand für die Ausübung der Regierungsgewalt zu decken, wozu hauptsächlich die Einkünfte aus den Regalien Verwendung fanden. War das Ausgabebedürfnis zeitweise größer als die vorhandenen Deckungsmittel, so erübrigte den Landesherren zunächst nur, ihren Kredit zu Hilfe zu nehmen. Allein zu diesem Auskunftsmittel konnte der Natur der Sache nach nur ausnahmsweise gegriffen werden. Man kam deshalb schon in früher Zeit darauf zu, die Gesamtheit der Staatsangehörigen durch Steuern, d. h. durch Leistungen, die im Gegensatze zu den Abentrichtungen aus Regalien die Landesherren zu unmittelbaren Gegenleistungen nicht verpflichteten, zu den Regierungslasten heranzuziehen. Ein Recht, Steuern auszuschreiben, stand indessen den Landesherren nicht zu. Sie konnten in den Besitz von Steuern nur gelangen, wenn und soweit ihnen solche auf ihr Ansuchen von den Steuerzahlern bewilligt wurden. Solange Städte noch nicht bestanden, wurden als die zur Vertretung des Landes im Verhältnisse zum Landesherrn berufenen Stände die Geistlichkeit und der Adel angesehen. Nach der Begründung von Städten traten diese als dritter vertretungsberechtigter Stand hinzu. Mit jedem dieser drei Stände mußten daher die Landesherren verhandeln, wenn sie die Ausschreibung von Steuern für notwendig hielten. Diesem Verhältnisse entspricht es, daß die auf solche Weise den Landesherren gewährte Leistung als Bete oder Bede oder Bitte oder auch als Heischung (precaria, petitio) bezeichnet wurde.[1] Übrigens erfolgte die Bewilligung immer nur auf bestimmte Zeit. Auch hatten dabei die Landesherren schriftliche Anerkenntnisse (Reverse) des Inhalts auszustellen, daß ihnen nach Ablauf der Bewilligungsfrist kein Recht zur Forterhebung mehr zustehe.

Um der Unsicherheit in der Erhebung der Beten zu entgehen, die darin begründet war, daß diese anfänglich weder regelmäßig sich wiederholten, noch an bestimmte Termine und an feste Sätze gebunden waren, hatten sich schon seit Ausgang des 13. Jahrhunderts einzelne Städte zu bestimmten Jahresleistungen, die deshalb Jahresrenten genannt wurden, bereit finden lassen, und bis etwa um die Mitte des 14. Jahrhunderts waren nicht nur alle Städte sondern auch ein Teil der Geistlichkeit und des Adels diesem Beispiele gefolgt. Von da ab gestaltete sich daher die Erhebung einer regelmäßig wiederkehrenden, an bestimmte Termine und Sätze gebundenen Steuer, die, soweit sie von Städten zu entrichten war, fortdauernd Jahresrente, soweit die Geistlichkeit und der Adel zahlungspflichtig waren, allgemeine Bete oder Landbete genannt wurde, mehr und mehr zu einer stehenden Einrichtung.

Da die ordentlichen, d. h. regelmäßig wiederkehrenden Beten nicht immer ausreichten, die mit der Zeit notwendigerweise sich steigernden Bedürfnisse des Hof- und Staatshaushalts zu befriedigen, mußten daneben nicht selten noch außerordentliche Beten bewilligt werden. Von diesen außerordentlichen Beten ist von ausschlaggebender Bedeutung eine indirekte Steuer, nämlich eine Abgabe von Kaufgeschäften aller Art, geworden, die unter dem Namen Zise (Zeyse) i. J. 1438 gefordert und bewilligt wurde. Denn einerseits geschah es, daß, um diese Steuer bewilligt zu erhalten, die gesamten Stände aller Lande versammelt wurden, woraus sich der Ursprung der Landtage und die Umwandlung der bis dahin nur gesondert aufgetretenen Stände in eine einheitliche Körperschaft unter dem

[1] Falke, Bete, Zise und Ungeld im Kurfürstentum Sachsen bis zur Teilung 1485 in den Mitteilungen des Kgl. Sächs. Vereins für Erforschung und Erhaltung der vaterländischen Geschichts- und Kunstdenkmale Heft 19 S. 32ff.

Namen Landstände oder Landschaft ableitet. Anderseits gestanden die damaligen Landesherren, Kurfürst Friedrich der Sanftmütige und sein Bruder Wilhelm III., den Landständen das Recht zu, sich an der Erhebung und Verwendung dieser Steuer durch Vertreter ihres Mittels zu beteiligen. Ein gleichartiges Zugeständnis wiederholte sich bei Steuerbewilligungen, die in den Jahren 1454, 1458, 1481, 1523 und 1541 erfolgten. Ein weiteres Zugeständnis knüpfte sich an eine zur Bezahlung landesherrlicher Schulden i. J. 1552 geschehene Steuerbewilligung insofern, als den Ständen von dem damaligen Landesherrn, dem Kurfürsten Moritz, zugleich das Recht zugesprochen wurde, die Verzinsung und Tilgung der Schulden selbst in die Hand zu nehmen. Aus Anlaß einer neuen Bewilligung i. J. 1570 endlich legte der damalige Landesherr, Kurfürst August, allgemein den Landständen das Recht bei, die Erhebung und Verwendung der von ihnen bewilligten Steuern in eigene Verwaltung zu nehmen, wodurch zugleich alle Ausgaben, die auf das Steuereinkommen gewiesen werden mußten, von der landständischen Bewilligung abhängig wurden. Ebenso überwies dieser Fürst den Landständen endgültig die Verzinsung und Tilgung der landesherrlichen Schulden, indem er zugleich die Verpflichtung einging, ohne Genehmigung der Landstände kein Anlehen mehr aufzunehmen.[1]

Diese Verhältnisse dauerten, abgesehen davon, daß sich im Laufe der Zeit einzelne Arten von Steuern herausgebildet hatten, die unabhängig von landständischer Bewilligung erhoben wurden, deshalb aber auch der landständischen Verwaltung nicht unterlagen, sondern unmittelbar in die landesherrliche Kasse flossen und deshalb als fiskalische Steuern bezeichnet wurden, bis zur Begründung des konstitutionellen Staatssystems im wesentlichen unverändert fort.[2] An sie knüpft das Grundgesetz dieses Systems, die Verfassungsurkunde vom 4. September 1831, an, wenn diese einerseits in den §§ 96 und 104 ausspricht, daß bis auf gewisse Ausnahmen, von denen an einer späteren Stelle die Rede sein wird, ohne Zustimmung der Kammern die bestehenden direkten und indirekten Landesabgaben weder verändert noch ausgeschrieben oder erhoben werden dürfen, und daß ohne diese Zustimmung weder die

[1] Löbe, Die oberste Finanzkontrolle des Königreichs Sachsen in ihrer organischen Entwicklung von den ältesten Zeiten bis auf die Gegenwart in Schanz, Finanzarchiv, Jahrg. II S. 589.

[2] Zur Zeit der Begründung des konstitutionellen Staatssystems bildeten fiskalische Steuern insbesondere die Fleischsteuer, die Generalakzise und die Grenzakzise. Auf ständischer Bewilligung mit einer jedesmaligen Geltungsdauer von je 3 Jahren beruhende Steuern waren die Landsteuer, die Tranksteuer, die Pfennigsteuer, die Quatembersteuer, die Personensteuer, der Mahlgroschen in Städten sowie die Stempelsteuer von Papier (Urkunden), Spielkarten und Kalendern. Vgl. das Steuerausschreiben auf die Jahre 1831, 1832 und 1833 vom 27. September 1830 in der Gesetzsammlung v. J. 1830 S. 169.

Einnehmer zur Einforderung berechtigt noch die Untertanen zur Entrichtung verbunden seien, anderseits in den §§ 105 und 107 die Bestimmung trifft, daß ohne Zustimmung der Stände kein Anlehen gültig gemacht werden könne und die zur Verzinsung und Tilgung der Staatsschulden bestehende Staatsschuldenkasse unter die Verwaltung der Stände gestellt sei.

Auch die Vorschriften in § 97 der Verfassungsurkunde, wonach den Ständen einerseits die Verpflichtung obliegt, für Aufbringung des ordentlichen und außerordentlichen Staatsbedarfs durch Aussetzung der hierzu erforderlichen Deckungsmittel zu sorgen, anderseits die Befugnis zusteht, hierbei die Notwendigkeit, Zweckmäßigkeit und Höhe der Ansätze zu prüfen und deshalb Erinnerungen zu machen, auch sich sowohl wegen der Annahme der angesetzten Summen als über die Art der Deckung, die Grundsätze und Verhältnisse, nach denen die Abgaben und Leistungen auf Personen und Gegenstände zu legen und zu verteilen sind, sowie über die Dauer und Erhebungsweise zu entschließen, halten, soweit es sich dabei um das Einnahmebewilligungsrecht der Stände handelt, den Rechtszustand aufrecht, wie er sich bis zur Begründung des konstitutionellen Staatssystems herausgebildet hatte. Denn sie schließen mittelbar das Anerkenntnis in sich, daß diejenigen staatlichen Einnahmen, die sich aus anderen Quellen als direkten oder indirekten Landesabgaben ableiten, von einer vorgängigen Bewilligung der Stände in der Weise, daß nur erst durch diese Bewilligung die Regierung das Recht zur Erhebung erhielte, nicht abhängen, ihre Erhebung vielmehr nach Maßgabe der sie begründenden Rechtstitel sich vollzieht, ohne daß darin die Regierung im Wege der ständischen Feststellung des Voranschlags des Staatsbedarfs gehindert oder auch nur beschränkt werden kann. Nur das Ausgabebewilligungsrecht der jetzigen Stände hat die Verfassungsurkunde wesentlich erweitert, indem sie hiernach im allgemeinen befugt sind, alle Ansätze für Ausgaben daraufhin zu prüfen, ob sie der Art nach notwendig oder doch zweckmäßig und der Höhe nach gerechtfertigt sind, ohne daß dabei darauf etwas ankommt, ob es sich um Ausgaben handelt, die in den Landesabgaben oder in anderen Einnahmequellen Deckung finden. In dem verfassungsmäßigen Voranschlage des Staatsbedarfs finden sich zwar neben den Landesabgaben, deren Erhebung beabsichtigt ist, auch die Einnahmen aus sonstigen Quellen eingestellt, deren Eingang erwartet wird, und die Stände kommen somit in die Lage, auch diese Einstellungen ihrer Beratung und Beschlußfassung zu unterziehen. Allein diesem Verfahren liegt nicht etwa die Absicht zugrunde, daß die Stände auch ihrerseits über die Notwendigkeit oder auch nur über die Zweckmäßigkeit der Erhebung befinden, sondern sie verfolgt nur den Zweck, daß die Stände auch ihrerseits die Höhe der Ansätze prüfen, die einerseits zumeist auf bloßen Schätzungen beruht, anderseits die Größe dessen wesentlich beeinflußt, was neben den Überschüssen aus den von der

Bewilligung der Stände unabhängigen Einnahmequellen an sonstigen Deckungsmitteln noch aufzubringen ist.

2. Welche Leistungen unter den Begriff von Landesabgaben im Sinne des ständischen Bewilligungsrechts überhaupt fallen, und welche von ihnen die Eigenschaft direkter oder indirekter Abgaben insbesondere haben, darüber trifft die Verfassungsurkunde keine Bestimmung. In letzterer Beziehung sind daher teils die bestehenden Sondergesetze, teils die herrschende wissenschaftliche Auffassung maßgebend, nach der verstanden zu werden pflegen: unter direkten Abgaben solche Abgaben, die bestimmten Personen auf Grund vorgängiger Veranlagung auferlegt werden, unter indirekten Abgaben solche Abgaben, die an einzelne Vorgänge wirtschaftlicher oder rechtlicher Art anknüpfen. Nach der Umgestaltung der staatlichen indirekten Abgaben, wie sie durch den am 1. Januar 1834 erfolgten Eintritt Sachsens in den Deutschen Zoll- und Handelsverein bedingt wurde, galten der damaligen Gesetzgebung als indirekte Abgaben die Zölle von ein-, aus- und durchgehenden Waren einschließlich des Elbzolls, die Branntweinsteuer vom inländischen Branntweine, die Biersteuer vom inländischen Biere, die Weinsteuer vom inländischen Weine, die Tabaksteuer von inländischen Tabaksblättern, die Schlachtsteuer von im Inlande geschlachtetem Viehe, die Stempelsteuer sowie die Chaussee- und Brückengelder.[1] In der Eigenschaft direkter Abgaben wurden Grundsteuern verschiedener Art sowie Gewerbe- und Personalsteuern erhoben.

Von den indirekten Abgaben jener Zeit gründeten sich die Zölle von ein-, aus- und durchgehenden Waren, die Branntweinsteuer, die Biersteuer, die Weinsteuer und die Tabaksteuer ebenso wie die i. J. 1841 hinzugetretene Rübenzuckersteuer vom inländischen Rübenzucker auf mit anderen deutschen Bundesstaaten abgeschlossene Verträge, zufolge deren mit ihnen insoweit eine Gemeinschaft in der Weise begründet worden war, daß diese Abgaben und zwar diejenigen auf Bier, Branntwein, Wein und Tabak einschließlich der sogenannten Übergangsabgaben, die beim Eingange von Erzeugnissen dieser Art aus nicht zur Steuergemeinschaft gehörigen Bundesstaaten ausgleichsweise erhoben wurden, in allen Vertragsstaaten gleichmäßig für gemeinschaftliche Rechnung zur Erhebung zu kommen hatten. Keine dieser Abgaben konnte daher von den beteiligten Staaten einseitig abgeändert werden; ebensowenig war es möglich, sie unerhoben zu lassen. Mit Rücksicht darauf wurde durch § 2 des Verfassungsgesetzes vom 5. Mai 1851 (GVB. S. 123) die Bestimmung getroffen, daß diejenigen Abgaben,

[1] Gesetz, die indirekten Abgaben betreffend, vom 4. Dezember 1833 (GS. S. 213), Allgemeines Strafgesetz, die Vergehungen gegen Gesetze und Verordnungen über indirekte Staatsabgaben betreffend, vom 21. Dezember 1833 (GS. S. 465), Gesetz über Entrichtung der Schlachtsteuer vom 4. Oktober 1834 (GS. S. 213), Steuerstrafgesetz vom 4. April 1838 (GVB. S. 348).

die zufolge der unter Zustimmung der Kammern mit anderen Staaten abgeschlossenen Zoll-, Steuer- und Handelsverträge zu erheben waren, sowie deren in Gemäßheit dieser Verträge zu bewirkende Erhöhung und Herabsetzung keiner besonderen Bewilligung der Kammern bedurften.

Seit Errichtung des Norddeutschen Bundes und später des Deutschen Reichs, deren Verfassungen die Zölle und die gemeinschaftlichen Verbrauchssteuern dem Bunde, beziehentlich dem Reiche überwiesen, wennschon die Erhebung und Verwaltung dieser Abgaben jedem Bundesstaate, soweit er sie bisher ausgeübt, d. h. soweit er sich deshalb nicht etwa mit anderen Bundesstaaten zu einer Verwaltungsgemeinschaft verbunden oder seine Verwaltungsbefugnisse auf einen anderen Bundesstaat übertragen hatte, woran verfassungsrechtlich nichts geändert werden sollte, überlassen blieb,[1] haben als Landesabgaben im Sinne des bestehenden Verfassungsrechts nur noch solche zu gelten, die auf Grund landesrechtlicher Vorschriften und für ausschließliche Rechnung Sachsens erhoben werden. Derartige Abgaben bilden zurzeit die Grundsteuer,[2] die Einkommensteuer,[3] die Ergänzungssteuer (Vermögenssteuer),[4] die Steuer vom Gewerbebetriebe im Umherziehen,[5] die landesrechtliche Stempelsteuer[6] und die Schlachtsteuer von im Inlande geschlachteten Rindern und Schweinen nebst der Übergangsabgabe von vereinsländischem Fleischwerke und der Verbrauchsabgabe von vereinsausländischem Fleischwerke, die beide zum Ausgleiche der Schlachtsteuer dienen.[7] Dazu kommt be-

[1] Verfassung des Norddeutschen Bundes vom 26. Juli 1867 Art. 38 in Verbindung mit Art. 36 (Bundesgesetzblatt S. 11 und 10), Verfassung des Deutschen Reichs vom 16. April 1871 Art. 38 in Verbindung mit Art. 36 (RGB. S. 73).

[2] Gesetz, die Einführung des neuen Grundsteuersystems betreffend, vom 9. September 1843 (GVB. S. 97) in Verbindung mit Art. III des Gesetzes, die direkten Steuern betreffend, vom 3. Juli 1902 (GVB. S. 278), Gesetz, die direkten Steuern betreffend, vom 3. Juli 1878 Art. 6 Abs. 2 (GVB. S. 156), Gesetz, die direkten Steuern betreffend, vom 3. Juli 1902 Art. IV Abs. 2 (GVB. S. 279) nebst dem Abänderungsgesetze zu diesem vom 30. Mai 1910 (GVB. S. 91).

[3] Einkommensteuergesetz vom 24. Juli 1900 (GVB. S. 562) nebst den Abänderungsgesetzen vom 1. Juli 1902 (GVB. S. 257) und 15. Juni 1908 (GVB. S. 245).

[4] Ergänzungssteuergesetz vom 2. Juli 1902 (GVB. S. 259) nebst dem Abänderungsgesetze vom 21. April 1906 (GVB. S. 67).

[5] Gesetz, die Besteuerung des Gewerbebetriebs im Umherziehen betreffend, vom 1. Juli 1878 (GVB. S. 121) nebst dem Abänderungsgesetze vom 26. März 1904 (GVB. S. 117).

[6] Stempelsteuergesetz vom 12. Januar 1909 (GVB. S. 1).

[7] Gesetz, die Schlachtsteuer, ingleichen die Übergangsabgabe von zollvereinsländischem Fleischwerke betreffend, vom 25. Mai 1852 (GVB. S. 93) nebst dem Abänderungsgesetze vom 15. Mai 1867 (GVB. S. 122), der mit ständischer Ermächtigung erlassenen Abänderungsverordnung vom 29. Juni 1868 (GVB. S. 450), den Abänderungsgesetzen vom 12. November 1875 (GVB. S. 394), 24. Februar 1882 (GVB. S. 28) und 22. April 1892 (GVB. S. 93) und der Allerhöchsten Verordnung, die Verbrauchsabgabe von vereinsausländischem Fleischwerke betreffend, vom 30. Mai 1865 (GVB. S. 397). Die als Ursprungsbezeichnung für Fleischwerk gebrauchten Ausdrücke „zoll-

züglich erbschaftssteuerpflichtiger Erwerbungen von Todes wegen, die in die Zeit bis zum 30. Juni 1906 fallen, noch die seit dem 1. Juli 1906 durch eine Reichserbschaftssteuer ersetzte Erbschaftssteuer auf Grund der Landesgesetze über die Erbschaftssteuer vom 13. November 1876 (GVB. S. 449), 3. Juni 1879 (GVB. S. 218) und 9. März 1880 (GVB. S. 16). Von diesen Landesabgaben fallen begrifflich die Stempelsteuer, die Schlachtsteuer nebst der zu ihrem Ausgleiche dienenden Übergangsabgabe und der Verbrauchsabgabe von Fleischwerk und die Erbschaftssteuer unter die indirekten, alle übrigen unter die direkten Abgaben. Die für Rechnung des Reichs zurzeit zur Erhebung kommenden Abgaben gehören sämtlich zur Klasse der indirekten Abgaben.

Die dem Erzbergbaue oder Regalbergbaue, d. h. dem Bergbaue auf metallische Mineralien, die von dem Verfügungsrechte des Grundeigentümers gesetzlich ausgeschlossen sind, deren Aufsuchung und Gewinnung auf Grund staatlicher Verleihung vielmehr jedermann freisteht, unter der Bezeichnung Grubenfeldsteuer und Schurfsteuer auferlegten Abentrichtungen[1] gehören trotz der Benennung als Steuern ihrem inneren Wesen nach weder zu den direkten noch zu den indirekten Landesabgaben im verfassungsrechtlichen Sinne. Denn sie sind nicht Leistungen an den Staat, für die dieser unmittelbare Gegenleistungen nicht gewährt, sondern sie bilden Leistungen für unmittelbare staatliche Gegenleistungen, welche letzteren der Grubenfeldsteuer gegenüber in der Verleihung des Bergwerkseigentums, der Schurfsteuer gegenüber in der Verleihung des Rechtes zum Schürfen bestehen.[2]

Ebensowenig zählen die noch aus der vorkonstitutionellen Zeit herrührenden landes- und gutsherrlichen Gefälle, die, wie z. B. Kanons für Flußüberfahrten, Fähren, Schleusen, Jagd- und Fischereiberechtigungen, Abhaltung von Jahr-, Vieh- und Wochenmärkten, unter dem Begriffe von Intraden zusammengefaßt werden, zu der Klasse der direkten oder der

vereinsländisch" oder „vereinsländisch" und „vereinsausländisch" finden ihre Erklärung darin, daß die Übergangsabgabe und die Verbrauchsabgabe von Fleischwerk zu einer Zeit eingeführt wurden, als der inzwischen im deutschen Zollgebiete aufgegangene Deutsche Zoll- und Handelsverein noch bestand, unter dessen Herrschaft die zu ihm gehörigen Gebietsteile als Vereinsland, die nicht dazu gehörigen als Vereinsausland bezeichnet wurden. Gegenwärtig ist zu verstehen: unter vereinsländischem Fleischwerke solches Fleischwerk, das aus nichtsächsischen Teilen des deutschen Zollgebiets, unter vereinsausländischem Fleischwerke solches Fleischwerk, das aus dem Zollauslande nach Sachsen eingeführt wird.

[1] Gesetz, die neue einheitliche Fassung der gesamten Berggesetzgebung enthaltend, vom 31. August 1910 §§ 1, 22, 60—63 (GVB. S. 217, 218, 233).

[2] Diesem Sachverhältnisse entspricht es auch, daß die Grubenfeldsteuer und die Schurfsteuer im Voranschlage des Staatsbedarfs nicht unter den Abgaben aufgeführt sondern als Einnahmen aus der staatlichen Beaufsichtigung des Bergbaus behandelt sind (vgl. Kap. 77a Tit. 1 und 2).

indirekten Landesabgaben, da auch insoweit nur unmittelbare Leistungen für Gegenleistungen in Frage kommen, welche letzteren in Verleihungen auf Grund früherer landesherrlicher Gerechtsame oder in Übertragung früherer landesherrlicher Nutzungsrechte beruhen.[1] Der nämlichen Beurteilung unterliegen Gebühren öffentlich-rechtlicher Natur, wie sie der Staat für einzelne Leistungen erhebt, denen er sich im Interesse Dritter auf deren Verlangen unterzieht.

Insofern die Verfassungsurkunde in § 96 bestimmt, daß ohne Zustimmung der Kammern auch nicht einmal die bestehenden direkten und indirekten Landesabgaben ausgeschrieben oder erhoben werden dürfen, macht sie die Ausschreibung und Erhebung selbst dieser Abgaben von einer von Bewilligungsperiode zu Bewilligungsperiode sich wiederholenden Neubewilligung der Stände abhängig. Hieran wird auch dadurch nichts geändert, daß alle bestehenden Landesabgaben auf Gesetzen beruhen, da einerseits der Vorschrift in § 37 der Verfassungsurkunde gegenüber, wonach kein Untertan mit Abgaben oder anderen Leistungen beschwert werden darf, wozu er nicht vermöge der Gesetze oder kraft besonderer Rechtstitel verbunden ist, Landesabgaben auf anderem Wege als dem der Gesetzgebung überhaupt nicht eingeführt werden können, anderseits bei der jetzigen Lage des Verfassungsrechts der Erlaß von Gesetzen, durch die die bestehenden Landesabgaben verändert oder neue Landesabgaben eingeführt werden, überhaupt nur unter dem ausdrücklichen oder stillschweigenden Vorbehalte erfolgen kann, daß die dabei in Frage kommenden Abgaben auch in jeder Bewilligungsperiode die erforderliche ständische Bewilligung erfahren werden.

Nur in bezug auf die direkten Landesabgaben trifft ein neueres Sondergesetz, nämlich das Gesetz, die direkten Steuern betreffend, vom 3. Juli 1902 (GVB. S. 278), dem freilich die Bedeutung eines Verfassungsgesetzes im Sinne von § 152 der Verfassungsurkunde, d. h. eines Gesetzes, das zur Abänderung oder Erläuterung oder Ergänzung der Verfassungsurkunde zu dienen bestimmt ist, nicht zukommt, eine Bestimmung, die ihrer Wirkung nach bis zu einem Grade zugleich auf eine Beschränkung des ständischen Rechtes der Steuerbewilligung hinausläuft. Diese Bestimmung (vgl. Art. II) geht dahin, daß, wenn der Ertrag der Einkommensteuer mit den vollen gesetzlichen Beträgen (Normalsteuer) zur Deckung des durch direkte Staatssteuern aufzubringenden Teiles des

[1] In der vorkonstitutionellen Zeit wurden die Intraden den landesherrlichen Domanialeinkünften beigezählt. (Vgl. den Normalfinanzetat v. J. 1831 Abschn. I A Nr. 3, Landtagsakten 1830 Bd. 3 S. 1424.) Gegenwärtig werden im Voranschlage des Staatsbedarfs unter den Intraden auch solche Einnahmen mit aufgeführt, die, wie z. B. die Anteile des Staates an den Jagdkartengeldern und die Mietzinsen von den ehemaligen Militärgrundstücken und den hinzugekauften Gebäuden in Dresden, füglich nicht an anderen Stellen veranschlagt werden können.

Staatsbedarfs nicht ausreicht, der Fehlbetrag lediglich durch Zuschläge zur Einkommensteuer aufzubringen ist.

3. Ob und inwieweit die Heranziehung von Erlösen aus der Veräußerung von Teilen des Staatsvermögens zur Deckung des Staatsbedarfs von der ständischen Zustimmung abhängt, darüber spricht sich die Verfassungsurkunde nicht aus. Dagegen ist diese Frage in dem Gesetze, den Staatshaushalt betreffend, vom 1. Juli 1904 (GVB. S. 286), dem zugleich die Bedeutung eines Verfassungsgesetzes im Sinne von § 152 der Verfassungsurkunde beiwohnt, insoweit geregelt, als es sich um die Veräußerung von zum Staatsvermögen, nicht aber zum Staatsgute im Sinne von §§ 16 bis 18 der Verfassungsurkunde, d. h. nicht zu dem von der Krone auf den Staat übergegangenen Teile des Staatsvermögens (vgl. den dritten Abschnitt des vorliegenden Werkes) gehörige Grundstücke handelt. Nach § 18 dieses Gesetzes dürfen nämlich derartige Grundstücke, insofern sie von erheblichem Umfange oder von erheblichem Werte sind, nur mit Zustimmung der Stände veräußert werden. In § 1 Abs. 2c schreibt zwar das nämliche Gesetz vor, daß Einnahmen aus der Veräußerung solcher Grundstücke und aus der Ablösung der mit ihnen verbundenen Rechte, soweit nicht der Voranschlag der staatlichen Einnahmen und Ausgaben selbst gegenteilige Bestimmungen trifft, den beweglichen Vermögensbeständen des Staates zuzuführen sind. Allein auch wenn letzteres zu geschehen hat, wird dadurch die Verwendung solcher Einnahmen als Deckungsmittel für den Staatshaushalt nur soweit, als es sich um den ordentlichen, d. h. regelmäßig wiederkehrenden Staatsbedarf handelt, nicht aber auch soweit ausgeschlossen, als es sich um außerordentlichen Staatsbedarf, d. h. um einmalige außergewöhnliche Ausgaben handelt, die in den regelmäßigen Einnahmequellen des Staates keine Deckung finden. Denn für Ausgaben dieser Art bilden überhaupt die beweglichen Vermögensbestände des Staates die erforderlichen Deckungsmittel. (Vgl. § 3 Abs. 1 des Gesetzes, den Staatshaushalt betreffend, und die Ausführungen S. 32 des vorliegenden Werkes.)

Erlöse aus der Veräußerung von Teilen des Staatsguts im verfassungsrechtlichen Sinne des Wortes würden auch mit Zustimmung der Stände nicht zur Deckung des Staatsbedarfs mit verwendet werden dürfen. Denn nach § 18 der Verfassungsurkunde müssen derartige Erlöse zur substanziellen Wiederergänzung des Staatsguts verwendet, dürfen also den laufenden Einnahmen des Staates überhaupt nicht zugeführt werden. (Vgl. den dritten Abschnitt des vorliegenden Werkes.)

In bezug auf die Veräußerung von beweglichen Teilen des Staatsvermögens, soweit sie nicht zum Staatsgute im verfassungsrechtlichen Sinne des Wortes gehören, und die Verwendung der Erlöse daraus zur Deckung von Staatsbedarf unterliegt die Staatsregierung in ihrem Verhältnisse zu den Ständen keiner Beschränkung.

4. Nach § 105 Abs. 3 der Verfassungsurkunde in der Fassung des Verfassungsgesetzes vom 5. Mai 1851 darf zwar dann, wenn in außerordentlichen, dringenden und unvorhergesehenen Fällen schleunige finanzielle Maßregeln, zu denen an sich die Zustimmung der Stände notwendig ist, erfordert werden, jedoch die rechtzeitige Einberufung einer außerordentlichen Ständeversammlung oder auch der Zusammentritt der Kammern durch die Verhältnisse durchaus unmöglich gemacht wird, der König unter Verantwortlichkeit der ihn hierbei beratenden Vorstände der Ministerialdepartements das zur Deckung des außerordentlichen Bedürfnisses unumgänglich Notwendige verfügen, daher nach Befinden insbesondere eine Anleihe aufnehmen. Allein derartige Maßnahmen bedingen weder eine Aufhebung noch eine Beschränkung sondern nur ein zeitweiliges Ruhen des ständischen Bewilligungsrechts. Denn die Verfassungsurkunde legt solchenfalls der Regierung die Verpflichtung auf, sobald als irgend möglich und spätestens bei dem nächsten ordentlichen Landtage die nachträgliche ständische Genehmigung einzuholen.

Nur in den Fällen, wenn die Stände Abstriche an den Ansätzen des Voranschlags des Staatsbedarfs beschließen sollten, die die Regierung mit dem Staatswohle nicht vereinbar erachtet, oder wenn der Landtag noch vor erfolgter endgültiger Erklärung über die Bewilligung aufgelöst wird, steht der Regierung die Berechtigung zu, die zur Deckung fortdauernden Staatsbedarfs von den Ständen bereits in der vorhergegangenen Finanzperiode bewilligten Abgaben ohne vorgängige anderweite ständische Zustimmung auf ein Jahr ausschreiben und erheben zu lassen. Ebenso würde sie in den Fällen, wenn der Landtag mindestens sieben Wochen vor Ablauf der Bewilligungsfrist einberufen und ihm alsbald nach seiner Eröffnung ein Gesetz über provisorische Forterhebung der Steuern (vgl. S. 50) vorgelegt, die Genehmigung dieses Gesetzes aber bis 14 Tage vor Ablauf der Bewilligungsfrist entweder verweigert worden oder doch nicht erfolgt wäre, oder wenn die Verhältnisse eine rechtzeitige Einberufung oder den Zusammentritt der ordentlichen Ständeversammlung durchaus unmöglich machen sollten, das Recht haben, die bestehenden Abgaben auch ohne ständische Bewilligung auf die Dauer noch eines Jahres ausschreiben und erheben zu lassen. (Vgl. VU. § 103 in der Fassung der Verfassungsgesetze vom 5. Mai 1851 und 27. November 1860 und den Unterabschnitt IV Ziffer 5 im zweiten Abschnitte des vorliegenden Werkes.)

5. So weittragend im allgemeinen das ständische Bewilligungsrecht aber auch ist, so wenig ist es doch, sofern es sich in einem ganzen oder teilweisen Versagen äußern kann, ein schrankenloses. Denn indem die Verfassungsurkunde in § 97 die Stände zwar für berechtigt erklärt, die Notwendigkeit, Zweckmäßigkeit und Höhe der Ansätze zu prüfen, gleichzeitig aber ihnen die Verpflichtung auferlegt, für Aufbringung des ordentlichen und außerordentlichen Staatsbedarfs durch Aussetzung der hierzu erforderlichen Deckungsmittel zu sorgen, stellt sie dem ständischen Bewilligungsrechte eine Bewilligungspflicht dergestalt gegenüber, daß jedesmal dann, wenn diese Pflicht und jenes Recht zusammenfallen, die Möglichkeit der Versagung aufhört. Der Fall der Bewilligungspflicht aber ist überall gegeben, wenn und wo es sich um die Leistung solcher Ausgaben handelt, die nicht sowohl in bloßen Zweckmäßigkeitsrücksichten ihre Begründung finden, sondern die notwendige Folge bestehender staatlicher Einrichtungen und Verhältnisse sind, sei es beispielsweise, daß hierbei Ausgaben in Frage kommen, ohne deren Aufwendung eine ordnungsgemäße Führung des Staatshaushalts überhaupt nicht ausführbar sein würde, wie dies beispielsweise von den notwendigen Ausgaben für die wirtschaftlichen Betriebe des Staates gilt, oder daß es sich um Ausgaben handelt, die, wie z. B. die Gebührnisse der Glieder des Königlichen Hauses, in dem bestehenden Verfassungsrechte oder, wie beispielsweise der Aufwand für die Zwangsversicherung der staatlichen Gebäude gegen Brand-, Blitz- und Explosionsschäden, in der bestehenden Sondergesetzgebung oder, wie z. B. die Ausgaben für Verzinsung und Tilgung der Staatsschulden, die Besoldungen der dauernd angestellten Beamten sowie die Pensionen der verabschiedeten Beamten und der Hinterlassenen von Beamten, in vertragsrechtlichen Beziehungen des Staates zu Dritten den Rechtsgrund ihrer Entstehung finden[1] oder, ohne daß ihnen gegenüber eine dieser Voraussetzungen zutrifft, bereits in früheren Finanzperioden nicht bloß für vorübergehende Zwecke oder sonst mit Vorbehalt sondern für dauernde Zwecke und Einrichtungen und daher vorbehaltlos bewilligt worden sind. Hieraus und wenn man überdies das in § 102 der Verfassungsurkunde in der Fassung des Verfassungsgesetzes vom 5. Mai 1851 ausgesprochene Verbot berücksichtigt, wonach die ständische Bewilligung nicht an Bedingungen geknüpft werden darf, die nicht das Wesen oder die Verwendung der Bewilligung unmittelbar betreffen, ergibt sich zugleich, daß die Möglichkeit einer vollständigen Budgetverweigerung seitens der Stände verfassungsrechtlich ausgeschlossen ist. Im Gegenteile können diese nur solche im Voranschlage des Staatsbedarfs enthaltene Einzelforderungen ganz oder teilweise ablehnen, bezüglich deren ihnen nicht sowohl eine Bewilligungspflicht obliegt, als vielmehr ein ein Versagen zulassendes Bewilligungsrecht zusteht, wie letzteres insbesondere solchen Ansätzen gegenüber der Fall ist, die sowohl der Art als der Größe nach in bloßen Rücksichten der Zweckmäßig-

[1] Diese Auffassung befindet sich, was die Verzinsung und Tilgung der Staatsschulden anlangt, auch in Übereinstimmung mit der Bestimmung in § 5 des Gesetzes, die Einrichtung der Staatsschuldenkasse betreffend, vom 29. September 1834 (GS. S. 210), wonach die bereitesten und sichersten Staatseinkünfte zu der geordneten Tilgung und Verzinsung der Staatsschulden unwiderruflich bestimmt sind.

keit ihre Begründung finden oder, wennschon der Art nach notwendig, doch der Größe nach verschiedener Beurteilung fähig sind.

6. Die Frage, ob die Stände berechtigt sind, die Ausgabeforderungen, wie sie von der Regierung gestellt sind, unter Umständen auch zu erhöhen oder Ausgabebewilligungen auszusprechen, die von der Regierung überhaupt nicht gefordert worden sind, ist eine bestrittene. Berücksichtigt man indessen, einerseits daß die Veranschlagung der Ausgaben zunächst Sache der Regierung ist, anderseits daß die Verfassungsurkunde nur Bestimmungen darüber trifft, wie zu verfahren ist, wenn die Stände auf Verminderung der Voranschlagssätze antragen (vgl. S. 47, 48), so erscheint die Annahme gerechtfertigt, daß die Stände aus der Nichtannahme derartiger Bewilligungen seitens der Regierung wenigstens keinen Grund würden ableiten können, deshalb den Staatsvoranschlag insoweit abzulehnen.

7. Nicht unwesentlichen Beschränkungen unterliegt das ständische Bewilligungsrecht aus den Beziehungen Sachsens zum Deutschen Reiche und besonders aus den Bestimmungen in den Artikeln 2 und 70 der Reichsverfassung.[1] Nach Artikel 2 dieser Verfassung übt innerhalb des Bundesgebiets das Reich das Recht der Gesetzgebung nach Maßgabe des Inhalts der Reichsverfassung und mit der Wirkung aus, daß die Reichsgesetze den Landesgesetzen vorgehen. Falls daher aus Reichsgesetzen Ausgaben oder Einnahmen für den sächsischen Staat begründet werden, die als solche auch in den Voranschlag des Staatsbedarfs einzustellen sind, bedürfen diese einer besonderen Bewilligung seitens der sächsischen Stände ihrer Art nach überhaupt nicht, ihrer Größe nach nur insoweit, als deren Veranschlagung im Voranschlage des Staatsbedarfs auf bloßer Schätzung beruht, wie es regelmäßig der Fall sein wird, weil die Finanzperioden des Reichs nicht mit den sächsischen Finanzperioden gleichlaufende zweijährige sondern einjährige sind und sich noch dazu nicht mit dem Kalenderjahre decken, sondern je ein Rechnungsjahr umfassen, das vom 1. April des einen bis zum 31. März des nächstfolgenden Jahres läuft. Unter diesen Gesichtspunkt fallen von Ausgaben beispielsweise die aus dem Gesetze über den Unterstützungswohnsitz vom 6. Juni 1876 (RGB. S. 300) sich ableitenden Leistungen des Staates für das Landarmenwesen und die auf Grund der Reichsversicherungsordnung vom 19. Juli 1911 (RGB. S. 509) und des Versicherungsgesetzes für Angestellte vom 20. Dezember 1911 (RGB. S. 989) dem Staate erwachsenden Ausgaben

[1] Vgl. auch § 89 VII. in der Fassung des Verfassungsgesetzes vom 3. Dezember 1868 (GVB. S. 1368), woselbst ausgesprochen ist, daß das in § 97 der Verfassungsurkunde vom 4. September 1831 gedachte Recht der Stände zur Beschlußfassung über den Staatsbedarf den aus Art. 2 und Art. 70 der Verfassung des Norddeutschen Bundes sich ergebenden Beschränkungen unterliege. Daß die hier getroffene Bestimmung in gleicher Weise auch bezüglich der Verfassung des Deutschen Reichs zu gelten hat, ist selbstverständlich.

für die Versicherung von Arbeitern und von nicht mit Staatsdienereigenschaft ausgestatteten Angestellten, von Einnahmen beispielsweise die auf Grund reichsgesetzlicher Bestimmungen dem Staate zufließenden Anteile an der Wechselstempelsteuer, von der jedem Bundesstaate 2 vom Hundert der in seinem Gebiete aufkommenden jährlichen Einnahme gewährt werden[1], der Reichserbschaftssteuer, von deren Rohertrage das Reich $^3/_4$ erhält, während den einzelnen Bundesstaaten $^1/_4$ ihrer Roheinnahme verbleibt[2], und der Branntweinsteuer, die mit ihrer Reineinnahme den einzelnen Bundesstaaten nach dem Maßstabe der Bevölkerung, mit der sie zu den nachstehend behandelten Matrikularbeiträgen herangezogen werden, überwiesen wird[3], und die man deshalb als Überweisungssteuer zu bezeichnen pflegt.

Nach Artikel 70 der Reichsverfassung in der Fassung von § 2 des Gesetzes, betreffend Änderungen im Finanzwesen, vom 14. Mai 1904 (RGB. S. 169) dienen zur Bestreitung aller gemeinschaftlichen Ausgaben zunächst die aus den Zöllen und gemeinsamen Steuern, aus dem Eisenbahn-, Post- und Telegraphenwesen sowie aus den übrigen Verwaltungszweigen fließenden gemeinschaftlichen Einnahmen. Soweit die Ausgaben durch diese Einnahmen nicht gedeckt werden, sind sie von den einzelnen Bundesstaaten durch Leistungen nach Maßgabe ihrer Bevölkerung aufzubringen, die als Matrikularbeiträge bezeichnet und in Höhe des budgetmäßigen, d. h. durch den Reichshaushalts-Etat festgestellten Betrags durch den Reichskanzler ausgeschrieben werden. Die hiernach fällig werdenden Leistungen Sachsens an das Reich sind daher gleich den im vorhergehenden Absatze erwähnten Arten von Ausgaben und Einnahmen an die Bewilligung der sächsischen Stände der Art nach überhaupt nicht, der Größe nach nur soweit gebunden, als ihre Veranschlagung im Voranschlage des Staatsbedarfs auf bloßer Schätzung beruht, wie es allerdings auch bei ihnen regelmäßig der Fall ist.

---

[1] Wechselstempelgesetz vom 15. Juli 1909 § 29 (RGB. S. 832).

[2] Gesetz, betreffend Änderung im Finanzwesen, vom 15. Juli 1909 § 5 Abs. 3 GB. S. 744).

[3] Gesetz, betreffend Änderung im Finanzwesen, vom 15. Juli 1909 § 5 Abs. 1 (GRB. S. 744).

Zweiter Abschnitt.

Der Staatshaushalt in seinem Verhältnisse zum Staatshaushalts=Etat und zum Staatshaushaltsgesetze.

I.

Begriffliche Entwicklung und verfassungsrechtliche Bedeutung des Staatshaushalts-Etats.

Jeder wirtschaftliche Betrieb erfordert zu seinem Gedeihen, daß er sich nach Möglichkeit in planvoller Weise vollzieht. Schon aus diesem Grunde kann daher mit Sicherheit angenommen werden, daß auch bereits in den ältesten Zeiten unserer staatlichen Entwicklung die Ausnutzung der landesherrlichen Einnahmequellen und ihrer Erträgnisse nicht der bloßen Willkür derjenigen überlassen gewesen ist, denen die Verwaltung anvertraut war, sondern daß auch die Landesherren selbst einen entscheidenden Einfluß darauf ausübten. Solange freilich die Kunst des Schreibens und des Lesens nur wenigen erst erschlossen war, konnte davon, daß den Verwaltern der landesherrlichen Einnahmequellen schriftliche Wirtschaftspläne in die Hände gegeben wurden, selbstverständlich nicht die Rede sein, vielmehr nur das gesprochene Wort zur Geltung kommen. Infolgedessen lassen auch die spärlichen urkundlichen Überlieferungen, die aus jener Zeit auf uns gekommen sind, erkennen, daß es teils die Landesherren selbst, teils die Personen ihrer nächsten Umgebung waren, die die in dieser Beziehung erforderlichen Anordnungen mündlich an Ort und Stelle trafen. Ein Bedürfnis zur Aufstellung förmlicher Wirtschaftspläne, die der Verwaltung der landesherrlichen Einkünfte zugrunde zu legen gewesen wären, konnte sich auch schon deshalb kaum geltend machen, weil in jener Zeit die landesherrlichen Einkünfte — und in dieser Beziehung machten selbst Gebühren und ähnliche Abentrichtungen keine bedingungslose Ausnahme — überwiegend in Naturalien bestanden, wodurch ihre Verwendbarkeit und damit auch ihr Wert wesentlich geschmälert wurden. In dieser Beziehung trat ein entscheidender Wendepunkt erst mit der in die Zeit zwischen 1162—1170 fallenden Erschließung der Freiberger Erzgänge[1] ein, wodurch das Übergewicht der Geldwirtschaft über die Naturalwirtschaft begründet wurde. Denn die reichen Silberschätze, die durch den Erzbergbau zutage gefördert und nach erfolgter Verhüttung zu Münzen ausgeprägt wurden, führten den Landesherren nicht nur unmittelbar große Barsummen zu, sondern vermehrten auch den Geldumlauf dergestalt, daß in den vermögensrechtlichen Beziehungen der Landesherren zu Dritten an

[1] Ermisch, Codex diplomaticus Saxoniae regiae II, 12 S. XVII, 13 S. XI.

Stelle von Naturalleistungen mehr und mehr Geldleistungen traten. Von dieser Zeit an gewannen die landesherrlichen Einnahmequellen eine erhöhte Bedeutung, und es wuchs das Bestreben, ihre Ergiebigkeit nach Möglichkeit zu steigern. Dies hatte im Laufe der Zeit die Einführung mannigfacher Kontrollmaßregeln zur Folge, deren eine darin bestand, daß für die wichtigeren Verwaltungszweige Anschläge der innerhalb eines bestimmten Zeitabschnitts voraussichtlich zu erwartenden Einnahmen und des davon zu bestreitenden Betriebs- und Verwaltungsaufwandes aufgestellt wurden, damit auf diese Weise wenigstens einigermaßen übersehen werden konnte, ob und in welchem Umfange die landesherrliche Zentralkasse — die Rentkammer — auf Überschußeinlieferungen zu rechnen hatte oder auf Zuschußleistungen gefaßt sein mußte. Diese mehr oder weniger summarisch gehaltenen Anschläge lassen sich also mit dem vergleichen, was man heutzutage einen Kassenetat nennt. Aus den Einzelanschlägen wurden von Zeit zu Zeit für den Gebrauch des Landesherrn und der obersten landesherrlichen Finanzbehörden Gesamtanschläge zusammengestellt, die bis zu einem gewissen Grade die Stelle der Einrichtung vertraten, die man gegenwärtig unter dem Namen Staatsbudget oder Staatshaushalts-Etat begreift. Eine Mitteilung dieser Aufstellungen an die damaligen Landstände (vgl. S. 4) war der Natur der Sache nach ausgeschlossen. Die Landstände erhielten nur bei Beratung neuer Steuer- oder Anleiheforderungen Einblicke in die finanzielle Lage des Landesherren und damit zugleich des Staates, — Einblicke, die sich nur erst von dem Zeitpunkte an wesentlich erweiterten, seitdem den Landständen die Verwaltung der Steuern und des landesherrlichen Schuldenwesens übertragen worden war (vgl. S. 4), ohne indessen jemals das gesamte Gebiet des Finanzwesens zu umfassen. In letzter Beziehung trat erst mit der Einführung des konstitutionellen Staatssystems, wie es in der Verfassungsurkunde vom 4. September 1831 seine Verkörperung gefunden hat, eine durchgreifende Änderung ein. Denn wenn die Verfassungsurkunde in § 97 den Ständen die Verpflichtung auferlegte und fortgesetzt noch auferlegt, für Aufbringung des ordentlichen und außerordentlichen Staatsbedarfs durch Aussetzung der hierzu erforderlichen Deckungsmittel zu sorgen, ergab sich daraus von selbst die Notwendigkeit, den Ständen jeweilig einen vollständigen Überblick über Art und Umfang der Einnahmen und der Ausgaben zu gewähren, auf die der Staat innerhalb eines bestimmten, der Dauer nach begrenzten Zeitraums, den man Finanzperiode zu nennen pflegt, voraussetzlich zu rechnen hat. Die Verfassungsurkunde schreibt deshalb, wie bereits S. 1 erwähnt wurde, in § 98 auch vor, daß bei jedem ordentlichen Landtage den Ständen ein Voranschlag des Staatsbedarfs nebst den Vorschlägen zu dessen Deckung möglichst bald nach Eröffnung des Landtags mitzuteilen ist.

Ordentliche Landtage waren anfänglich längstens alle drei Jahre einzuberufen, weshalb auch die Voranschläge des Staatsbedarfs einen

Zeitraum von je drei Jahren umfaßten und die Finanzperioden sonach dreijährige waren. Seitdem jedoch zufolge des Verfassungsgesetzes vom 3. Dezember 1868 (vgl. dessen Abschn. III, GVB. S. 1367) alle zwei Jahre vor Beginn eines ordentlichen Landtags der dritte Teil der Abgeordneten zur II. Kammer auszutreten hat, während dies bis dahin nur alle drei Jahre zu geschehen hatte, an Stelle neunjähriger Wahlperioden sonach sechsjährige getreten sind, muß auch längstens alle zwei Jahre ein ordentlicher Landtag einberufen werden. Infolgedessen erstreckt sich seitdem auch der Voranschlag des Staatsbedarfs nur noch auf einen zweijährigen Zeitraum, und an Stelle dreijähriger Finanzperioden sind zweijährige getreten.

Eine einheitliche Benennung des Voranschlags des Staatsbedarfs dergestalt, daß davon nicht abgewichen werden dürfte, ist in der Verfassungsurkunde nicht vorgesehen. Vielmehr kommt er darin auch noch unter anderen Bezeichnungen vor, und zwar unter der Bezeichnung „Staatsbudget“ in § 22 Abs. 5, unter der Bezeichnung schlechthin „Budget“ in § 22 Abs. 4, § 23 Abs. 1, § 106, endlich unter der Bezeichnung „Staatshaushaltsplan“ in der auf § 3 des Verfassungsgesetzes vom 5. Mai 1851 (GVB. S. 123) sich gründenden Überschrift zu § 98. In der Praxis hatte man sich bis zum Ablaufe der Finanzperiode 1878/79 für die Bezeichnung „Staatsbudget“ oder schlechthin „Budget“ entschieden. Seit der Finanzperiode 1880/81 ist indessen dafür die Bezeichnung „Staatshaushalts-Etat“ gewählt worden, wobei man dem Vorgange namentlich Preußens und des Deutschen Reichs gefolgt ist. Die Bezeichnung Staatshaushalts-Etat hat auch das Gesetz, den Staatshaushalt betreffend, vom 1. Juli 1904 beibehalten, das im übrigen die verfassungsrechtliche Bedeutung des Staatshaushalts-Etats im Verhältnisse zur Staatsregierung in der Weise festlegt, daß es in § 1 den Satz an die Spitze stellt:

„Die Führung des Staatshaushaltes erfolgt nach Maßgabe des verfassungsmäßig festgestellten Voranschlags der Einnahmen und Ausgaben des Staates (Staatshaushalts-Etat) für je eine Finanzperiode (Verfassungsurkunde § 98).“

Der Staatshaushalts-Etat bildet hiernach den verfassungsmäßigen Ausgangspunkt und die verfassungsmäßige Norm für die Verwaltung des Staatshaushalts.

II.

Aufstellung des Staatshaushalts-Etats.

1. Die Aufstellung des Staatshaushalts-Etats in seinen einzelnen Teilen erfolgt, soweit nötig unter Mitwirkung der nachgeordneten Verwaltungsbehörden, bei denjenigen Departementsministerien (Ressortministerien), denen diese Teile den insoweit bestehenden organisatorischen Einrichtungen zufolge zur verfassungsmäßigen Vertretung überwiesen sind. Unter Departementsministerien verzeichnet zwar die Verfassungsurkunde nur die Ministerien der Justiz, der Finanzen, des Innern, des Krieges, des Kultus und der auswärtigen Angelegenheiten, deren Vorstände zugleich die oberste kollegiale Staatsbehörde unter der Bezeichnung Gesamtministerium bilden (§ 41 Abs. 1 und 2). Vom Gesichtspunkte der Aufstellung des Staatshaushalts-Etats aus vertritt indessen auch das Gesamtministerium die Stelle eines Departementsministeriums, indem es in einem gewissen Umfange auch seinerseits teils unmittelbar, teils mittelbar an der Verwaltung staatlicher Einnahmen und Ausgaben sowie staatlichen Eigentums und daher insoweit auch an der Aufstellung des Staatshaushalts-Etats beteiligt ist. Das Kriegsministerium als solches kommt, seitdem die Kosten der Unterhaltung der sächsischen Armee auf den Norddeutschen Bund und später auf das Deutsche Reich übergegangen sind und daher zurzeit im Reichshaushalts-Etat Einstellung finden, bei der Aufstellung des Staatshaushalts-Etats nur noch ausnahmsweise und vorübergehend insofern in Betracht, als dieser Mittel zur Erhöhung der Bewilligungen an Militärinvalide aus der Zeit vor dem Kriege 1870/71 und zur Gewährung von Pensionsbeiträgen für verabschiedete Offiziere, Sanitätsoffiziere und Militärbeamte, zu deren Leistung die Beteiligten dem Reiche gegenüber verpflichtet sind, die aber aus Billigkeitsrücksichten vom Staate getragen und an das Reich abgeführt werden, zur Verfügung stellt.

In den Etatangelegenheiten der zum Königlichen Hausfideikommisse (vgl. den sechsten Abschnitt unter I des vorliegenden Werkes) gehörigen Sammlungen für Kunst und Wissenschaft, die, soweit ihre eigenen Einnahmen nicht zureichen, aus Staatsmitteln unterhalten werden und daher Einstellungen auch im Staatshaushalts-Etat bedingen, vertritt die seit dem Jahre 1869 bestehende, unter die Leitung eines verantwortlichen Staatsministers gestellte Generaldirektion der Königlichen Sammlungen für Kunst- und Wissenschaft, da sie gemäß ihrer Verfassung mit dem Könige und den Ständen in unmittelbarem amtlichem Verkehre steht, die Stelle eines Departementsministeriums.

Bei der Aufstellung des Staatshaushalts-Etats innerhalb der einzelnen Departements steht dem Finanzminister, auch soweit andere Departements als das der Finanzen in Frage kommen, das Recht einer Mitwirkung insofern zu, als nach § 4 des Gesetzes, den Staatshaushalt betreffend, vom 1. Juli 1904 in den Entwurf des Staatshaushalts-Etats neue oder gegen den Voretat erhöhte Ausgaben, soweit sie nicht auf gesetzlicher Verpflichtung oder auf ständischen Anträgen beruhen, nicht eingestellt werden dürfen, wenn der Finanzminister dagegen Widerspruch erhebt. Dieser Widerspruch kann aber nur darauf gestützt werden, daß die finanzielle Lage die Ausgabevermehrung nicht gestatte.

2. Die Zusammenstellung der Einzelabschnitte des Staatshaushalts-Etats zu einem Ganzen behufs der Vorlegung an die Stände liegt dem Finanzministerium ob, während die Beratung über dieses Ganze, d. h. die Beschlußfassung in der Richtung, ob und inwieweit die Einzelaufstellungen vom Standpunkte der Einheitlichkeit der Staatsverwaltung aus oder im Hinblicke auf die allgemeine Finanzlage des Staates aufrecht erhalten bleiben können, dem Gesamtministerium zukommt.[1]

3. Der Veranschlagung im Staatshaushalts-Etat unterliegen nach § 1 Abs. 2 des Gesetzes, den Staatshaushalt betreffend, vom 1. Juli 1904 alle Einnahmen und Ausgaben des Staates mit Ausnahme von drei Gruppen von Einnahmen und Ausgaben, die in ihm nur als durchlaufende Posten erscheinen könnten und deshalb für ihn sachlich bedeutungslos sein würden. Diese Gruppen sind:

a) die Einnahmen und Ausgaben bei den auf Gesetzen beruhenden oder mit ständischer Zustimmung begründeten staatlichen Beständen (Fonds) zu bestimmten Zwecken;

b) die aus der Veräußerung von Teilen des Staatsguts im Sinne der §§ 16 bis 18 der Verfassungsurkunde sich ableitenden, in dem sogenannten Domänenfonds ihren rechnungsmäßigen Nachweis findenden Einnahmen und Ausgaben;

c) die, soweit nicht im Etat selbst gegenteilige Anordnungen getroffen sind, den beweglichen Vermögensbeständen des Staates zuzuführenden Einnahmen aus der Veräußerung von zum Staatsvermögen, nicht aber zum Staatsgute im Sinne der §§ 16 bis 18 der Verfassungsurkunde gehörigen Grundstücken und aus der Ablösung der mit solchen Grundstücken verbundenen Rechte.[2]

Bei den staatlichen Beständen (Fonds) zu bestimmten Zwecken handelt es sich um Vermögensmassen, die zwar zur Substanz des Staatsvermögens gehören, verwaltungsrechtlich aber davon ausgeschieden sind.

---

[1] Vgl. Allerhöchste Verordnung über die Einrichtung der Ministerialdepartements vom 7. November 1831 Pkt. 4 G Nr. 4 (GS. S. 329).

[2] Ausnahmen von der Regel, daß Einnahmen aus der Veräußerung von zum Staatsvermögen, nicht aber zum Staatsgute im verfassungsrechtlichen Sinne gehörigen Grundstücken den beweglichen Vermögensbeständen des Staates zuzuführen sind, sind im Staatshaushalts-Etat insofern vorgesehen, als derartige Einnahmen beim Elsterbade (Kap. 6) in den für dieses bestehenden Reservefonds, bei den Landesanstalten (Kap. 70) in deren Grundstückskaufgelderfonds zu fließen haben, im Bereiche der Straßen- und Wasserbauverwaltung aber (Kap. 79) zur Deckung der Kosten für Verbesserung und Neubau von Straßen, Wegen und Brücken, für bauliche und sonstige Herstellungen bei den Hochbauten und den ermieteten Geschäftsräumen sowie für Wasser-, Ufer- und Dammbauten mit verwendet werden dürfen und daher im Wege der Absetzung von den Ausgaben der dabei in Frage kommenden Ausgabetitel verrechnet werden.

Neue derartige Bestände (Fonds) dürfen nach § 17 des Staatshaushaltsgesetzes nur noch auf dem Wege der Gesetzgebung begründet werden.[1]

Erlöse aus der Veräußerung von Teilen des Staatsguts im Sinne der §§ 16 bis 18 der Verfassungsurkunde, d. h. des von der Krone auf den Staat übergegangenen Teiles des Staatsvermögens, müssen nach dort getroffener Vorschrift, und zwar ohne Unterschied, ob es sich um Teile des im Staatsgute mit inbegriffenen Königlichen Domänenguts oder des sonstigen Staatsguts handelt, zur Erwerbung inländischen Grundbesitzes oder, was im Erfolge auf dasselbe hinausläuft, zu Verbesserungen des Staatsguts oder zur Ablösung darauf haftender Lasten verwendet, solange dies aber nicht möglich ist, auf eine andere zweckmäßige Weise werbend angelegt werden. Derartige Erlöse nehmen die Eigenschaft des veräußerten Gegenstandes an und treten an dessen Stelle. Sie sind daher ein für allemal dem Zugriffe der Verwaltung entzogen und müssen für sich verwaltet werden, zu welchem Behufe sie der staatlichen Zentralkasse zufließen, die sie unter den beweglichen Vermögensbeständen des Staates mit aufführt, aber rechnungsmäßig unter der Bezeichnung „Domänenfonds“ ausweist, und zwar ohne Unterschied, ob es sich dabei um Erlöse aus der Veräußerung von Teilen des Domänenguts oder des sonstigen Staatsguts handelt. (Vgl. auch den dritten Abschnitt des vorliegenden Werkes.)

Unter dem nicht zum Staatsgute im Sinne von §§ 16 bis 18 der Verfassungsurkunde gehörigen Staatsvermögen, auf das sich die Ausnahmebestimmung unter c) bezieht, ist alles dasjenige Vermögen zu verstehen, das, wie z. B. die Staatseisenbahnen, vom Staate unmittelbar erworben worden ist. Daß Einnahmen aus der Veräußerung hierzu gehöriger Grundstücke, soweit nicht im Staatshaushalts-Etat selbst gegenteilige Anordnungen getroffen sind, nicht den laufenden Staatseinnahmen sondern den beweglichen Vermögensbeständen des Staates zuzuführen sind, beruht darauf, daß es sich dabei um zufällige außerordentliche Einnahmen von sehr bedeutenden Beträgen handeln kann, deren Verrechnung unter den Einnahmen der laufenden Verwaltung ein unrichtiges Bild von dem Ergebnisse dieser gewähren würde.

Mit der Verwaltung der beweglichen Vermögensbestände des Staates, deren Nutzungen im Staatshaushalts-Etat erscheinen, verbundene kassenmäßige Gebarungen, die nur die Bedeutung von Bestands-

[1] Zurzeit gibt es 36 staatliche Bestände (Fonds) zu bestimmten Zwecken, die am Schlusse des Jahres 1910 ein Kapitalvermögen von zusammen 23086889,47 ℳ aufwiesen. Die bedeutendsten von ihnen sind der Reservefonds für Eisenbahnzwecke (16232741,07 ℳ), die Zollstrafgelderkasse (1322784,97 ℳ), die Freiberger Bergbaukasse (370903,14 ℳ), die Obergebirgische Bergbaukasse (207012,08 ℳ), die Bergbegnadigungsfonds (712192,21 ℳ), der Reservefonds bei der Kultusministerialkasse (300340 ℳ) und der Fonds zu Dienstalterszulagen für Unteroffiziere (2622768,12 ℳ).

verschiebungen haben, werden im Staatshaushalts-Etat ebenfalls nicht zum Ausdrucke gebracht, da sie als Einnahmen oder Ausgaben im Sinne des Etats nicht angesehen werden können.

Ebensowenig bilden die innerhalb des Landes aufkommenden Einnahmen an Zöllen, Reichssteuern und statistischer Gebühr[1] einen Gegenstand der Veranschlagung im Staatshaushalts-Etat. Denn wennschon diese Leistungen, abgesehen von dem Wechselstempel und der statistischen Gebühr, lediglich von Staats wegen und daher durch Staatsbehörden erhoben werden, geschieht dies doch für Rechnung nicht des Staates sondern des Reichs. Für den Staatshaushalts-Etat würden sie daher nur die Eigenschaft durchlaufender Posten haben. Nur die Anteile, die dem Staate an den in seinem Gebiete aufkommenden Einnahmen aus der Wechselstempelsteuer und der Reichserbschaftssteuer zustehen, und die Überweisungen, die ihm aus dem Reinertrage der Branntweinsteuer zufließen (vgl. S. 14), werden selbstverständlich im Staatshaushalts-Etat mit zur Erscheinung gebracht. Ebenso geschieht es mit den dem Staate zur Last fallenden Kosten der Erhebung und Verwaltung der Zölle und der Reichssteuern und der ihm vom Reiche dafür sowie für die ihm durch die Statistik des Warenverkehrs mit dem Auslande erwachsenden Kosten gewährten Vergütungen.

Bezüglich solcher Zwecke, für die Aufwendungen nicht durch die Verfassung, sei es Sachsens oder des Deutschen Reichs, oder durch Sondergesetze oder durch vertragsmäßige Verpflichtungen bedingt werden oder sonst im Interesse des Staates unabweisbar geboten sind, hängt die Bestimmung darüber, ob und in welchem Umfange für sie Ausgabesummen auf den Staatshaushalts-Etat zu bringen sind, im allgemeinem von dem pflichtmäßigen Ermessen der Regierung ab. Eine Beschränkung nach dieser Richtung besteht für sie nur insofern, als die Verfassungsurkunde im § 106 vorschreibt, daß, um die Regierung für unvorhergesehene Ereignisse mit den erforderlichen außerordentlichen Hilfsmitteln zu versehen, ein

[1] Reichssteuern bilden zurzeit: die Tabaksteuer, die Zigarettensteuer, die Zuckersteuer, die Salzsteuer, die Branntweinsteuer einschließlich der Essigsäureverbrauchsabgabe, die Schaumweinsteuer, die Brausteuer und die Übergangsabgabe von Bier, die bei der Einfuhr von Bier aus nicht zur Brausteuergemeinschaft gehörigen Bundesstaaten oder Gebietsteilen solcher zum Ausgleiche der Brausteuer erhoben wird, der Spielkartenstempel, der Wechselstempel, die durch das Reichsstempelgesetz geordneten Reichsstempelabgaben, die Reichserbschaftssteuer, die Leuchtmittelsteuer, die Zündwarensteuer und die Zuwachssteuer. Sie gehören begrifflich sämtlich dem Bereiche der indirekten Abgaben an. Die außerdem zur Erhebung kommende statistische Gebühr fällt nicht unter diesen Begriff, da sie nur eine Gegenleistung für die in statistischen Warenanschreibungen bildenden Leistungen der Zollverwaltung bildet. Mit dem Vertriebe der Stempelwertzeichen zu Entrichtung des Wechselstempels und der statistischen Gebühr sind die Postanstalten beauftragt. Nur statistische Stempelmarken werden einzeln auch von den staatlichen Anmeldestellen für die Statistik des Warenverkehrs abgegeben.

Reservefonds zu bilden sei, der in das Budget aufgenommen und jedesmal bewilligt werde, ohne daß sie indessen Bestimmung darüber trifft, in welcher Höhe dieser Fonds zu bemessen ist.[1]

Das Vorkommen geheimer, darum aber ihrem Gegenstande nach auch nicht einmal annähernd zu bezeichnender Ausgaben im Staatshaushalts-Etat ist verfassungsrechtlich zwar nicht ausgeschlossen, aber an die formelle Voraussetzung geknüpft, daß eine schriftliche, von mindestens drei verantwortlichen Staatsministern gegengezeichnete Versicherung des Königs bezeugt, daß die Verwendung zum wahren Besten des Landes stattfinden werde (VU. § 99 Abs. 2).

4. Die Veranschlagung der Einnahmen und der Ausgaben im Staatshaushalts-Etat hat der Regel nach nur bares Geld zur Voraussetzung, da der Staat seine hauptsächlichsten Bedürfnisse nur durch Aufwendung von Barmitteln zu befriedigen vermag. Da es jedoch eine Anzahl staatlicher Anstalten gibt, bei denen neben der Geldwirtschaft auch eine sehr umfängliche Sachwirtschaft besteht, und weil, wenn in den Staatshaushaltsrechnungen dieser Anstalten lediglich die Vereinnahmung und die Verausgabung baren Geldes zum Nachweise gebracht werden dürften, nur zu einem einseitigen, darum aber unrichtigen Bilde von dem Gange und dem Stande des dabei in Betracht kommenden Verwaltungszweiges gelangt werden würde, darf bei solchen Anstalten die Veranschlagung auf die Geldwerte der im eigenen Wirtschaftsbetriebe erzeugten und verbrauchten Gegenstände sowie der Vermehrungen und Verminderungen von Vorräten mit erstreckt werden (StHG. § 26), was gegebenenfalls im Staatshaushalts-Etat besonders zu vermerken ist. Eine weitere Ausnahme von der Regel der Barveranschlagung findet im Bereiche der sogenannten Landesanstalten, worunter die staatlichen Heil- und Pfleganstalten für Geisteskranke und Epileptische, bildungsunfähige schwachsinnige Kinder, körperlich Kranke und Sieche, die staatlichen Erziehungsanstalten für Blinde, Schwachsinnige und für sittlich gefährdete Kinder sowie die staatlichen Straf- und Korrektionsanstalten begriffen werden, insofern statt, als bei den Straf- und Korrektionsanstalten die Geldwerte der von den Gefangenen für diese Anstalten selbst verrichteten Arbeiten mit veranschlagt werden, was sich im Etat ebenfalls ausdrücklich vermerkt findet.

5. Möge aber auch die Veranschlagung nur auf Barsummen sich

[1] Nach dem Entwurfe der Verfassungsurkunde (§ 121) sollte der Reservefonds stehend sein und fünf vom Hundert der gesamten jährlichen Staatseinnahme betragen. (Vgl. Landtagsakten 1830 Bd. 3 S. 1400.) Die ehemaligen Landstände hielten aber nicht allein die geforderte Summe für zu hoch, sondern waren überhaupt der Ansicht, daß die Höhe dieses Fonds der jedesmaligen Bewilligung der Stände überlassen zu bleiben habe, da sich die Gestaltung der finanziellen Verhältnisse im voraus mit Bestimmtheit nicht übersehen lasse. (Vgl. Landtagsakten 1831 Bd. 4 S. 1800.)

beziehen oder ausnahmsweise zugleich Geldwerte von im eigenen Wirtschaftsbetriebe erzeugten und verbrauchten Gegenständen oder von Vermehrungen und Verminderungen von Vorräten oder von Arbeitsleistungen mit umfassen, in dem einen wie in dem anderen Falle ist sie der Regel nach auf die Ermittlung der rohen Einnahmen und Ausgaben gerichtet und daher eine Rohveranschlagung (Bruttoveranschlagung). Veranschlagungen von Einnahmen unter Kürzung von Ausgaben und von Ausgaben unter Kürzung von Einnahmen und somit Reinveranschlagungen (Nettoveranschlagungen) finden nur ausnahmsweise, namentlich auch in solchen Fällen statt, in denen die selbständige Veranschlagung der zur Kürzung gezogenen Ausgaben oder Einnahmen aus dem Grunde, weil solche überhaupt nicht regelmäßig vorkommen, oder weil sie ihrer Art und Größe nach beständigen Schwankungen unterworfen sind, nicht ohne gewisse Schwierigkeiten ausführbar sein würde. Soweit einzelnen Ansätzen des Staatshaushalts-Etats derartige Reinveranschlagungen zugrunde liegen, findet sich dies in ihm ausdrücklich vermerkt.

6. Die Einnahmen und die Ausgaben sind nach § 2 Abs. 2 des Gesetzes, den Staatshaushalt betreffend, vom 1. Juli 1904 im Staatshaushalts-Etat in der Höhe zu veranschlagen, in der sie nach den bisherigen Erfahrungen voraussichtlich eingehen oder erforderlich werden. Die Bemessung der Etatansätze erfolgt demgemäß in der Weise, daß die auf festen Satzungen beruhenden und daher ihrer Größe nach genau zu beziffernden Einnahmen und Ausgaben entweder nach dem Stande, den sie zur Zeit der Aufstellung des Staatshaushalts-Etats haben, oder wenn das Bevorstehen von Änderungen in der neuen Voranschlagsperiode zu dieser Zeit bereits bekannt ist, nach dem unter Berücksichtigung dieser Änderungen sich ergebenden Stande in Ansatz kommen. Einnahmen und Ausgaben, die zwar regelmäßig wiederkehren, aber ihrem Betrage nach schwanken, werden, wenn sich für ihre Veranschlagung kein zutreffenderer Maßstab oder Anhalt ergibt, nach Durchschnittssätzen veranschlagt, die sich auf die rechnungsmäßigen Ergebnisse der Vorjahre, und zwar soweit möglich der drei letzten Jahre, stützen. Einmalige Ausgaben für bestimmt bezeichnete Zwecke sind entweder auf Grund von Kostenanschlägen zu beziffern, oder es ist sonst nachzuweisen, wie der eingestellte Betrag berechnet worden ist.

Bei den Gehältern der Beamten gestaltet sich die Veranschlagung verschiedenartig, je nachdem sie auf Grund der insoweit maßgebenden, von der Regierung mit den Ständen vereinbarten Besoldungsordnung nach festen Sätzen (als Einzelgehälter) oder nach Mindest- und Höchstsätzen oder nach Mindest-, Höchst- und Durchschnittssätzen oder nur nach Durchschnittssätzen oder nur nach Höchstsätzen in den Etat einzustellen sind. Nach Mindest- und Höchstsätzen ohne Angabe eines Durchschnittssatzes sind die Gehälter der nach dem Dienstaltersstufensysteme im Gehalte aufrückenden Beamten, und zwar unter gleichzeitiger Verlautbarung der Aufrückungsbeträge und Aufrückungsfristen, einzustellen. Nach Mindest-, Höchst- und Durchschnittssätzen in der Weise, daß der Durchschnittssatz genau in der Mitte zwischen dem Mindest- und dem Höchstsatze liegt, hat die Einstellung der nach dem Gehaltsklassensysteme, d. h. je nach dem Freiwerden von Stellen der höheren Gehaltsklassen in diese aufrückenden Beamten zu erfolgen. Nach Mindest-, Höchst- und Durchschnittssätzen können aber auch Gehälter für Einzelbeamte sowie für Beamtenklassen eingestellt werden, denen nur zwei Beamte angehören. Einzelgehälter sind in der durch die Besoldungsordnung vorgesehenen Höhe ohne Rücksicht darauf in den Etat einzustellen, ob den beteiligten Beamten tatsächlich der volle etatmäßige Gehalt oder, was nach dem Ermessen der Anstellungsbehörde zulässig ist, zunächst nur ein geringerer Anfangsgehalt gewährt wird. Nur nach einem Durchschnittssatze bezifferte Gehälter kommen mit diesem, nur nach einem Höchstsatze bezifferte Gehälter kommen mit dem Betrage zur Einstellung, der den beteiligten Beamten innerhalb der Finanzperiode tatsächlich gewährt werden soll. In gleicher Weise wird auch bei der Berechnung des Mehr- oder Minderbedarfs im Falle einer Änderung der Stellenzahl einer Beamtenklasse verfahren. Die Veranschlagung der Gehälter der nach dem Dienstalter aufrückenden Beamten geschieht in der Regel so, daß im Wege der Berechnung der voraussichtliche wirkliche Bedarf für die ganze Finanzperiode ermittelt und hiernach der Jahresbedarf berechnet wird. Nur von solchen Verwaltungen, namentlich der Staatseisenbahnverwaltung, denen derartige genaue Ermittlungen wegen der großen Zahl der in Frage kommenden Beamten besondere Schwierigkeiten bieten würden, wird die für den 1. Januar des zweiten Etatjahrs berechnete Bedarfsumme der Etataufstellung zugrunde gelegt, und zwar in der Weise, daß bei den am 1. April des der Voranschlagsperiode vorangehenden Jahres vorhandenen Beamten festgestellt wird, in welcher Gehaltsstufe sich jeder einzelne am 1. Januar des zweiten Etatjahrs befinden wird. Hierbei werden die zur Zeit der Veranschlagung der Gehälter für die nächste Finanzperiode unbesetzten Stellen der untersten Gehaltsstufe zugerechnet. Werden die Gehaltssätze für eine Beamtenklasse oder für Einzelbeamte unter Abänderung der Besoldungsordnung abweichend vom Voretat eingestellt, oder sollen Stellenumwandlungen mit Änderungen der Gehaltssätze eintreten, so wird der Mehr- oder Minderbedarf mit den wirklich zu erwartenden Beträgen in Zugang oder in Abgang gebracht. In allen Fällen, in denen der Gehaltsbedarf dem Voretat gegenüber höher oder niedriger bemessen wird, wird in der Erläuterungsspalte getrennt beziffert, wieviel von dem Unterschiede durch das Dienstaltersstufensystem veranlaßt worden ist, und wieviel auf andere Ursachen entfällt. Wird die Stellenzahl einer Beamtengruppe im Etat verändert, so werden bei Stellenvermehrung nur die Mindestgehälter eingestellt, bei Stellenverminderung die tatsächlich wegfallenden Gehälter berechnet. Sind Stellen im Etat als künftig wegfallend bezeichnet, so wird für jede dieser Stellen in der Spalte mit der Überschrift: „darunter künftig wegfallend" nur der Mindestgehalt ausgeworfen. Soweit nichtstaatlichen Unternehmungen nachgelassen ist, Verwaltungskostenbeiträge für Beamte, die nach dem Dienstaltersstufensysteme aufrücken, nach einem Durchschnittsgehalte zu entrichten, kann dieser berechnet werden entweder aus der in den Etat eingestellten Stellenzahl und der für sämtliche Stellen in Ansatz gebrachten Gehaltssumme oder in der Weise, daß die den Beamten der Klasse zu einem gewissen Zeitpunkte tatsächlich zustehenden Gehälter ermittelt und die sich ergebende Summe durch die Zahl der Stellen geteilt wird. Sind Stellen zu dem für die Ermittlung maßgebenden Zeitpunkte zwar vorhanden, aber nicht besetzt, so werden sie bei der Berechnung nach dem Mindestgehalte angesetzt. In Ausgabe oder in Rückeinnahme gestellte Gehaltsbeiträge, die von einer staatlichen Verwaltung an die andere geleistet werden,[1] werden mit dem Durchschnittsgehalte angesetzt, der sich aus dem Mittel zwischen dem etatmäßigen Mindestgehalte und dem etatmäßigen Höchstgehalte ergibt. Dasselbe Verfahren wird angewendet, wenn Gehälter gewisser Beamten aus der Zivilliste oder aus Stiftungsfonds gedeckt werden sollen und im Staatshaushalts-Etat bei den in Frage kommenden Ausgaben abgesetzt werden.[2] Die nach Mindest-, Höchst- und Durchschnittssätzen in den Etat einzustellenden Gehälter werden, soweit es sich um Besoldungsgruppen von mehr als zwei Beamten handelt, nach dem Durchschnittssatze veranschlagt, und ebenso wird bei Berechnung des Mehr- oder Minderbedarfs im Falle einer Änderung der Stellenzahl einer Besoldungsgruppe verfahren. Soweit dagegen Einzelbeamte oder Besoldungsgruppen von nicht mehr als zwei Beamten in Frage kommen, erfolgt die Veranschlagung nach dem Gehaltsbetrage, der für die beteiligten Beamten auf die Finanzperiode, für die die Etataufstellung erfolgt, in Aussicht genommen ist. Für die erste Besetzung in Zugang kommender Stellen wird ohne Unterschied, ob deren Inhaber nach dem Dienstalter aufrücken oder nicht, der 1. Juni des ersten Jahres der Finanzperiode angenommen, sofern nicht ein späterer Termin dafür in Betracht kommt.

---

[1] Beiträge staatlicher Verwaltungen zu Gehältern von Beamten sind beispielsweise vorgesehen bei den Kapiteln 1 (Forsten) und 81 (Bauverwaltereien) für 3 Forstrentamtmänner, denen die Mitbesorgung von Bauverwaltereigeschäften übertragen ist, und bei den Kapiteln 1 und 47 (Gendarmerieanstalt) für 3 Forstgendarmen.

[2] Beiträge der Zivilliste zu Gehältern von Beamten sind vorgesehen bei Kap. 1 (Forsten) für 1 Reviergehilfen und bei Kap. 47 (Gendarmerieanstalt) für 2 Forstgendarmen. Deckung von Gehältern aus Stiftungsfonds ist vorgesehen bei Kap. 70 (Landesanstalten) für je 1 Sekretär aus dem Fonds für entlassene Blinde und aus der Kasse des Blindenasyls, 1 Aufseher aus der Sächsischen Stiftung und je 1 Pfleger aus dem Fonds für entlassene Blinde und der Unterstützungskasse für entlassene Schwachsinnige.

Die Wahl eines früheren Zeitpunkts ist nur unter außergewöhnlichen Umständen statthaft und im Etat besonders zu begründen. Sollen die in Zugang kommenden Stellen nicht schon bei Beginn der Finanzperiode besetzt werden, so wird der Geldbedarf für sie nicht für beide Jahre der Finanzperiode voll sondern nur für die voraussetzliche Zeit der Besetzung angefordert. In gleicher Weise wird verfahren, wenn die Gehaltssätze unter Abänderung der Besoldungsordnung abweichend vom Voretat eingestellt werden.[1]

Im ordentlichen Staatshaushalts-Etat (vgl. den Unterabschn. III, 1 und 4a) erfolgt die Veranschlagung nach Jahresbeträgen dergestalt, daß bei jedem Etatansatze, möge er sich auf die volle zweijährige Finanzperiode oder nur auf einen Teil davon, nach Befinden sogar nur auf deren zweites Jahr oder auf einen Bruchteil von diesem erstrecken, die Hälfte der Gesamtforderung als Jahressumme eingestellt wird, also für jedes der beiden Etatjahre eine gleich hohe Anschlagssumme, beispielsweise der Gehalt von 6000 Mark jährlich für den Inhaber einer vom 1. Dezember des zweiten Jahres der Finanzperiode ab neu zu begründenden Stelle für jedes der beiden Jahre mit 250 Mark erscheint.[2] Die so ermittelten Beträge werden als gemeinjährige bezeichnet. In den außerordentlichen Staatshaushalts-Etat (vgl. den Unterabschn. III, 1a und 2a) werden ungetrennte Summen für beide Jahre der Finanzperiode eingestellt. Im übrigen wird bei Veranschlagung der ordentlichen Einnahmen und Ausgaben regelmäßig so verfahren, daß der hierauf bezügliche Teil des Staatshaushalts-Etats, als Ganzes betrachtet, ohne Überschuß oder Fehlbedarf abschließt, vielmehr sich ausgleicht (balanciert). Das Mittel zum Abschlusse ohne Überschuß ist in dem S. 22 erwähnten Reservefonds gegeben, der in einer Höhe unter den Ausgaben eingestellt wird, die der anschlagsmäßigen Summe des Mehrbetrags der gesamten Einnahmen gegen die anschlagsmäßige Summe der gesamten Ausgaben der Finanzperiode gleichkommt.

7. Soweit nach bereits erfolgter Aufstellung des Staatshaushalts-Etats und nach seiner Vorlage an die Stände weitere unabweisbare Bedürfnisse hervortreten oder sich sonst wesentliche Änderungen in den Veranschlagungen notwendig machen, werden, solange die ständischen Beratungen über den Staatshaushalts-Etat noch nicht abgeschlossen sind, Nachtragsetats (Ergänzungsetats) aufgestellt und an die Stände gebracht. In gleicher Weise wird verfahren, wenn sich infolge eines außerhalb der Zeit eines ordentlichen Landtags eintretenden Regierungs-

[1] Besoldungsordnung vom 20. Oktober 1909 Anlagen D II und E.

[2] Diesem Verfahren, das bereits seit der Finanzperiode 1840/42 eingehalten wird, liegt die Absicht zugrunde, damit die Aufstellung und den Druck des Staatshaushalts-Etats sowie dessen Bearbeitung durch die ständischen Deputationen und die Beratung und Beschlußfassung der Stände darüber wesentlich zu erleichtern.

wechsels noch im Laufe einer Finanzperiode Änderungen in bezug auf die Zivilliste des Königs und die Gebührnisse von Gliedern des Königlichen Hauses erforderlich machen und deshalb eine Vorlage an den außerordentlichen Landtag zu bringen ist, wie er nach jedem Eintritte eines Regierungswechsels binnen der nächsten vier Monate einberufen werden muß (VU. § 115 Abs. 2), falls nicht gerade ein ordentlicher Landtag stattfindet. Ebenso pflegen den Ständen in Fällen wesentlicher Überschreitungen der Ausgabebewilligungen des ordentlichen Staatshaushalts-Etats möglichst in der auf deren Entstehung folgenden Finanzperiode Nachtragsetats vorgelegt zu werden. Das Nähere hierüber enthalten die Ausführungen S. 85, 86. In allen derartigen Fällen wird so verfahren, daß bei den einschlagenden Ausgabetiteln der erforderlich werdende oder bereits erwachsene Mehrbedarf beziffert wird und die notwendigen Deckungssummen bei geeigneten Einnahmetiteln durch nachträgliche Erhöhung des Etatsolls eingestellt oder durch nachträgliche entsprechende Abminderung des Etatsolls des Reservefonds herausgestellt werden.

III.

Innere Einrichtung des Staatshaushalts-Etats.

1. Die innere Einrichtung des Staatshaushalts-Etats ist durch das bestehende Verfassungsrecht wesentlich nur in folgenden drei Richtungen beeinflußt worden.

a) Der Umstand, daß die Verfassungsurkunde in § 97 zwischen ordentlichem und außerordentlichem Staatsbedarfe unterscheidet, hat bereits seit der Finanzperiode 1849/51 dazu geführt, auch das Staatsbudget in zwei selbständige Teile, den einen für den ordentlichen Staatsbedarf und deshalb ordentliches Staatsbudget genannt, den anderen für den außerordentlichen Staatsbedarf und deshalb außerordentliches Staatsbudget genannt, zu zerlegen. Dem außerordentlichen Staatsbudget wurden im Anfange grundsätzlich diejenigen als nicht wiederkehrender Aufwand anzusehenden größeren Ausgaben zugewiesen, die nicht aus den laufenden und nachhaltigen Staatseinnahmen bestritten werden konnten, sondern zu deren Deckung entweder die verfügbaren Verwaltungsüberschüsse verwendet oder Anleihen aufgenommen werden mußten. Als Ausgaben dieser Art wurden nach der damaligen Auffassung der Regierung und der Stände in erster Linie solche angesehen, die die Eigenschaft werbender Kapitalanlagen hatten. Außerdem aber wurden dazu auch die Aufwendungen gerechnet, die auf ganz unvorhergesehenen und unabwendbaren äußeren Veranlassungen beruhten und sich daher gewissermaßen unter dem Gesichtspunkte einer bloß vorübergehenden außergewöhnlichen Landeslast, analog den Kriegskosten, auffassen ließen. Durch dieses Verfahren der Budgetierung sollte ermöglicht werden, gewisse Lasten anteilig auf die Zukunft abzuwälzen und von dem Budget der Gegenwart den Vorwurf der Überlastung oder wohl gar der Unerschwinglichkeit abzuwenden.[1] In der Finanzperiode 1876/77 wurden neue Grundsätze für die Aufnahme von Ausgaben in das außerordentliche Budget von der Regierung aufgestellt, ohne daß dagegen von den Ständen Widerspruch erhoben wurde. Hiernach sollten dem außerordentlichen Budget zugewiesen werden:

a) Ausgaben, die als werbende Kapitalanlagen erscheinen und daher eine unmittelbare Vermehrung der Staatseinkünfte in Aussicht stellen, z. B. für die Erwerbung und den Bau von Eisenbahnen und deren Ausrüstung;

b) Ausgaben, die zur Beseitigung fortdauernder pekuniärer Staatslasten dienen und daher eine unmittelbare Verminderung des laufenden Staatsaufwandes herbeiführen, z. B. zur Ablösung von Jahrensrenten oder anderen dauernden Geldleistungen;

c) Ausgaben, die zur Vermehrung und Sicherstellung des Volkswohlstandes beitragen, indem sie natürliche Gefahren von ihm abwenden oder Einrichtungen und Privilegien, die seiner Entwicklung hinderlich sind, beseitigen oder den Verkehr erleichtern und damit auch späteren Generationen Nutzen bereiten, z. B. für Elbstromverbesserungen, für Elbkaianlagen im Interesse der Schiffahrt und des Handels, für Ablösung nachteiliger Verbietungsrechte;

d) Ausgaben, die durch große, das Land treffende Unglücksfälle, z. B. Kriege, oder durch andere außerordentliche Ereignisse und Umstände, die zu den voraussetzlich auch in Zukunft wiederkehrenden nicht gerechnet werden können, verursacht werden und zugleich von solcher Bedeutung sind, daß sie von einer Generation allein ohne sehr große Überlastung nicht getragen werden können.

Dagegen sollten Ausgaben, die sich zum Behufe einer besseren und leichteren Erfüllung der Zwecke der Staatsverwaltung und wegen der vermehrten Bedürfnisse dieser erforderlich machen, in das ordentliche Budget eingestellt werden, weil angenommen werden müsse, daß derartige Ausgaben bei den stetig wachsenden Bedürfnissen nie ganz aufhören und daher die künftigen Generationen auch gezwungen sein werden, den zu ihrer Zeit auftauchenden Bedürfnissen zu genügen. Die Regierung machte jedoch hierbei den Vorbehalt, daß bei der Erwägung, ob eine Ausgabe dem ordentlichen oder dem außerordentlichen Budget zuzuweisen sei, unter Umständen auch die Rücksicht auf die im Interesse der Steuerpflichtigen liegende möglichste Stetigkeit in der Höhe der Steuerzahlung den Ausschlag geben und es daher auch fernerhin vorkommen könne, daß aus letzterer Rücksicht eine gewöhnlich in das ordentliche Budget aufgenommene außerordentliche Ausgabe einmal ausnahmsweise in das außerordentliche

[1] Landtagsakten 1849/50 Abt. I. Bd. 2 S. 152, 153.

Budget eingestellt oder umgekehrt eine Ausgabe, die grundsätzlich in das außerordentliche Budget aufgenommen werden könnte, einmal dem ordentlichen Budget zugewiesen werde.[1]

Diese Grundsätze wurden aber später wieder verlassen, nachdem sich die Auffassung geltend gemacht hatte, daß es der Aufgabe einer gesunden Finanzpolitik entspreche, in günstigen Zeitläuften den außerordentlichen Staatshaushalts-Etat nur mit solchen Ausgaben zu belasten, die eine unmittelbare Vermehrung der Staatseinnahmen in Aussicht stellen.[2] Solange sich die staatlichen Finanzen in aufstrebender Richtung bewegten, wurde auch dieser Auffassung gemäß verfahren. Als aber, herbeigeführt nicht zum geringsten Teile durch die mißliche Gestaltung der finanziellen Beziehungen der Einzelstaaten zum Reiche, das Gegenteil eintrat, wurden mehr und mehr alle größeren einmaligen Ausgaben, die aus den regelmäßigen Einnahmen nicht bestritten werden konnten, dem außerordentlichen Staatshaushalts-Etat zugewiesen, der dadurch in nicht unbedenklicher Weise überlastet wurde. Erst das Gesetz, den Staatshaushalt betreffend, vom 1. Juli 1904 hat insoweit wieder Wandel gebracht, indem es in § 3 Abs. 1 vorschreibt, daß einmalige außergewöhnliche Ausgaben, die lediglich Verwaltungszwecken dienen, in der Regel von der Einstellung in den außerordentlichen Staatshaushalts-Etat ausgeschlossen sind. Denn diese Bestimmung wird verhindern, daß der außerordentliche Staatshaushalts-Etat ohne zwingende Notwendigkeit mit Ausgaben belastet wird, die lediglich dazu bestimmt sind, die laufende Verwaltung in geordnetem Gange zu erhalten, wie dies z. B. von den Ausgaben für die Errichtung von Dienstgebäuden, Schulgebäuden, Universitätsgebäuden usw. gilt; vielmehr wird sie zur Folge haben, daß im außerordentlichen Staatshaushalts-Etat der Regel nach nur solche einmalige außergewöhnliche Ausgaben erscheinen werden, die zu werbenden Zwecken bestimmt sind und deshalb die Bedeutung wirtschaftlicher Kapitalanlagen haben.

b) Da unter Staatsbedarf, dessen Ermittlung Gegenstand des Voranschlags ist, zunächst nur die Summe des Mehrbedarfs an Ausgaben gegen die Summe der Überschüsse aus den eigenen selbständigen Einnahmen des Staates zu verstehen ist, wurde bei Aufstellung des Staatsbudgets nach der übereinstimmenden Auffassung der Regierung wie der Stände anfänglich so verfahren, daß in dem Einnahmeabschnitte (Budget der Staatseinkünfte genannt) nur der Reinertrag zur Darstellung gebracht wurde, den jeder Zweig der Staatseinkünfte nach Abzug der erforderlichen Betriebs- und Verwaltungskosten, jedoch ausschließlich der dem Ausgabeabschnitte (Budget des Staatsaufwandes genannt) zugewiesenen

[1] Landtagsakten 1875/76, Königliche Dekrete Bd. 2 S. 335 ff., Ständische Schriften Nr. 54 S. 133.

[2] Allgemeine Erläuterungen zum Staatshaushalts-Etat 1884/85, Landtagsakten 1883/84, Königliche Dekrete Bd. 1 Dekret Nr. 2.

Kosten der Zentralverwaltung abwarf, um so die Summe dessen zur Erscheinung zu bringen, was zur Deckung von Staatsbedürfnissen zur Verfügung blieb.[1] Der Ausgabeabschnitt dagegen umfaßte überall rohe Ausgaben. Das Staatsbudget war daher in seinem Einnahmeabschnitte der Hauptsache nach ein sogenanntes Nettobudget, in seinem Ausgabeabschnitte dagegen ein sogenanntes Bruttobudget. Diesem Mangel an Übereinstimmung in der Anlage des Staatsbudgets wurde von der Finanzperiode 1837/39 an dadurch begegnet, daß auch bei denjenigen Verwaltungszweigen des Ausgabebudgets, bei denen, wie z. B. bei den Gerichtsbehörden, neben den Ausgaben regelmäßig zugleich Einnahmen vorzukommen pflegen, diese Einnahmen von den Ausgaben vorweg abgezogen wurden, um so die Summe des wirklichen Bedarfs darzulegen. Das Staatsbudget war daher nunmehr der Hauptsache nach ein reines Nettobudget. Von der Finanzperiode 1880/81 an wurde zwar der Grundsatz der Reinveranschlagung insofern wieder verlassen, als seitdem bei jedem Betriebs- und Verwaltungszweige, bei dem sowohl Einnahmen als Ausgaben vorkommen, beide speziell veranschlagt werden. Allein indem diese Einnahmen und Ausgaben überall unmittelbar einander gegenübergestellt werden und demzufolge im Wege des rechnungsmäßigen Abschlusses entweder der Überschuß oder der Zuschuß, den jeder einzelne Betriebs- und Verwaltungszweig abwirft oder erfordert, zur Ziffer gebracht wird, kommt der Grundsatz der Reinveranschlagung auch seitdem noch zu einer gewissen formellen Geltung. (Vgl. auch das S. 44 unter 1) Bemerkte.)

c) Da rücksichtlich der sich regelmäßig wiederholenden Einnahmen den Ständen, wie schon S. 5 dargelegt worden ist, ein eigentliches Bewilligungsrecht der Hauptsache nach nur soweit zusteht, als es sich um direkte und indirekte Landesabgaben handelt, werden diese Abgaben bereits seit der erstmaligen Aufstellung des Staatsbudgets (1834/36) in diesem gesondert von den übrigen Einnahmequellen zur Darstellung gebracht.[2] In allen übrigen Beziehungen hat bei der Gestaltung der inneren Einrichtung des Staatshaushalts-Etats neben hierauf bezüglichen Wünschen und Anträgen der Stände lediglich das durch Zweckmäßigkeitsrücksichten bedingte Ermessen der Regierung gewaltet. Je nach den wechselnden Anschauungen und Bedürfnissen ist er daher im Laufe der Zeit auch mannigfachen Änderungen in dieser Beziehung unterworfen gewesen. Bis zur Finanzperiode 1878/79 bestand das eigentliche Budget aus einer Reihe von Abschnitten, die Positionen genannt wurden, und unter denen für jeden Einnahme- oder Ausgabezweig die Gesamtsumme dessen, was er einbrachte oder erforderte, zur Darstellung gebracht wurde. Da das

---

[1] Landtagsakten 1833 Abt. I Bd. 1 S. 115, 1834 Abt. I Bd. 4 S. 365, 452, 1836/37 Abt. I Bd. 1 S. 216.

[2] Landtagsakten 1833 Abt. I Bd. 1 S. 115, § 3 der allgemeinen Vorbemerkungen zum Staatsbudget auf 1834/36.

Budget der Staatseinkünfte, wie bereits S. 30 ausgeführt worden ist, in der Hauptsache ein Nettobudget war, wurde ihm zugleich, aber nur erläuterungsweise, eine summarische Übersicht des Roheinkommens aller Einkünfte sowie der davon zu bestreitenden Ausgaben beigefügt. Um den Ständen davon Kenntnis zu verschaffen, wie die im Staatsbudget für jeden Einnahme- oder Ausgabezweig bezifferte Gesamtsumme des Einkommens oder des Aufwandes im einzelnen ermittelt worden war, wurden ihnen noch besondere Aufstellungen unter der Bezeichnung als Spezialetats, aber ebenfalls nur erläuterungsweise, mitgeteilt. In diesen Spezialetats waren die ihrer Art nach zusammengehörigen oder doch verwandten Einnahmen und Ausgaben in einzelne Gruppen zusammengefaßt. Bis zur Finanzperiode 1861/63 einschließlich erfolgte die Mitteilung dieser Spezialetats lediglich an die mit der Beratung des Budgets betrauten ständischen Deputationen. Seit der Finanzperiode 1864/66 wurden sofort dem Budget selbst für diejenigen Positionen, bei denen entweder der Aufwand von der Einnahme oder die Einnahme von dem Aufwande vorweg abgezogen war, Spezialetats beigegeben und mit dem Budget durch den Druck vervielfältigt, um auf diese Weise der Gesamtheit der Stände ein vollständiges und übersichtliches Bild der dabei in Frage kommenden Verwaltungszweige zu gewähren.[1] An der Bedeutung dieser Spezialetats als bloß erläuternder Unterlagen zum Budget wurde dadurch aber nichts geändert. Eine Verpflichtung für die Regierung, die in diesen Spezialetats enthaltenen Einzelansätze einzuhalten, bestand daher von jetzt an ebensowenig wie früher. Der Tatbestand einer eine Verantwortlichkeit auf Seite der Regierung begründenden Budgetüberschreitung war deshalb nach wie vor nur gegeben, wenn und soweit die im Budget für jede einzelne Position eingestellte Gesamtsumme überschritten war.

2. Seit der Finanzperiode 1880/81 hat das Staatsbudget, das von nun an, wie bereits S. 17 bemerkt worden ist, die Bezeichnung „Staatshaushalts-Etat" erhielt, in Verbindung mit der vom gleichen Zeitpunkte ab eingetretenen Umgestaltung des Staatsrechnungswesens eine völlige Neugestaltung erfahren, an der auch das Gesetz, den Staatshaushalt betreffend, vom 1. Juli 1904 in seinen auf die innere Einrichtung des Staatshaushalts-Etats bezüglichen Vorschriften nichts geändert hat. Diese Einrichtung gestaltet sich hiernach folgendermaßen:

a) Der Staatshaushalts-Etat zerfällt in einen „ordentlichen Staatshaushalts-Etat" und, soweit nötig, einen „außerordentlichen Staatshaushalts-Etat", die beide räumlich zwar miteinander verbunden, inhaltlich aber voneinander getrennt sind. Der ordentliche Staatshaushalts-Etat umfaßt die aus den regelmäßigen Einnahmequellen

[1] Erläuterungen zu dem Staatsbudget auf 1864/66, Landtagsakten 1863/64 Abt. I Bd. 1 S. 395.

des Staates fließenden Einnahmen und die davon zu bestreitenden Ausgaben. Der außerordentliche Staatshaushalts-Etat umfaßt die einmaligen außergewöhnlichen Ausgaben, die in den regelmäßigen Einnahmequellen keine Deckung finden, sondern aus den beweglichen Vermögensbeständen bestritten werden müssen (StHG. § 3 Abs. 1). Zu den beweglichen Vermögensbeständen im hier fraglichen Sinne gehören auch die Deckungsmittel, die aus der Aufnahme staatlicher Anleihen gewonnen werden. Daß einmalige außergewöhnliche Ausgaben, die lediglich Verwaltungszwecken dienen, von der Einstellung in den außerordentlichen Etat der Regel nach ausgeschlossen bleiben sollen, ist bereits S. 29 hervorgehoben worden.

b) Der ordentliche Staatshaushalts-Etat unterscheidet zwischen fortdauernden und künftig wegfallenden Einnahmen und Ausgaben, je nachdem diese mehr oder weniger regelmäßig wiederkehren oder nur unter bestimmten, der Dauer nach begrenzten Voraussetzungen vorkommen, und bringt beide Gattungen von Einnahmen und Ausgaben sowohl der Art als der Größe nach auch äußerlich erkennbar zur Darstellung, indem er die künftig wegfallenden Einnahme- und Ausgabebewilligungen ausdrücklich als solche bezeichnet.

c) Der ordentliche Staatshaushalts-Etat gliedert sich in einen „Etat der Überschüsse" und einen „Etat der Zuschüsse". Der Etat der Überschüsse umfaßt diejenigen Betriebs- und Verwaltungszweige, deren ganze Bestimmung es ist, Einnahmequellen für den Staat zu bilden, und die deshalb auch entweder nur Einnahmen haben, oder deren Einnahmen — wenigstens der Regel nach — größer sind als die Ausgaben. Der Etat der Zuschüsse schließt diejenigen Betriebs- und Verwaltungszweige in sich, von denen Einnahmen entweder überhaupt nicht oder doch nur nebenbei erwartet werden können, und bei denen deshalb — mindestens der Regel nach — die Ausgaben größer sind als die Einnahmen.

d) Sowohl der Etat der Überschüsse als der Etat der Zuschüsse sind in eine Reihe von Abschnitten eingeteilt, die die einzelnen Betriebs- und Verwaltungszweige nach bestimmten einheitlichen Gesichtspunkten in Gruppen, die im Etat der Zuschüsse soweit möglich nach den verschiedenen Ministerialdepartements geordnet sind, zusammenfassen dergestalt, daß der Etat der Überschüsse deren zwei, nämlich: A. Nutzungen des Staatsvermögens und der Staatsanstalten, B. Steuern und Abgaben, der Etat der Zuschüsse deren zehn enthält, nämlich: C. Allgemeine Staatsbedürfnisse, D. Gesamtministerium, E. Justizministerium, F. Ministerium des Innern, G. Finanzministerium, H. Ministerium des Kultus und öffentlichen Unterrichts, I. Ministerium der Auswärtigen Angelegenheiten, K. Ausgaben zu Reichszwecken, L. Pensionsetat, M. Reservefonds.

e) Jeder dieser Abschnitte ist in eine Reihe von Kapiteln aufgelöst, die den Anteil der einzelnen Verwaltungszweige an den Einnahmen und Ausgaben nachweisen (StHG. § 2 Abs. 2). Diese Kapitel führen Nummern, die durch den ganzen ordentlichen Staatshaushalts-Etat fortlaufen, und falls sie sich inhaltlich erledigen, ohne gleichzeitig inhaltlich ersetzt werden zu können, in der Weise fortgeführt werden, daß dabei ihr inhaltlicher Ausfall vermerkt wird. Soweit die Notwendigkeit hervortritt, neue Kapitel zu bilden, werden diese der Regel nach in die bestehende Nummernfolge dergestalt eingereiht, daß ihrer Ordnungsnummer zum Unterschiede von der gleichen Nummer desjenigen Kapitels, hinter dem sie eingeschoben werden, ein kleiner lateinischer Buchstabe beigefügt wird (z. B. 36a, 44a, 47a, 56a usw.).

Die Zahl der Kapitel, die der ordentliche Staatshaushalts-Etat zurzeit enthält, beträgt mit Einschluß von 10 Kapiteln, die in der vorbemerkten Weise neu eingeschoben worden sind, jedoch mit Ausschluß eines Kapitels, das inhaltlich ausgefallen ist, ohne bisher inhaltlich ersetzt worden zu sein (des Kap. 85, das Bewilligungen für die Verteidigung staatlicher Gerechtsame, soweit nicht dafür Ausgaben bei anderen Kapiteln vorgesehen waren, zum Gegenstande hatte), 119, wovon 21 dem Etat der Überschüsse und 98 dem Etat der Zuschüsse angehören, und die sich folgendermaßen unter die verschiedenen Gruppenabschnitte beider Etats verteilen:

I. Etat der Überschüsse.

A. Nutzungen des Staatsvermögens und der Staatsanstalten.

Kap.
1. Forsten.
2. Domänen und Intraden.
3. Kalkwerke.
4. Kohlenfelder-Oberflächen.
5. Hofapotheke.
6. Elsterbad.
7. Leipziger Zeitung.
8. Porzellanmanufaktur.
9. Steinkohlenwerk zu Zauckerode.
10. Braunkohlenwerk zu Leipnitz.
11. Staatliche Hüttenwerke bei Freiberg.
12. Staatliche Erzbergwerke bei Freiberg.[1]
13. Blaufarbenwerk Oberschlema.
14. Staatliches Fernheiz- u. Elektrizitätswerk zu Dresden.
15. Münze.
16. Staatseisenbahnen.
17. Landeslotterie.
18. Lotteriedarlehnskasse.
19. Einnahmen der allgemeinen Kassenverwaltung.

B. Steuern und Abgaben.

20. Direkte Steuern.
21. Indirekte Abgaben.

II. Etat der Zuschüsse.

C. Allgemeine Staatsbedürfnisse.

Kap.
22. Zivilliste.
23. Apanagen und sonstige Leistungen auf Grund des Königlichen Hausgesetzes.
24. Zum Königlichen Hausfideikommiß gehörige Sammlungen für Kunst und Wissenschaft.
25. Verzinsung der Staats- und Finanzhauptkassen-Schulden.

[1] Die staatlichen Erzbergwerke bei Freiberg sind zurzeit dergestalt in der Abrüstung begriffen, daß ihr Betrieb mit Schluß der Finanzperiode 1912/13 einzustellen ist. Sie werden daher sodann aus dem Staatshaushalts-Etat verschwinden.

Kap.
26. Tilgung der Staatsschulden.
27. Auf den Staatskassen ruhende Jahresrenten.
28. Ablösung der dem Domänenetat nicht angehörigen Lasten sowie Abfindungszahlungen bei Rechtsstreitigkeiten.
29. Landtagskosten.
30. Stenographisches Landesamt.
31. Allgemeine Regierungs- und Verwaltungsangelegenheiten.

D. Gesamtministerium.

32. Gesamtministerium und Staatsrat.
33. Kabinettskanzlei.
34. Ordenskanzlei.
35. Hauptstaatsarchiv.
36. Oberrechnungskammer.
36a. Oberverwaltungsgericht.
37. Gesetz- und Verordnungsblatt.

E. Justizministerium.

38. Justizministerium.
39. Oberlandesgericht und Staatsanwaltschaft bei dem Oberlandesgerichte.
40. Landgerichte, Amtsgerichte u. Staatsanwaltschaften.
41. Allgemeine u. unvorhergesehene Ausgaben im Geschäftsbereiche des Justizministeriums.

F. Ministerium des Innern.

42. Ministerium des Innern.
43. Kreis- und Amtshauptmannschaften u. Delegation Sayda sowie Generalkommission für Ablösungen und Gemeinheitsteilungen.
44. Akademie der bildenden Künste zu Dresden.
44a. Kunstzwecke im allgemeinen.
45. Dresdner Journal, Königlich Sächsischer Staatsanzeiger, Verordnungsblatt für die Ministerien, die Ober- und Mittelbehörden.
46. Beurkundung des Personenstandes u. der Eheschließung.
47. Gendarmerieanstalt.
47a. Landeskriminalpolizei.
48. Polizeidirektion zu Dresden.
49. Sonstige Zweige der Sicherheitspolizei.
50. Frauenklinik u. Hebammenlehranstalt zu Dresden.

Kap.
51. Hausinspektion der Medizinalgebäude.
52. Landesgesundheitsamt.
53. Hygienische Untersuchungsanstalten.
54. Ambulatorische Kliniken (Polikliniken), Krankenbetten zum Ersatze der Kliniken der vormaligen Chirurgisch-medizinischen Akademie.
55. Tierärztliche Hochschule sowie Physiologisch-chemische Versuchsstation und Physiologisches Institut.
56. Medizinal- und Veterinärpolizei, Ablösung von Apothekenverbietungsrechten.
56a. Staatliche Schlachtviehversicherung und staatliche freiwillige Viehversicherung.
57. Landarmen- und Fürsorgeerziehungswesen.
58. Armenkrankenpflege und sonstige Ausgaben im Interesse der öffentlichen Wohlfahrt.
58a. Landesgrenze.
59. Akademie für graphische Künste und Buchgewerbe zu Leipzig, Kunstgewerbeschule mit Zeichenschule (Vorschule) und Kunstgewerbemuseum zu Dresden sowie Kunstschule für Textilindustrie zu Plauen mit Zweigabteilungen.
59a. Technische Staatslehranstalten zu Chemnitz.
59b. Elektrisches Prüfamt Chemnitz.
59c. Bauschulen zu Dresden, Leipzig, Plauen und Zittau mit Tiefbauschule in Zittau.
60. Landwirtschaftliche, gewerbliche und Handelsschulen sowie allgemeine Ausgaben für Landwirtschaft und Gewerbe.
61. Landespferdezucht.
62. Botanischer Garten und Pflanzenphysiologische Versuchsstation zu Dresden.
63. Landwirtschaftliche Versuchsstation zu Leipzig-Möckern.
63a. Landeswetterwarte.
64. Gewerbe- und Dampfkesselaufsicht.
65. Wegebau-, Wegeunterhaltungs- und Wasserbauunterstützungen sowie Aufwendungen für wasserpolizeiliche Zwecke.
66. Eichwesen.
67. Technische Deputation.
68. Reichsversicherung und Unfallfürsorge für Gefangene.

Kap.
69. Statistisches Landesamt.
70. Landesanstalten.
71. Verwaltung des gemeinschaftlichen Ministerialgebäudes in Dresden-Neustadt.
72. Allgemeine und unvorhergesehene Ausgaben im Geschäftsbereiche des Ministeriums des Innern.

G. Finanzministerium.

73. Finanzministerium.
74. Verwaltung der Staatsschulden.
75. Großer Garten.
76. Forstakademie zu Tharandt.
77. Bergakademie zu Freiberg.
77a. Allgemeine Ausgaben für den Bergbau.
78. Land-, Landeskultur- und Altersrentenbank.
79. Straßen- und Wasserbauverwaltung.
80. Hochbauverwaltung.
81. Bauverwaltereien.
82. Albrechtsburg in Meißen.
83. Verschiedene bauliche Zwecke.
84. Allgemeine technische Zwecke.
85. (Fällt aus.)
86. Allgemeine und unvorhergesehene Ausgaben im Geschäftsbereiche des Finanzministeriums.
87. Gebäude- und Maschinenversicherung.

H. Ministerium des Kultus und öffentlichen Unterrichts.

88. Ministerium des Kultus und öffentlichen Unterrichts.
89. Evangelisch-lutherisches Landeskonsistorium.
90. Katholisch-geistliche Behörden.
91. Universität Leipzig.
92. Technische Hochschule zu Dresden.
93. Evangelische Kirchen.

Kap.
94. Gymnasien, Realgymnasien, Oberrealschulen, Realschulen sowie höhere Mädchenbildungsanstalten.
95. Seminare.
96. Volksschulen.
97. Katholische Kirchen und wohltätige Anstalten.
98. Sonstige Kultuszwecke.
99. Taubstummenanstalten.
100. Stiftungsmäßige und privatrechtliche Leistungen der Staatskasse für Kirchen- und Schulzwecke.
101. Allgemeine u. unvorhergesehene Ausgaben im Geschäftsbereiche des Ministerums des Kultus und öffentlichen Unterrichts.

I. Ministerium der auswärtigen Angelegenheiten.

102. Ministerium der auswärtigen Angelegenheiten.
103. Gesandtschaften.

K. Ausgaben zu Reichszwecken.

104. Finanzielles Verhältnis Sachsens zum Reiche.
105. Reichstagswahlen.
106. Vertretung Sachsens im Bundesrate.

L. Pensionsetat.

107. Wartegelder.
108. Pensionen.
109. Erhöhung der Bewilligungen an Militärinvalide aus der Zeit vor dem Kriege 1870/71 und Pensionsbeiträge für verabschiedete Offiziere, Sanitätsoffiziere und Beamte.

M. Reservefonds.

110. Reservefonds.

f) Innerhalb der verschiedenen Kapitel sind die Einnahmen und Ausgaben in **Titel** abgeteilt, die dazu bestimmt sind, die Einnahmen und Ausgaben je nach ihrer Art in einheitliche Gruppen zu zerlegen, für die Ausgaben aber zugleich deren Zweck und den Höchstbetrag der der Verwaltung zur Verfügung gestellten Mittel anzugeben. Der Zweck einer Ausgabe darf dabei, soweit nicht allgemeine Verfügungssummen (Dispositionssummen) in Frage kommen, nicht so bezeichnet werden, daß er nicht deutlich erkennbar ist (StHG. § 2 Abs. 2). Auch diese Titel sind numeriert, aber nur innerhalb je eines und desselben Kapitels. Eine Unterbrechung dieser Nummernfolge tritt selbst dann nicht ein, wenn sich den Einnahmetiteln, die, soweit solche überhaupt vorkommen, bei jedem Kapitel des Etats sowohl der Überschüsse als der Zuschüsse den Anfang machen, Ausgabetitel anreihen. Nicht minder bleibt die Nummernfolge der Titel so, wie sie im Etatentwurfe vorgesehen ist, auch dann aufrecht erhalten, wenn infolge der ständischen Prüfung und Feststellung des Staatshaushalts-Etats einzelne Titel in Wegfall gelangen sollten, indem solchenfalls, um keine Störung im Rechnungswerke herbeizuführen, bei den einschlagenden Nummern deren Ausfall vermerkt wird. Einzelne Titel sind noch in weitere Unterabteilungen zergliedert (StHG. § 2 Abs. 4), die man, abgesehen von dem die Staatseisenbahnen betreffenden Kapitel, in dem sie als Positionen bezeichnet sind, Untertitel zu nennen pflegt. Diese Zergliederung ist aber bei Ausgabetiteln nur unter der Voraussetzung zulässig, daß den Unterabteilungen selbständige, d. h. besonderer Beschlußfassung der Stände unterliegende Ausgabebewilligungen zugewiesen werden (StHG. AB. § 4 Abs. 1).

Bei einmaligen Ausgaben zu bestimmten Zwecken ist für jeden eine selbständige Ausgabebewilligung umfassenden Gegenstand ein besonderer Titel oder eine besondere Unterabteilung eines Titels zu bilden (StHG. § 2 Abs. 6). Dies gilt insbesondere von einmaligen Ausgaben, die bei Titeln des ordentlichen Etats neben fortlaufenden Beträgen als künftig wegfallend vorkommen, oder die zwar durch eine Reihe von Finanzperioden fortgesetzt gefordert werden, aber zur Deckung einer einmaligen größeren Ausgabe bestimmt sind. Nicht dagegen gilt es in solchen Fällen, in denen es sich jeweilig um eine Mehrzahl von einmaligen Aufwendungen für im einzelnen noch nicht feststehende Gegenstände handelt und im Etat Verfügungssummen (Dispositionssummen) ausgeworfen werden (StHG. AB. § 6).

Die Ausgabetitel zerfallen der Regel nach in zwei große Gruppen, je nachdem es sich dabei um persönliche oder um sächliche Ausgaben handelt. Unter persönlichen Ausgaben werden der Regel nach die nicht bloß zum Ersatze von Auslagen für Dienstaufwand bestimmten, in der Natur des Dienstverhältnisses Begründung findenden Leistungen an Beamte verstanden, und zwar an Beamte im weiteren Sinne des Wortes, also ohne Rücksicht darauf, ob sie mit Staatsdienereigenschaft im Sinne der bestehenden Staatsdienergesetzgebung ausgestattet sind oder nicht. Alle anderen Ausgaben fallen der Regel nach unter den Begriff der sächlichen Ausgaben. Sowohl bei den persönlichen als bei den sächlichen Ausgaben tritt unter Umständen noch eine weitere Gliederung insofern ein, als bei den persönlichen Ausgaben zwischen Besoldungen, Wohnungsgeldzuschüssen und anderen persönlichen Ausgaben, bei den sächlichen Ausgaben zwischen allgemeinen Verwaltungsausgaben und Betriebsausgaben unterschieden wird. Dabei erscheinen Besoldungen, Wohnungsgeldzuschüsse und andere persönliche Ausgaben auch äußerlich voneinander getrennt, während bei den allgemeinen Verwaltungsausgaben und den Betriebsausgaben eine derartige äußerliche Trennung zwar nicht stattfindet, wohl aber in der Gruppe selbst die allgemeinen Verwaltungsausgaben den Betriebsausgaben vorangestellt sind.

Die Ausgaben treten demzufolge bei den einzelnen Kapiteln in der Regel in nachstehender Reihenfolge auf, nämlich 1. Besoldungen, 2. Wohnungsgeldzuschüsse, 3. andere persönliche Ausgaben, 4. sächliche Ausgaben.

Bei den Besoldungstiteln wird außer Angaben über die Höhe der Besoldungssätze sowie über etwaige Aufrückungsbeträge und Aufrückungsfristen der Regel nach auch die Zahl der Stellen mit verlautbart, um die es sich dabei handelt. Werden einzelnen Beamtengruppen außer dem Gehalte noch andere fortlaufende Leistungen mit Einschluß von Naturalleistungen als Teil des Dienstgenusses gewährt, so wird dies, und zwar soweit sie bei der Pensionierung ganz oder teilweise mit angerechnet werden können, unter Angabe des anrechnungsfähigen Wertbetrags ebenfalls mit vermerkt. Bei einzelnen Kapiteln sind die Besoldungen ganz oder teilweise nur summarisch beziffert, während die Einzelheiten der Veranschlagung in besonderen diesen Kapiteln beigegebenen Personaletats über die Besoldungen enthalten sind.

Die Verlautbarung der Wohnungsgeldzuschüsse, die gesetzlicher Bestimmung zufolge den Staatsdienern, ingleichen den Geistlichen, den Lehrern, den Professoren und den dauernd angestellten Beamten und Bediensteten der Universität, soweit sie ihren Wohnsitz in Deutschland haben, in Abstufungen nach 3 Ortsklassen und 6 Beamtenklassen zu gewähren sind, erfolgt in der Weise, daß neben den Besoldungssätzen der zum Bezuge von Wohnungsgeldzuschüssen berechtigten Stelleninhaber die für sie maßgebenden Orts- und Beamtenklassen in Klammern angegeben, der Betrag der für die in den einschlagenden Besoldungstiteln aufgeführten Beamtengattungen entfallenden Wohnungsgeldzuschüsse aber in einem besonderen Titel, dem die Gruppenaufschrift „Wohnungsgeldzuschüsse" vorangeht, der Gesamtsumme nach beziffert wird. Die Ortsklassen werden durch römische, die Beamtenklassen durch arabische Ziffern bezeichnet, sodaß es beispielsweise heißt: „(Wohnungsgeldzuschuß I 1 des Tarifs)". Wo bei einer der Beamtenklassen gleichzeitig mehrere Ortsklassen beteiligt sind, wird dies ebenso angedeutet wie da, wo in einer Etateinstellung Beamte

---

[1] Besondere Personaletats über die Besoldungen sind zurzeit den Etatkapiteln 7, 30, 42, 43, 44, 45, 47, 48, 50, 51, 52, 53, 54, 55, 56, 56a, 59, 59a, 59b, 59c, 61, 62, 63, 63a, 64, 66, 68, 69, 70, 71 und 91 beigegeben.

vorkommen, die verschiedenen Beamtenklassen angehören, sodaß beispielsweise gesagt wird im ersten Falle: „(Wohnungsgeldzuschuß I/III 6 des Tarifs)" oder „(Wohnungsgeldzuschuß I und III 6 des Tarifs)", im zweiten Falle: „(Wohnungsgeldzuschuß II 4/5 des Tarifs)". Folgen bei einem Titel, einem Untertitel oder einer Position Beamte in verschiedener Dienststellung aufeinander, die derselben Beamtenklasse angehören, so wird in der Regel der Vermerk bezüglich der Klassenzugehörigkeit nur einmal und zwar hinter der letzten Beamtenaufführung angebracht. Ist ein und derselbe Beamte mit der Verwaltung mehrerer Hauptämter betraut, und hat er solchenfalls gesetzlicher Bestimmung zufolge den Wohnungsgeldzuschuß nur einmal und zwar für diejenige Stelle zu beziehen, die aus den höchsten Satz Anspruch gibt, so werden zu jeder Etatstelle, wo ein solcher Beamter vorkommt, in der Erläuterungsspalte (vgl. S. 44) die Hauptämter sämtlich ausdrücklich als solche angegeben, für deren Verwaltung der Beamte aus anderen Etatstellen eine Besoldung bezieht Der Wohnungsgeldzuschuß aber wird bei derjenigen Stelle in Ansat gebracht, die auf den höchsten Satz Anspruch gibt. Soweit bei einzelnem Kapiteln Besoldungen nur für einen Teil der Finanzperiode gemeinjährig eingestellt werden, geschieht dies in entsprechender Weise auch mit dem damit zusammenhängenden Wohnungsgeldzuschüssen. Für die die Wohnungsgeldzuschüsse umfassenden Titel ist, abgesehen von dem die Staatseisenbahnem betreffenden Etatkapitel, übereinstimmend die Aufschrift gewählt: „Für die bezugsberechtigten Beamten" oder: „Für die bezugsberechtigten Lehrer" usw. so daß darunter auch die Wohnungsgeldzuschüsse fallen, die außeretat mäßig angestellten Beamten usw. zu gewähren sind.

In der Erläuterungsspalte zu den Besoldungen werden summarisch auch die Vergütungen beziffert, die Beamte für ihnen überlassene Wohe nungen und sonstige Grundstücksnutzungen zu entrichten habem Dasselbe geschieht in den Fällen, in denen der Staat erst die den Beamten überlassenen Wohnungen hat ermieten müssen, von den aus der Staatskasse hierfür zu zahlenden Mietzinsen (StHG. § 13 Abs. 2). Ist in dem von Beamten zu bezahlenden Mietzinse für Wohnungen zugleich die Vergütung für die ihnen aus Staatsmitteln etwa gewährte Heizung und Beleuchtun oder eines von beiden enthalten, so wird dies in dem Vermerke mit erwähnt auch der Vergütungsbetrag beziffert, dafern ein solcher gesondert ausgeworfen ist (StHG. § 15 Abs. 2). Ebenso wird in der Erläuterungsspalte zu den Besoldungstiteln zugleich mit angegeben, in welcher Höhe einzelnen Beamten außer den Besoldungen noch mit der Stelle fest verbundene Nebenbezüge, wie z. B. Gewinnanteile, in Frage kommen oder noch Bezüge für Nebenbeschäftigungen aus anderen Etatkapiteln zufließen. Auch wird ersichtlich gemacht, ob diese Bezüge bei der Pensionierung mit angerechnet werden oder doch angerechnet werden können oder ob dies nicht der Fall ist. Es geschieht dies in der Weise, daß die

Nebenbezüge getrennt in besonderen Absätzen aufgeführt werden, dem Absatze aber, in dem anrechnungsfähige Nebenbezüge aufgeführt werden, die Buchstaben N. A., dem Absatze, in dem nichtanrechnungsfähige Nebenbezüge aufgeführt werden, die Buchstaben N. B. vorangesetzt werden. Wo Nebenbezüge nur einer Art ersichtlich gemacht werden, werden ihnen entweder die Buchstaben N. A. oder die Buchstaben N. B. vorangesetzt.

Zu den anderen persönlichen Ausgaben im Gegensatze zu den Besoldungen und Wohnungsgeldzuschüssen gehören namentlich die nicht näher begrenzten Ausgabesummen zur Annahme von Hilfsarbeitern, die nach der Arbeitszeit oder nach der Arbeitsleistung bemessenen Vergütungen für Arbeiten an Personen, die zu den Beamten zu rechnen sind (beispielsweise Schreiblöhne an Diätisten und Lohnkopisten u. dgl.), die den im Auslande stationierten Beamten zu gewährenden Auslandszulagen und Mietzinszuschüsse, die den Beamten für zeitweilige Nebengeschäfte auszusetzenden ständigen außerordentlichen Vergütungen (Remunerationen), und zwar ohne Rücksicht darauf, ob diese Vergütungen ihrer Höhe nach im voraus bestimmt sind oder nicht, die einzelnen Klassen von Beamten zustehenden Gewinn- und Gebührenanteile sowie die an Beamte zur Verabreichung kommenden außerordentlichen Zuwendungen (Gratifikationen) und Unterstützungen, und zwar die Unterstützungen mit Einschluß derjenigen, die an Hinterlassene von Beamten gewährt werden.

Unter die sächlichen Ausgaben fallen insbesondere auch die den Beamten ausgesetzten Vergütungen für Dienst- und Repräsentationsaufwand und der Regel nach die Tagegelder und Reisekosten bei Dienstreisen von Beamten und die Umzugskosten bei Versetzung von Beamten sowie die Arbeiterlöhne. Eine Ausnahme von dieser Regel macht namentlich das die Staatseisenbahnen betreffende Etatkapitel, in dem Reisekosten und Umzugskosten der Beamten sowie die Tagelöhne und Akkordlöhne der Arbeiter mit Ausschluß der Bahnunterhaltungs- und Werkstättenarbeiter als persönliche Ausgaben behandelt werden, was seine Erklärung darin findet, daß dieses Etatkapitel zur Vermeidung einer getrennten Buchführung allenthalben in Übereinstimmung mit dem für die sämtlichen deutschen Eisenbahnverwaltungen vereinbarten und daher auf vertragsrechtlicher Grundlage beruhenden Normalbuchungsformulare aufgestellt ist, das insoweit von den Grundsätzen des sächsischen Staatshaushalts-Etats abweicht. Aus diesem Zusammenhange mit dem Normalbuchungsformulare erklärt es sich auch, daß in dem die Staatseisenbahnen betreffenden Etatkapitel die Ausgaben nur in zwei Hauptgruppen, nämlich in persönliche und in sächliche Ausgaben, zerlegt sind.

Soweit es in einzelnen Fällen nicht möglich oder nicht zweckmäßig ist, persönliche und sächliche Ausgaben gesondert nachzuweisen, ist jedesmal, und zwar ohne Unterschied, ob es sich dabei um den ordentlichen oder den außerordentlichen Staatshaushalts-Etat handelt, ein ausdrücklicher

Vermerk des Inhalts in die Gegenstandsspalte des Etats (vgl. S. 43) aufzunehmen, daß die Verrechnung beider Arten von Ausgaben an der einschlagenden Stelle gestattet sei (StHG. § 2 Abs. 3). Wenn die Ausgaben bei einzelnen Kapiteln in solche für bestimmt bezeichnete Zwecke und in allgemeine Ausgaben zerlegt werden, sind auch die allgemeinen Ausgaben in persönliche und in sächliche Ausgaben zu trennen. Nur soweit dies in einzelnen Fällen nicht möglich oder nicht zweckmäßig ist, ist der vorerwähnte Vermerk zulässig (StHG. AB. § 3).[1] Innerhalb der einzelnen Ausgabegruppen gehen die Titel für fortdauernde Ausgaben den Titeln für einmalige Ausgaben voran.

g) Bei dem die Landesanstalten betreffenden Kapitel, an dem eine Mehrzahl selbständiger Anstalten beteiligt ist, besteht zurzeit noch die Einrichtung, daß in einer Hauptzusammenstellung, die Hauptetat genannt wird, zunächst die Einnahmen und die Ausgaben, ingleichen die Zuschüsse aller dabei in Frage kommenden Anstalten titelmäßig und mit dem hiernach sich ergebenden Gesamtzuschusse zusammengefaßt sind, sodann aber in Einzelaufstellungen, die Unteretats genannt werden und in ihrer inneren Einrichtung der des Hauptetats gleichen, erläuterungsweise, also ohne daß etwa diesen Unteretats im Verhältnisse zum Hauptetat eine selbständige Bedeutung zukommt, und ohne daß eine Abstimmung über sie seitens der Stände stattfindet, die voraussetzlichen Anteile jeder einzelnen Anstalt titelmäßig nachgewiesen werden.[2]

Bei einigen anderen Kapiteln, die eine Mehrzahl verschiedenartiger Ausgabezweige umfassen, sind diese in eine Reihe selbständiger, mit großen lateinischen Buchstaben bezeichneter Unterabteilungen zerlegt, deren Nachweise ebenfalls titelmäßig erfolgen.

h) Jedes Kapitel ist mit einem Abschlusse versehen, der den Gesamtbetrag des dabei in Frage kommenden Überschusses oder Zuschusses zur Ziffer bringt. Bei denjenigen Kapiteln, die, wie dies bei der Mehrzahl aller Kapitel der Fall ist, sowohl Einnahmen als Ausgaben umfassen, besteht dieser Abschluß in der vergleichenden Gegenüberstellung der Summe der Einnahmen und der Summe der Ausgaben, bei solchen Kapiteln, die nur Einnahmen oder nur Ausgaben in sich schließen, da, wo eine Mehrzahl von Titeln in Frage kommt, in der einfachen Zusammenrechnung der verschiedenen Titelsummen, da, wo nur ein einziger Titel gegeben ist, in der einfachen Wiederholung der Titelsumme. Soweit einzelne Kapitel in eine Reihe selbständiger Unterabteilungen zerfallen, sind diese der Regel nach ebenfalls mit einem Abschlusse versehen. Dagegen ist dem Etat der

[1] Ein Vermerk des Inhalts, daß bei allgemeinen Ausgaben persönliche und sächliche Ausgaben ohne Trennung verschrieben werden dürfen, findet sich beispielsweise bei Kap. 93 (Evangelische Kirchen usw.) Tit. 6—15 und Kap. 96 (Volksschulen) Tit. 14—23.

[2] Von der Finanzperiode 1914/15 an werden diese Unteretats wegfallen und Hauptetat und Unteretats zu einem einheitlichen Ganzen verschmolzen werden.

Überschüsse ebenso wie dem Etat der Zuschüsse weder in bezug auf die einzelnen Gruppenabschnitte noch je in bezug auf das Ganze ein Abschluß beigefügt, und ebensowenig folgt beiden ein Hauptabschluß, der das aus der gegenseitigen Vergleichung der Ergebnisse beider Etats sich herausstellende Gesamtergebnis ausweist. Dies hat aber seinen Grund lediglich darin, daß die Abschlüsse in einer dem ordentlichen Staatshaushalts-Etat vorangehenden Hauptübersicht enthalten sind, die dazu bestimmt ist, einen allgemeinen Überblick über die bei den einzelnen Kapiteln zu gewärtigenden Überschüsse oder Zuschüsse unter gleichzeitiger Berücksichtigung der veranschlagten Roheinnahme und Rohausgabe zu gewähren, ohne daß ihr im übrigen den einzelnen Kapiteln gegenüber eine selbständige Bedeutung beiwohnt.

i) Der außerordentliche Staatshaushalts-Etat enthält lediglich einen Ausgabeabschnitt, der in so viele Titel zerfällt, als selbständige Ausgabebewilligungen dabei in Frage kommen, und unter dessen Abschlusse nachrichtlich vermerkt wird, in welcher Weise die ausgeworfene Gesamtsumme Deckung finden soll. Auch die Titel des außerordentlichen Staatshaushalts-Etats dürfen noch in weitere Unterabteilungen (Untertitel) zergliedert werden (StHG. § 3 Abs. 2).

k) Seiner formellen Erscheinung nach tritt der Staatshaushalts-Etat in Gestalt eines in eine Reihe verschiedener Spalten gegliederten Tabellenwerks auf. Für die dem ordentlichen Staatshaushalts-Etat vorangehende Hauptübersicht sind dabei folgende zwei Muster gewählt, denen gegenüber zu bemerken ist, daß sich die 3.—5. und die 9.—10. Spalte auf den neuen Etat, die 6.—8. Spalte auf den Voretat beziehen.

I. Etat der Überschüsse.

Gegenstand.	Voranschlag für ein Jahr			Voranschlag für ein Jahr der Finanzperiode 19 . .			Mithin für 19 . .		Kap.	Erläuterungen.
	Einnahmen.	Ausgaben.	Überschuß.	Einnahmen.	Ausgaben.	Überschuß.	mehr.	weniger.		
	ℳ	ℳ	ℳ	ℳ	ℳ	ℳ	ℳ	ℳ		

II. Etat der Zuschüsse.

Kap.	Gegen=stand.	Voranschlag für ein Jahr			Voranschlag für ein Jahr der Finanzperiode 19 . .			Mithin für 19 . .		Kap.
		Ein=nahmen.	Aus-gaben.	**Zu=schuß.**	Ein=nahmen.	Aus=gaben.	**Zu=schuß.**	**mehr.**	**weniger.**	
		ℳ	ℳ	ℳ	ℳ	ℳ	ℳ	ℳ	ℳ	

Den Einstellungen bei den einzelnen Kapiteln und Titeln des ordentlichen Staatshaushalts=Etats mit Ausschluß des die Staatseisenbahnen betreffenden Kapitels liegt folgendes Muster zugrunde:

Isteinnahmen beziehentlich Istausgaben nach der Rechnung auf 19 . .		Tit.	Gegen=stand.	**Jahres=betrag.**	Darunter künftig wegfallend.	Im Etat für 19 . . sind angesetzt.	Mithin für 19 . .		Tit.	Er=läuterungen.
							mehr.	**weniger.**		
1.		2.	3.	4.	5.	6.	7.	8.	9.	10.
ℳ	₰			ℳ	ℳ	ℳ				

Für das die Staatseisenbahnen betreffende Etatkapitel, dessen formelle Einrichtung teils durch das den Betriebsrechnungen zugrunde zu legende Normalbuchungsformular (vgl. S. 39), teils durch besondere Eigentümlichkeiten in den Besoldungsverhältnissen der Beamten beeinflußt wird, ist, abgesehen von dem Besoldungstitel, folgendes Muster gewählt:

Isteinnahmen beziehentlich Istausgaben nach der Rechnung auf 19 . .		Titel.	Position.	Gegen=stand.	**Jahres=betrag.**	Darunter künftig wegfallend.	Im Etat für 19 . . sind angesetzt.	Mithin für 19 . .		Tit. bez. Pos.	Erläuterungen.
								mehr.	**weniger.**		
ℳ	₰				ℳ	ℳ	ℳ	ℳ	ℳ		

Dem Besoldungstitel des die Staatseisenbahnen betreffenden Etatkapitels liegt folgendes Muster zugrunde:

Istausgaben nach der Rechnung auf 19..		Titel.	Position.	Gegenstand.		Wohnungsgeldzuschuß nach Orts- Beamten-Klasse.	Stellenzahl		Gehaltssätze.	Aufrückungs-		Persönliche Zulagen.	Zusammen.	Darunter künftig wegfallend.	Erläuterungen.
ℳ	₰						überhaupt.	darunter künftig wegfallend.	ℳ	betrag. ℳ	frist jährig.	ℳ	ℳ	ℳ	
				Nr.											

Die 1. Spalte dieser drei Muster dient zur Bezifferung der Isteinnahmen und Istausgaben, d. h. der tatsächlich erlangten Einnahmen und der tatsächlich bestrittenen Ausgaben, im ersten Jahre der Vorperiode, während die 6. Spalte des ersten und die 7. Spalte des zweiten Musters den Voretat, die 7. und 8. Spalte des ersten und die 8. und 9. Spalte des zweiten Musters den neuen Etat zur Voraussetzung haben.

Für den außerordentlichen Staatshaushalt-Etat ist folgendes Muster gewählt:

Tit.	Gegenstand.	Betrag. ℳ	Erläuterungen.

In der für die Gegenstandsbezeichnung (die Zweckbestimmung) der Einnahmen und Ausgaben bei den einzelnen Kapiteln und Titeln gebildeten Spalte finden sich überdies die etwaigen Beschränkungen, an die das Verfügungsrecht der Regierung gebunden sein soll, sowie diejenigen außerordentlichen Ermächtigungen verlautbart, die der Regierung in bezug auf die Etatgebarung zustehen sollen.

Nur der Inhalt der die Titelnummern, die Gegenstandsbezeichnung und die Anschlagssätze für die neue Finanzperiode in sich schließenden Spalten bindet die Regierung in ihrem Verhältnisse zu den Ständen. Deshalb pflegt man diese Spalten als den dispositiven Teil oder das Dispositiv des Staatshaushalts-Etats zu bezeichnen. Lediglich auf dieses

Dispositiv beziehen sich darum auch die ständischen Abstimmungen; der Inhalt der übrigen Spalten des Staatshaushalts-Etats, die teils der Vergleichung mit dem Voretat gewidmet sind, teils Erläuterungen enthalten, bleibt hiervon ausgeschlossen. Soweit sich neben den Erläuterungen, wie sie in der dafür bestimmten Spalte des Tabellenwerks des Staatshaushalts-Etats zu den einzelnen Kapiteln und Titeln gegeben werden, noch Erläuterungen erforderlich machen, die den Staatshaushalts-Etat als Ganzes betreffen, werden diese als „Allgemeine Erläuterungen" in einem Schlußabschnitte des Staatshaushalts-Etats gegeben.

l) Die Einteilung des ordentlichen Staatshaushalts-Etats in einen Etat der Überschüsse und in einen Etat der Zuschüsse bringt es mit sich, daß in jeder dieser beiden Abteilungen rücksichtlich der Betriebs- und Verwaltungszweige, bei denen sowohl Einnahmen als Ausgaben vorkommen, der Regel nach auch die Veranschlagung aller dabei in Betracht kommenden Einnahmen und Ausgaben je innerhalb eines und desselben Kapitels geschieht, und daß daher alle Kapitel, die sowohl Einnahmen als Ausgaben umfassen, mit Beträgen abschließen, die den Unterschied zwischen der Summe der Einnahmen und der Summe der Ausgaben darstellen, sonach aber die Bedeutung von Reinsummen haben. Insoweit läßt sich daher zwar sagen, dem ordentlichen Staatshaushalts-Etat wohne die Eigenschaft eines Nettobudgets im Gegensatze zu den Bruttobudgets anderer Länder bei, in denen alle Einnahmen in einem ein in sich geschlossenes Ganzes bildenden Einnahmeabschnitte und alle Ausgaben in einem ein in sich geschlossenes Ganzes bildenden Ausgabeabschnitte vereinigt sind. Berücksichtigt man indessen, einerseits daß bei jedem einzelnen Kapitel, möge es nur Einnahmen oder nur Ausgaben oder beide zugleich in sich schließen, die Veranschlagung bei den einzelnen Einnahme- und Ausgabetiteln der Regel nach unter Zugrundelegung des zu erwartenden Roherträgnisses oder Rohaufwandes erfolgt, anderseits daß die dem ordentlichen Staatshaushalts-Etat vorangehende Hauptübersicht sofort einen vollständigen Überblick über die in ersterem vorkommenden Roheinnahmen und Rohausgaben gewährt, so gelangt man zu der das obwaltende Sachverhältnis jedenfalls richtiger kennzeichnenden Auffassung, daß der ordentliche Staatshaushalts-Etat Sachsens bei dieser Einrichtung in Wirklichkeit das Wesen eines Bruttobudgets mit dem eines Nettobudgets in sich vereinigt. Für die Wahl eines derart gemischten Systems bei Anlage des ordentlichen Staatshaushalts-Etats ist hauptsächlich die Erwägung maßgebend gewesen, einerseits daß es sachlich richtiger erscheint, die Bewegung des Geldverkehrs, wie sie sich bei den einzelnen Betriebs- und Verwaltungszweigen tatsächlich vollzieht, auch in der Art und Weise der Etataufstellung zum Ausdrucke zu bringen, anderseits daß man ein zutreffenderes Bild von der Lage und der Bedeutung der einzelnen Betriebs- und Verwaltungszweige gewinnt, wenn man sofort an einer Stelle des Staatshaushalts-Etats ersehen kann, wieviel jeder von ihnen nach Abzug des Betriebs- und Verwaltungsaufwandes oder nach Abzug der eigenen Einkünfte dem Staate einbringt oder kostet, als wenn der Staatshaushalts-Etat zunächst nur ersichtlich macht, wieviel auf der einen Seite an rohen Einnahmen, auf der anderen Seite an rohen Ausgaben im Staatshaushalte überhaupt vorkommen. Wesentliche Ausnahmen von der Regel, daß die Einnahmen und Ausgaben jedes einzelnen Betriebs- und Verwaltungszweigs innerhalb eines und desselben Etatkapitels vollständig veranschlagt sind, bestehen nur insoweit, als es sich um die Kosten der gesetzlichen Zwangsversicherung der staatlichen Gebäude und der freiwilligen Versicherung der in staatlichen Betriebsanstalten aufgestellten Maschinen, Apparate und Vorrichtungen gegen die durch Brand, Blitzschlag oder Explosion herbeigeführten Schäden bei der Landes-Brandversicherungsanstalt sowie um Wartegelder und Pensionen handelt. Für diese Leistungen ist nämlich aus Zweckmäßigkeitsgründen je ein gemeinschaftliches Etatkapitel für sämtliche Betriebs- und Verwaltungszweige vorgesehen, für Wartegelder und Pensionen jedoch nur, soweit nicht dafür Ausgabemittel bei anderen Etatkapiteln mit eingestellt sind, wie es zurzeit in bezug auf Wartegelder bei den Kapiteln 16 und 94, in bezug auf Pensionen bei den Kapiteln 16, 23, 60, 91, 93, 94, 95, 96, 97, 99 und 100 der Fall ist.

m) Nachtragsetats (Ergänzungsetats) schließen sich in ihrer inneren Einrichtung allenthalben der der Hauptvorlage des Staatshaushalts-Etats an (vgl. S. 26, 27).

IV.

Ständische Beratung und Feststellung des Staatshaushalts-Etats.

1. In der Gestalt, in der der Staatshaushalts-Etat aus der Beratung des Gesamtministeriums hervorgeht (vgl. S. 19), hat er die Bedeutung eines Regierungsentwurfs, der als solcher mittels Allerhöchsten Dekrets, das die Gegenzeichnung sämtlicher Staatsminister tragen muß (StHG. § 1 Abs. 4) — eine Vorschrift, die auch auf die Dekrete zu Nachtragsetats Anwendung zu finden hat (StHG. AB. § 1) —, an die Stände, und zwar zufolge der Bestimmung in § 122 der Verfassungsurkunde, wonach von den Königlichen Mitteilungen an die Kammern diejenigen, die auf Abgaben- und Bewilligungsgegenstände Bezug haben, zuerst an die zweite Kammer ergehen, an die II. Kammer zuerst, gebracht wird, um von ihnen der verfassungsmäßigen Beratung und auf Grund dieser der ziffermäßigen Feststellung unterworfen zu werden. Um den Ständen eine genaue Prüfung der einzelnen Ansätze des Staatshaushalts-Etats zu ermöglichen, wie sie ihnen in § 100 der Verfassungsurkunde zur Pflicht gemacht ist, werden ihnen einerseits gleichzeitig mit dem Etat die Rechnungsabschlüsse auf die vorletzte Finanzperiode mitgeteilt (BU. § 98); anderseits ist ihnen das Recht eingeräumt, sowohl von dem

Gesamtministerium, als der zur Vernehmung zwischen der Staatsregierung und den Ständen berufenen obersten Staatsbehörde (VU. § 133), wie von den einzelnen Ministerialvorständen die nötigen Erläuterungen, ja selbst die Mitteilung von Rechnungen und Belegen zu erfordern (VU. § 99 Abs. 1).

2. Im Hinblicke darauf, daß der Staatshaushalts-Etat der II. Kammer zuerst mitgeteilt werden muß, ist es auch diese Kammer, die zuerst in die Beratung und Beschlußfassung über ihn und seine einzelnen Teile eintritt, während sich die I. Kammer dieser Beratung und Beschlußfassung erst unterzieht, nachdem die Ergebnisse der Beratung und Beschlußfassung der II. Kammer vorliegen und ihr mitgeteilt sind. Der formelle Gang, in dem sich die Beratung vollzieht, ist nicht in beiden Kammern der gleiche. In der II. Kammer findet zunächst eine allgemeine oder erste Vorberatung im Plenum statt, an deren Schlusse lediglich über die geschäftliche Behandlung der Vorlage Beschluß gefaßt wird. Nach der bestehenden Geschäftsordnung kann nämlich der Staatshaushalts-Etat entweder zur Vorberatung an die deshalb bestellten Deputationen verwiesen werden, die Finanzdeputationen heißen, oder er kann, ohne daß Deputationsvorberatung eintritt, einer zweiten Vorberatung — der Hauptvorberatung — und hierauf der Schlußberatung unterworfen oder auch bereits bei der ersten Vorberatung zur sofortigen Schlußberatung verwiesen werden. In der Regel findet nur Verweisung entweder an die Deputationen oder zur sofortigen Schlußberatung statt. In der I. Kammer erfolgt nur eine einzige allgemeine Vorberatung ohne besondere Beschlußfassung. Im übrigen wird die Etatvorlage in allen ihren Teilen an die zu ihrer Vorberatung bestellte Deputation verwiesen. Die mit der Vorberatung betrauten Deputationen können zum Zwecke ihrer Beratung bei dem zuständigen Departementsministerium die Bestellung von Regierungskommissaren sowie die Mitteilung von Akten und andere Auskunftserteilung beantragen. In dem Falle, wenn sie einen von der Regierungsvorlage abweichenden Beschluß den Kammern zu empfehlen beabsichtigen, sind sie sogar verpflichtet, sich vorher deshalb mit einem Regierungskommissare zu vernehmen. Über das Ergebnis ihrer Beratung haben sie den Kammern Bericht, und zwar in der Regel schriftlich, zu erstatten. Die Berichte, mindestens aber die Anträge sind zum Drucke zu bringen, um an die Staatsregierung wie an die Kammermitglieder verteilt werden zu können, und auf Grund dieser Berichte erfolgt die Schlußberatung in den Kammern. Dabei findet eine allgemeine Diskussion nicht statt sondern nur eine besondere über die einzelnen Teile, worauf zur Endabstimmung verschritten wird, dafern nicht etwa die Kammern vorerst noch eine Verweisung oder Rückverweisung an die bestehenden Deputationen beschließen, was sie, wie bei Gelegenheit der Vorberatung, so auch während der Schlußberatung bis zur Endabstimmung tun können.

3. Die Abstimmung wird bei den einzelnen Titeln nur auf den sogenannten dispositiven Teil gerichtet. Bei der Abstimmung entscheidet die absolute Stimmenmehrheit, d. h. eine Mehrheit, die eines über die Hälfte aller abstimmenden Kammermitglieder in sich schließt, wobei vorausgesetzt wird, daß mindestens die Hälfte der verfassungsmäßigen Zahl der Mitglieder in der Sitzung anwesend ist (VU. § 128 Abs. 1 in der Fassung des Verfassungsgesetzes vom 3. Dezember 1868). Bei Gleichheit der Stimmen ist anderweiter Vortrag in einer folgenden Sitzung erforderlich, und wenn auch hierbei absolute Stimmenmehrheit nicht erzielt wird, gibt die Stimme des Präsidenten den Ausschlag.

4. Beschlüsse auf Abminderung der Etatansätze (Abstriche) müssen, um der Regierung gegenüber wirksam werden zu können, der Regel nach von beiden Kammern übereinstimmend gefaßt worden sein. Sind die Kammern bei der Abstimmung geteilter Ansicht, stimmt also die eine Kammer dafür, die andere dagegen, so tritt deshalb zunächst das sogenannte Vereinigungsverfahren ein, das darin besteht, daß eine aus der Mitte beider Kammern ernannte gemeinschaftliche Deputation unter den beiden Vorständen der Kammern über die Vereinigung der geteilten Meinungen beratschlagt, auf Grund des Ergebnisses dieser Beratschlagung aber eine anderweite Beratung und Abstimmung in beiden Kammern erfolgt. Gelangen letztere auch hierbei zu einer übereinstimmenden Beschlußfassung nicht, so ist, wenn der Tatbestand einer Verwerfung der Bewilligung gegeben sein soll, erforderlich, daß in einer der beiden Kammern wenigstens zwei Dritteile der Anwesenden für die Verwerfung gestimmt haben (VU. §§ 101 und 131 in Verbindung mit § 92); entgegengesetzten Falles gilt also die Bewilligung für genehmigt. Selbstverständlich kann aber der Tatbestand der Verwerfung einer Bewilligung nur unter der Voraussetzung für gegeben erachtet werden, daß den Ständen insoweit ein ein Versagen zulassendes Bewilligungsrecht zusteht, nicht aber eine Bewilligungspflicht obliegt (vgl. S. 12).

5. Nachdem der Entwurf des Staatshaushalts-Etats nebst etwaigen Nachtragsetats in beiden Kammern vollständig durchberaten worden ist, haben sich die Stände dem Könige gegenüber darüber zu erklären, ob und inwieweit sie ihn angenommen oder welche Änderungen sie daran vorgenommen haben. Es geschieht dies in einer gemeinschaftlichen ständischen Schrift, der eine Zusammenstellung der nach den ständischen Beschlüssen sich ergebenden Abschlußsummen aller einzelnen Kapitel des ordentlichen und aller einzelnen Titel des außerordentlichen Etats einschließlich etwaiger Nachtragsetats beigefügt ist, und die, nachdem sie nebst ihrem Zahlenwerke in beiden Kammern vorgetragen und im Wege der Abstimmung von ihnen genehmigt worden ist, von deren Vorständen im Namen der Ständeversammlung unterzeichnet wird.

Soweit die Stände in ihrer Erklärung an den König auf Verminderung der verlangten Summen antragen, muß dies nach der Ausdrucksweise der Verfassungsurkunde (§ 100) unter bestimmter und ausführlicher Nachweisung der Gründe dazu sowie der Gegenstände, bei denen, und der Art und Weise, wie ohne Hintansetzung des Staatszwecks Ersparnisse gemacht werden können, geschehen. Trifft diese Voraussetzung zu, und sind die dafür maßgebenden Beschlüsse von beiden Kammern übereinstimmend gefaßt, so ist die Regierung gehalten, derartigen Anträgen stattzugeben, soweit es nur mit dem Staatswohle vereinbar ist (VU. § 103 Abs. 1 in der Fassung des Verfassungsgesetzes vom 5. Mai 1851). Gelangt die Regierung dagegen bei der Erwägung solcher ständischer Anträge zu der Überzeugung, daß sie mit dem Staatswohle nicht vereinbar und deshalb unannehmbar sind, so ist sie zunächst berechtigt, anderweite Beratung der Stände über die Bewilligung zu verlangen. Fassen diese aber auch bei dieser Gelegenheit wieder einen ablehnenden Beschluß, der indessen nur dann als gegeben erachtet wird, wenn in einer der beiden Kammern mindestens zwei Drittel der Anwesenden für die Ablehnung gestimmt haben, und tritt infolgedessen der Fall ein, daß es zu einer Verabschiedung des Staatshaushalts-Etats überhaupt nicht kommt — denn da jede einzelne der in ihm geforderten Bewilligungen notwendigerweise auf den Abschluß des Ganzen zurückwirft, hindert schon jede der Zustimmung der Regierung entbehrende Versagung einer Einzelbewilligung das Zustandekommen des ganzen Etats —, so steht dem Könige nach § 103 Abs. 2 ff. der Verfassungsurkunde in der Fassung des Verfassungsgesetzes vom 5. Mai 1851 das Recht zu, die Auflagen für den notwendigen Staatsbedarf, insofern sie nicht ausdrücklich nur für einen vorübergehenden, bereits erreichten Zweck bestimmt sind, nach Ablauf der Bewilligungszeit noch auf ein Jahr ausschreiben und erheben zu lassen. Dieses Ausschreiben hat durch das Gesamtministerium mittels einer in das Gesetz- und Verordnungsblatt aufzunehmenden Verordnung zu erfolgen, in der der besonderen Natur dieser Verordnung, d. h. der Tatsache, daß es mit den Ständen zu einer Vereinbarung über den Staatshaushalts-Etat nicht gekommen, zu gedenken und auf die deshalb maßgebende Bestimmung der Verfassungsurkunde (§ 103) Bezug zu nehmen ist. Es muß jedoch solchenfalls längstens sechs Monate vor Ablauf dieser Frist ein anderweiter Landtag einberufen werden, damit Vereinbarung wegen der weiteren Führung des Staatshaushalts mit ihm getroffen werden kann.[1] Zu dem gleichen Vorgehen, das die Regierung der Natur

[1] Nach §§ 114—116 des Entwurfs der Verfassungsurkunde sollte in dem Falle, wenn die Regierung die ständischerseits erfolgten Abstriche an den Etatansätzen unannehmbar befinden würde, die Stände aber auf ihnen deshalb geschehene Eröffnung und anderweite Beratung gleichwohl bei der Ablehnung beharren wollten, den letzteren zunächst eine abermalige, nach Umständen modifizierte Berechnung vorgelegt werden, in der diejenigen Summen, die zur Erfüllung der von der Regierung oder den Ständen

der Sache nach in den Stand setzt, den von ihr den Ständen vorgelegten Entwurf des Staatshaushalts-Etats, beziehentlich soweit möglich unter Berücksichtigung der von den letzteren dazu beschlossenen Abänderungen, die von ihr nicht beanstandet worden sind, bei der Führung des Staatshaushalts zur Richtschnur zu nehmen, ist der König auch in dem Falle berechtigt, wenn der Staatshaushalts-Etat deshalb nicht zustande kommt, weil vor endgültiger Erklärung der Stände darüber eine Auflösung des Landtags erfolgt (VU. § 103 Abs. 2 in der Fassung des Verfassungsgesetzes vom 5. Mai 1851). Eine Beschränkung des Königs dahin, daß er die Abgaben nur nach den Sätzen ausschreiben lassen dürfe, die für die Vorperiode maßgebend waren, findet hierbei weder in dem einen noch in dem anderen Falle statt; vielmehr gewährt die allgemeine Ermächtigung, die für den notwendigen Staatsbedarf erforderlichen Auflagen ausschreiben und erheben zu lassen, dem Könige zugleich die Berechtigung, im Falle des Bedürfnisses auch die Normalsätze bestehender Abgaben durch Zuschläge zu erhöhen.[1] In dem Falle einer von der Regierung nicht zu vertretenden Verspätung oder Verzögerung der Bewilligung, die eintreten kann, entweder weil der Voranschlag des Staatsbedarfs von den Ständen trotz ihrer rechtzeitig, d. h. mindestens sieben Wochen vor Ablauf der alten Bewilligungsfrist, erfolgten Einberufung nicht, wie es an sich dem

in verfassungsmäßiger Weise eingegangenen Verbindlichkeiten, namentlich der Verpflichtungen gegen den Deutschen Bund, zur Verzinsung und Abtragung der Staatsschulden, zur Entrichtung der Gebührnisse des Königlichen Hauses sowie zur Aufrechterhaltung ordnungsmäßiger Justizpflege und Verwaltung des Staatswesens, überhaupt unbedingt notwendig seien, von denjenigen geschieden werden sollten, die zwar nützlich, doch aber möglicherweise einstweilen oder gänzlich zu entbehren seien. Nur wenn hierauf auch diejenigen Summen, die als unbedingt erforderlich verlangt worden wären, von den Ständen nicht zugestanden werden würden, sollte der König der Verweigerung ungeachtet berechtigt sein, diesen unumgänglich nötigen Bedarf, soweit er nicht durch die Domänen und Regalien gedeckt würde, ausschreiben und erheben zu lassen, und zwar, soweit tunlich, nach der in der letztvorhergegangenen Finanzperiode bestandenen Aufbringungsweise, im übrigen bis zum nächsten Landtage. Dafür daß die als unbedingt notwendig geforderten und in der vorbezeichneten Weise aufgebrachten Summen dem angegebenen Betrage nach in Richtigkeit seien, sollten die beteiligten Departementschefs verantwortlich sein, und es sollte den Ständen vorbehalten bleiben, sie wegen der ohne ihre Zustimmung verfügten Ausschreibung und Erhebung dessen, was den wahren Bedarf übersteige, bei dem Staatsgerichtshofe anzuklagen. (Landtagsakten 1830 Bd. 3 S. 1399.) Die ehemaligen Landstände lehnten diese Bestimmungen als dem ständischen Bewilligungsrechte nicht angemessen ab, faßten vielmehr einen Beschluß, der in dem oben wiedergegebenen Inhalte des § 103 der Verfassungsurkunde seine Verkörperung gefunden hat, und die damaligen Regenten erklärten sich hiermit einverstanden. (Landtagsakten 1831 Bd. 4 S. 1799, 2255.) Immerhin dürfte es von Interesse sein, an einen Vorgang erinnert zu werden, der deutlich erkennen läßt, wie die damaligen Regenten das Wesen der ständischen Bewilligungspflicht aufgefaßt haben. (Vgl. auch S. 11 unter 5.)

[1] Vgl. auch Landtagsakten 1850/51, Beilagen zu den Protokollen der I. Kammer Bd. 1 S. 320, 321.

Wesen eines Voranschlags entspricht, vor Beginn der neuen Finanzperiode genehmigt wird, oder weil die Verhältnisse eine rechtzeitige Einberufung oder den Zusammentritt der Kammern und damit auch die rechtzeitige Vorlage eines Voranschlags durchaus unmöglich machen, darf unerwartet der Verabschiedung des Staatshaushalts-Etats ebenfalls zu einem Steuerausschreiben auf die Dauer eines Jahres verschritten werden. Dabei dürfen aber die bestehenden Abgaben nur in der bisherigen Weise forterhoben werden. Eine Erhöhung ihrer Normalsätze durch Zuschläge ist daher ausgeschlossen. Ein derartiges Steuerausschreiben erfolgt übrigens aber nur vorbehältlich der Bewilligung des Ausgabebudgets. Auch muß dazu in dem Falle, wenn die Stände auf Grund rechtzeitiger Einberufung versammelt sind, deren Zustimmung nachgesucht werden, was in der Weise geschieht, daß dem Landtage alsbald nach seiner Eröffnung ein Gesetz über provisorische Forterhebung der Steuern vorgelegt wird.[1] Nur erst wenn die Genehmigung dieses Gesetzes bis 14 Tage vor Ablauf der alten Finanzperiode seitens der Stände entweder verweigert worden oder doch nicht erfolgt wäre, würde die Regierung auch ohne besondere ständische Ermächtigung zur Ausschreibung und Forterhebung der bestehenden Abgaben noch auf ein Jahr, aber auch solchenfalls nur vorbehältlich der Bewilligung des Ausgabebudgets, berechtigt sein. (VU. § 102 Abs. 6 und 7 in der Fassung des Verfassungsgesetzes vom 27. November 1860.) In Fällen dieser Art wirkt mithin bis zur Bewilligung des Ausgabebudgets durch die Stände, die der Natur der

[1] Wie sich der Inhalt eines derartigen Gesetzes zu gestalten pflegt, dazu möge als Beispiel das Gesetz, die vorläufige Erhebung der Steuern und Abgaben im Jahre 1912 betreffend, vom 9. Dezember 1911 (GVB. S. 215) dienen, das folgende Bestimmungen trifft:

§ 1. Im Jahre 1912 sind, vorbehältlich der Vorschriften in Absatz 2, zu erheben: a) die Einkommensteuer mit den vollen gesetzlichen Beträgen (Normalsteuer), b) die Grundsteuer nach 4 Pfennigen von jeder Steuereinheit, c) die Ergänzungssteuer, d) die Steuer vom Gewerbebetrieb im Umherziehen, e) die Schlachtsteuer, ingleichen die Übergangsabgabe von vereinsländischem und die Verbrauchsabgabe von vereinsausländischem Fleischwerke, f) die landesrechtliche Erbschaftssteuer, soweit sie für einen Erwerb zu entrichten ist, der bereits am 1. Juli 1906 begründet war (§ 61 des Reichserbschaftssteuergesetzes vom 3. Juni 1906, R.-G.-Bl. S. 654), und g) die landesrechtliche Stempelsteuer.

Die endgültige Bestimmung über die Erhebung dieser Steuern und Abgaben bleibt, auch hinsichtlich des Jahres 1912, dem für die Finanzperiode 1912/13 zu erlassenden Finanzgesetze vorbehalten. In letzterem wird insbesondere darüber definitive Bestimmung getroffen werden, ob die Einkommensteuer mit den vollen gesetzlichen Beträgen (Normalsteuer) oder nur mit einem in Zehnteilen auszudrückenden Bruchteile derselben zu erheben ist.

§ 2. Alle sonstigen Abgaben, Natural- und Geldleistungen, die nicht ausdrücklich aufgehoben sind oder noch aufgehoben werden, bestehen vorschriftsmäßig fort. Auch bleiben den Staatskassen die ihnen im Jahre 1911 in Gemäßheit des Staatshaushalts-Etats zugeteilten übrigen Einnahmequellen ebenfalls bis zum Erlasse des künftigen Finanzgesetzes für die Finanzperiode 1912/13 zugewiesen.

Sache nach nur dann erst als gegeben erachtet werden kann, wenn die gesamte Etatvorlage einerseits die Genehmigung der Stände, anderseits die Sanktion des Königs gefunden hat und demgemäß verabschiedet worden ist (vgl. den Unterabschnitt V), der auf Verausgabungen bezügliche Teil des Voretats, soweit es sich dabei nicht um Ansätze für bloß vorübergehende, bereits erreichte Zwecke handelt, gewissermaßen als Normaletat noch fort. In der Zwischenzeit dürfen daher zur Bestreitung der laufenden Bedürfnisse des Staatshaushalts bis zur Höhe der im Voretat festgestellten Jahresbeträge, soweit es sich dabei nicht um Ansätze für bloß vorübergehende, bereits erreichte Zwecke handelt, vorläufig Ausgaben geleistet werden, die in den Kassenbüchern des Jahres, das sie betreffen, vorbehältlich der durch eine etwaige veränderte Feststellung der Etatansätze bedingten Ausgleichung, sogleich als etatmäßige Ausgaben zu verschreiben sind (StHG. AV. §. 7 Abs. 1).

V.

Sanktionierung, Verabschiedung und Bekanntgabe des Staatshaushalts-Etats.

Auch wenn der Staatshaushalts-Etat in Übereinstimmung mit der Regierung die ständische Genehmigung gefunden hat, erlangt er doch damit noch nicht ohne weiteres Geltung. Hierzu bedarf er vielmehr zunächst noch der Sanktion des Königs, wie sie die Verfassungsurkunde in § 112 für den Eintritt der Wirksamkeit aller ständischen Beschlüsse voraussetzt, die auf eine Angelegenheit des Landes bezug haben. Daß aber zu den Angelegenheiten dieser Art auch der Staatshaushalts-Etat gehört, unterliegt keinem Zweifel, da er die verfassungsmäßige Grundlage für die Führung des Staatshaushalts bildet. Die Sanktion des Königs pflegt mittels besonderen Allerhöchsten Dekrets ausgesprochen zu werden, das im Hinblicke darauf, daß darin das Einverständnis mit den ständischen Beschlüssen erklärt wird, Akzeptationsdekret genannt zu werden pflegt.[1] Sobald

[1] Wie sich der Inhalt der Akzeptationsdekrete zu gestalten pflegt, dafür möge als Beispiel das den Staatshaushalts-Etat auf die Jahre 1912 und 1913 und die Ergänzungen zu diesem betreffende Akzeptationsdekret vom 23. Mai 1912 (Landtagsakten 1911/12 Dekrete III. Band Nr. 53) dienen, das in seinem allgemeinen Teile folgende Fassung hat:

„Wir, Friedrich August, von Gottes Gnaden König von Sachsen usw. usw. usw. haben aus der Ständischen Schrift vom heutigen Tage mit Befriedigung ersehen, daß die getreuen Stände die in dem ihnen vorgelegten Staatshaushalts-Etat auf die Jahre 1912 und 1913 sowie die mittels besonderer Dekrete gestellten Postulate in der Hauptsache genehmigt und die hierzu erforderlichen Mittel bewilligt haben.

Wir erklären Uns mit den von den getreuen Ständen in dem vorgelegten Staatshaushalts-Etat beschlossenen Änderungen und Zusätzen einverstanden und genehmigen, daß den ständischen Beschlüssen entsprechend der ordentliche Staatshaushalts-Etat für

dieses Dekret ergangen ist, hat der Staatshaushalts-Etat als verabschiedet zu gelten, und er erlangt damit im Verhältnisse der Regierung zu den Ständen und umgekehrt seinem vollen Inhalte nach Rechtsbeständigkeit. In dem Landtagsabschiede, in den verfassungsmäßig die endgültigen Ergebnisse des Landtags zusammengefaßt werden, und der die Königliche Erklärung über die Verhandlungen mit den Ständen enthält (VU. § 119), wird auf dieses Dekret lediglich bezug genommen.

Der verabschiedete Staatshaushalts-Etat wird ausschließlich im Verwaltungswege, soweit nötig, zur Kenntnis der beteiligten Behörden und Staatsanstalten gebracht. Teilweise geschieht dies durch Zufertigung sogenannter Kassenetats, in die unter genauem Anschlusse an die innere Einrichtung des Staatshaushalts-Etats und auf Grund der darin enthaltenen Einstellungen die auf bestimmte Behörden und Staatsanstalten voraussetzlich entfallenden Anteile an den Einnahmen und den Ausgabebewilligungen der Art und Größe nach zusammengefaßt sind. In jedem Falle wird dabei seitens der Departementsministerien so verfahren, daß den mit selbständigen Ausgabebefugnissen ausgestatteten Dienststellen ein bestimmter Betrag der Ausgabebewilligungen mit der Weisung zugeteilt wird, bei Ausübung ihrer Ausgabebefugnisse diesen Betrag nicht zu überschreiten, wenn er aber nicht ausreichen sollte, noch vor dessen Erschöpfung unter Angabe der Gründe, die eine Überschreitung unvermeidlich erscheinen lassen, und unter Bezifferung des erforderlichen Mehrbedarfs besondere Genehmigung einzuholen. Dies gilt ganz besonders auch für diejenigen Fälle, in denen bei einem im ordentlichen Staatshaushalts-Etat ausgeworfenen Ausgabebetrage eine Mehrzahl von Dienststellen beteiligt ist. Bei größeren Ausgabetiteln werden die den mehreren Dienststellen zu überweisenden Teilbeträge derart bemessen, daß ihre Gesamtsumme die Etatsumme nicht erreicht, sodaß aus letzterer noch Beträge zu notwendigen Nachbewilligungen zur Verfügung stehen.

Eine Verkündung des verabschiedeten Staatshaushalts-Etats in gleicher Weise, wie dies rücksichtlich der mit den Ständen vereinbarten Gesetze geschieht, kommt weder verfassungsrechtlich in Frage, noch findet sie tatsächlich statt. Denn der Staatshaushalts-Etat ist weder seinem Inhalte nach ein Gesetz, da er ebensowenig Rechtssätze aufstellt, als rechtliche Verpflichtungen auf Seite der Staatsbürger begründet, sondern lediglich Verwaltungsnormen in sich schließt, nach denen die Regierung bei ihren finanziellen Gebarungen, insbesondere bei der Handhabung des Ausgabewesens, zu verfahren hat, noch kommt ihm der bestehenden Verfassung

jedes der beiden Jahre 1912 und 1913 auf 453222642 ℳ in den Gesamteinnahmen und in den Gesamtausgaben, der außerordentliche Staatshaushalts-Etat aber auf 76687700 ℳ festgestellt wird.

Auch wird das demgemäß mit den getreuen Ständen vereinbarte Finanzgesetz auf die Jahre 1912 und 1913 unverweilt erlassen werden."

zufolge formell die Bedeutung eines Gesetzes zu, da er auch nicht, wie beispielsweise der Reichshaushalts-Etat (vgl. Art. 69 der Reichsverfassung), durch Gesetz festgestellt wird.[1]

VI.

Staatshaushalts-Etat und Finanzgesetz.

Mit dem Entwurfe des Staatshaushalts-Etats wird den Ständen jedesmal zugleich der Entwurf eines Gesetzes vorgelegt, dessen Bestimmung in erster Linie darin besteht, nach erfolgter Verabschiedung des Staatshaushalts-Etats die durch diesen von den Ständen bewilligten Landesabgaben den Pflichtigen gegenüber auszuschreiben und dadurch Hebungen nach Maßgabe der diese Abgaben betreffenden Sondergesetze zu ermöglichen. Den Erlaß eines hierauf gerichteten Gesetzes setzt die Verfassungsurkunde voraus, indem sie in § 104 in der Fassung des Verfassungsgesetzes vom 5. Mai 1851 vorschreibt, daß in den Ausschreiben, die Landesabgaben betreffen, die Bewilligung der Kammern besonders erwähnt werden müsse. Das erste Gesetz dieser Art, nämlich dasjenige vom 14. November 1834 (GS. S. 345), wurde unter der Aufschrift erlassen: „Gesetz, die für die Staatsverwaltung auf die Finanzperiode 1834 bis mit 1836 ausgesetzten Summen und die zu deren Deckung für die Jahre 1835 und 1836[2] zu entrichtenden Steuern und Abgaben betreffend". Seinem Inhalte nach gestaltete es sich so, daß zunächst „im Einverständnis mit den Ständen und in Gemäßheit der über das denselben vorgelegte und beratene Staatsbudget abgegebenen Erklärung" die Bewilligung des einerseits für die ganze Finanzperiode, anderseits für jedes einzelne Jahr dieser bezifferten Bedarfs, und zwar nach Reinsummen bemessen, ausgesprochen,[3] sodann aber darüber Bestimmung getroffen wurde, was an Landesabgaben neben den eigenen selbständigen Einnahmen des Staates noch aufzubringen war.[4] Außerdem wurde der unveränderte Fortbestand

---

[1] Vgl. übrigens den Unterabschnitt VI.

[2] Für das Jahr 1834 war ein provisorisches Steuerausschreiben erlassen worden.

[3] Vgl. die Eingangsworte von § 1 des Gesetzes vom 14. November 1834 (GS. S. 345): „Für die gesamte Staatsverwaltung auf die Jahre der laufenden Finanzperiode wird die Summe von 15476883 Taler 14 gr. 5 Pf. und zwar: 5152996 Tlr. 19 gr. 8 Pf. für das Jahr 1834, 5160940 Tlr. 2 gr. 1 Pf. für das Jahr 1835, 5162946 Tlr. 16 gr. 8 Pf. für das Jahr 1836 bewilligt usw."

[4] Vgl. die Eingangsworte von § 2 des Gesetzes vom 14. November 1834: „Zu Deckung der nach § 1 erforderlichen Summen und der auf die Spezialkassen gewiesenen Verwaltungs- und sonstigen Ausgaben sind neben denjenigen Bezügen, welche die Staatskassen aus den denselben zugewiesenen Einnahmequellen in Gemäßheit der bei Feststellung des Einnahmebudgets mit Unseren getreuen Ständen getroffenen Vereinigung zu erwarten haben, annoch folgende Steuern und Abgaben zu erheben, und zwar usw." Unter den auf die Spezialkassen gewiesenen Verwaltungs- und sonstigen Ausgaben war der Unterschied zwischen dem Roh- und Reinertrage der Staatseinnahmen zu verstehen.

gewisser dem Staate gebührender Leistungen ausgesprochen, die zwar ihrem Wesen nach zu den direkten oder indirekten Landesabgaben im Sinne der Verfassungsurkunde (vgl. S. 7) nicht gehören, von der öffentlichen Meinung aber vielfach dazu gerechnet werden und deshalb leicht für aufgehoben hätten angesehen werden können, wenn ein derartiger Vorbehalt nicht erfolgt wäre.[1] Seit der Finanzperiode 1837/39 erhielt das Gesetz mit Rücksicht darauf, daß es sich seinem Inhalte nach nicht auf das bloße Ausschreiben der zu erhebenden direkten und indirekten Landesabgaben beschränkte, sondern auch sonst noch Bestimmungen über die finanzielle Verwaltung des Staates traf, die Bezeichnung „Finanzgesetz",[2] ohne daß es im übrigen in seiner Fassung wesentlichen Änderungen unterworfen wurde.[3] Mit der seit der Finanzperiode 1849/51 eingetretenen Zerfällung des Staatsbudgets in einen ordentlichen und in einen außerordentlichen Teil erfuhr auch der regelmäßige Inhalt des Finanzgesetzes eine Erweiterung, indem in dieses nunmehr zugleich Bestimmungen darüber aufgenommen wurden, ob und inwieweit der außerordentliche Staatsbedarf aus der Substanz des verfügbaren Staatsvermögens oder durch Aufnahme von Anleihen zu decken sei.[4] Seit der Finanzperiode 1870/71 ist es Brauch geworden, in dem Finanzgesetze als solchem nicht mehr eine förmliche Bewilligung des Staatsbedarfs auszusprechen, sondern sich auf eine ziffermäßige Feststellung der staatlichen Einnahmen und Ausgaben auf Grund des verabschiedeten Staatsbudgets, also unter Bezugnahme auf eine bereits vollendete Tatsache, zu beschränken.[5] Dieses Verfahren, das auch gegenwärtig noch, wennschon seit der Finanzperiode 1902/1903 mit der Maßgabe eingehalten wird,

[1] Vgl. § 3 des Gesetzes vom 14. November 1834: „Die ordonanz- und verfassungsmäßigen Servisleistungen bleiben unverändert und sind ebenso wie alle Abgaben, Natural- und Geldleistungen, auch sonstige Erhebungen, welche nicht ausdrücklich aufgehoben worden sind, fortzugewähren."

[2] Vgl. Finanzgesetz auf die Jahre 1837, 1838 und 1839 vom 28. November 1837 (GVB. 1837 S. 111).

[3] Nur an Stelle des Wortes „bewilligt" in § 1 des Gesetzes vom 14. November 1834 trat in § 1 des Finanzgesetzes vom 28. November 1837 das Wort: „ausgesetzt". Vgl. GVB. 1837 S. 111.

[4] Vgl. § 4 des Finanzgesetzes auf die Jahre 1849, 1850, 1851 vom 13. November 1850 (GVB. 1850 S. 273): „Die zu Verwendung für außerordentliche Staatszwecke ausgesetzte Verwilligung ist aus den verfügbaren Verwaltungsüberschüssen und den der diesfallsigen Verabschiedung mit den Kammern Unsers Königreichs entsprechend, soweit nötig, durch besondere Kreditmaßregeln zu verstärkenden Kassenbeständen zu übertragen."

[5] Vgl. § 1 des Finanzgesetzes auf die Jahre 1870 und 1871 vom 7. März 1870 (GVB. 1870 S. 52): „Auf Grund des verabschiedeten Staatsbudgets wird die laufende Einnahme und Ausgabe des ordentlichen Staatshaushalts für jedes der Jahre 1870 und 1871 auf die Summe von 12648594 Talern festgestellt, zu außerordentlichen Staatszwecken aber für diese beiden Jahre überdies noch ein Gesamtbetrag von 7960000 Talern hiermit ausgesetzt."

daß die Einnahmen und Ausgaben des ordentlichen Staatshaushalts-Etats nicht mehr, wie es bis dahin geschah, nach Reinsummen (Überschüssen und Zuschüssen) sondern nach Rohsummen beziffert werden,[1] trägt dem Umstande Rechnung, daß die Festsetzungen des Staatshaushalts-Etats, sobald er einerseits von den Ständen festgestellt, anderseits vom Könige sanktioniert ist, im Verhältnisse der Regierung zu den Ständen und umgekehrt allenthalben zu Recht bestehen, ohne daß es deshalb verfassungsrechtlich erst noch eines besonderen Gesetzgebungsakts bedarf. Die Feststellung der staatlichen Einnahmen und Ausgaben, wie sie im Finanzgesetze ausgesprochen wird, verfolgt deshalb auch nicht etwa den Zweck, damit den Staatshaushalts-Etat zu einem integrierenden Teile des Finanzgesetzes zu machen. Sie ist vielmehr dem Staatshaushalts-Etat gegenüber ohne jede selbständige sachliche Bedeutung und ihrem Wesen nach etwas anderes nicht als ein Motiv für die Mittelbeschaffung, wie solche vom Finanzgesetze teils infolge verfassungsrechtlicher Notwendigkeit (in Ansehung der direkten und indirekten Landesabgaben), teils herkömmlich (in Ansehung aller sonst noch in ihm Erwähnung findenden Einnahmequellen) geregelt wird.[2]

---

[1] Vgl. einerseits § 1 des Finanzgesetzes auf die Jahre 1900 und 1901 vom 12. Mai 1900 (GVB. 1900 S. 250), woselbst es heißt: „Auf Grund des verabschiedeten Staatshaushalts-Etats werden die Überschüsse und Zuschüsse des ordentlichen Staatshaushalts für jedes der Jahre 1900 und 1901 auf die Summe von 92198539 ℳ festgestellt und wird zu außerordentlichen Staatszwecken für diese beiden Jahre überdies noch ein Gesamtbetrag von 98681086 ℳ hiermit ausgesetzt", anderseits § 1 des Finanzgesetzes auf die Jahre 1902 und 1903 vom 6. Juni 1902 (GVB. 1902 S. 140), woselbst gesagt ist: „Auf Grund des verabschiedeten Staatshaushalts-Etats werden die Gesamteinnahmen und die Gesamtausgaben des ordentlichen Staatshaushalts für jedes der Jahre 1902 und 1903 auf die Summe von 324922859 ℳ festgestellt und wird zu außerordentlichen Staatszwecken für diese beiden Jahre überdies noch ein Gesamtbetrag von 64170761 ℳ hiermit ausgesetzt".

[2] Wie sich der Gesamtinhalt des Finanzgesetzes gegenwärtig zu gestalten pflegt, dafür möge als Beispiel das Finanzgesetz auf die Jahre 1912 und 1913 vom 23. Mai 1912 (GVB. 1912 S. 268) angeführt sein, das folgende Einzelbestimmungen trifft: § 1. Auf Grund des verabschiedeten Staatshaushalts-Etats werden die Gesamteinnahmen und die Gesamtausgaben des ordentlichen Staatshaushalts für jedes der Jahre 1912 und 1913 auf die Summe von 453222642 ℳ festgestellt und wird zu außerordentlichen Staatszwecken für diese beiden Jahre überdies noch ein Gesamtbetrag von 76687700 ℳ hiermit ausgesetzt. § 2. Zur Deckung des Aufwandes für den ordentlichen Staatshaushalt und seiner auf die Einzelkassen gewiesenen Verwaltungs- und sonstigen Ausgaben sind, außer den den Staatskassen im übrigen in Gemäßheit des Staatshaushalts-Etats zugewiesenen Einnahmen, auf jedes der Jahre 1912 und 1913 zu erheben: a) die Einkommensteuer mit den vollen gesetzlichen Beträgen (Normalsteuer), b) die Grundsteuer nach 4 Pfennigen von jeder Steuereinheit, c) die Ergänzungssteuer, d) die Steuer vom Gewerbebetrieb im Umherziehen, e) die Schlachtsteuer, ingleichen die Übergangsabgabe von vereinsländischem und die Verbrauchsabgabe von vereinsausländischem Fleischwerke, f) die landesrechtliche Erbschaftssteuer, soweit sie für einen Erwerb zu entrichten ist, der bereits am 1. Juli 1906 begründet war (§ 61 des Reichserbschaftssteuergesetzes vom

Soweit in Fällen größerer Überschreitungen von Ausgabebewilligungen und außeretatmäßigen Ausgaben Nachtragsetats aufgestellt und verabschiedet werden, durch die das Etatsoll eine Abänderung erfährt, pflegen auch Nachträge zum Finanzgesetze erlassen zu werden.[1]

VII.

Allgemeine Grundsätze für die Ausführung des Staatshaushalts-Etats und die Verwaltung des Staatshaushalts.

Bei Ausführung des Staatshaushalts-Etats und Verwaltung des Staatshaushalts ist eine Reihe allgemeiner Grundsätze in Obacht zu nehmen, die teils auf Bestimmungen der Verfassungsurkunde und der sie abändernden und ergänzenden Verfassungsgesetze sowie einzelner Sondergesetze und sonstiger Sondervorschriften beruhen, teils aus der Art und Weise seines Zustandekommens sich ergeben, teils auf eine Art von Gewohnheitsrecht zurückzuführen sind, das sich in bezug auf die Verwaltung der staatlichen Einnahmen und Ausgaben sowie des staatlichen Eigentums nach und nach herausgebildet hatte, und das in seinen Hauptgrundzügen schließlich Gesetzeskraft erlangt hat, indem es insoweit in das Gesetz, den Staatshaushalt betreffend, vom 1. Juli 1904 (GVB. S. 286) übergegangen ist. Dieses Gesetz verfolgt nämlich ausgesprochenermaßen den Zweck, für die schon bis zu seinem Erlasse hinsichtlich der Aufstellung, Ausführung und Kontrolle des Staatshaushalts-Etats zur Anwendung gebrachten wesentlichen Grundsätze eine gesetzliche Unterlage zu schaffen. Eine Kodifikation des gesamten Etatrechts hat damit nicht erfolgen sollen, da ihr insbesondere die Erwägung entgegensteht, daß in der Praxis bei veränderter Gestaltung der tatsächlichen Verhältnisse immer wieder neue Fragen auftauchen und deshalb das der Natur der Sache nach in beständigem Flusse befindliche Etatrecht einer steten Fortbildung unterliegt,[2]

3. Juni 1906, R.-G.-Bl. S. 654) und g) die landesrechtliche Stempelsteuer. § 3. Alle sonstigen Abgaben, Natural- und Geldleistungen, die nicht ausdrücklich aufgehoben sind oder noch aufgehoben werden, bestehen vorschriftsmäßig fort. § 4. Die zu außerordentlichen Zwecken bewilligte Summe ist aus den beweglichen Vermögensbeständen des Staates zu entnehmen. § 5. Durch das gegenwärtige Gesetz erledigt sich das Gesetz, die vorläufige Erhebung der Steuern und Abgaben im Jahre 1912 betreffend, vom 9. Dezember 1911 (G.- u. V.-Bl. S. 215).

[1] Ein derartiger Nachtrag ist beispielsweise zum Finanzgesetze auf die Jahre 1910 und 1911 unter dem 7. Mai 1912 (GVB. S. 256) in folgender Fassung erlassen worden: „Auf Grund des verabschiedeten Nachtrags zu dem ordentlichen Staatshaushalts-Etat für die Jahre 1910 und 1911 werden hiermit die durch das Finanzgesetz vom 13. Mai 1910 festgestellten Gesamteinnahmen und Gesamtausgaben des ordentlichen Staatshaushalts für jedes der beiden Jahre um die Summe von 2811810 ℳ erhöht."

[2] Vgl. die Begründung zu dem Entwurfe des Staatshaushaltsgesetzes, Landtagsakten 1903/4, Königl. Dekrete Bd. 3 Nr. 32 S. 9.

die es insbesondere auch durch den Staatshaushalts-Etat erfährt. Die Summe dieser Grundsätze, die ihren Einfluß auch auf die kassen- und rechnungsmäßige Behandlung der Einnahmen und Ausgaben und auf die Beziehungen zwischen den sogenannten Einzelkassen, d. h. den Kassen, denen je bestimmte Teile des Etats zur Vertretung überwiesen sind, und der den ganzen Etat umfassenden Zentralkasse (der Finanzhauptkasse) äußern, läßt sich im wesentlichen folgendermaßen zusammenfassen:

1. Verhältnis des Staatshaushalts-Etats zur Regierung und zu Dritten.[1]

Der Staatshaushalts-Etat als solcher bestimmt zunächst nur das Maß der Rechte und Pflichten, die der Regierung im Verhältnisse zu den Ständen bei Führung des Staatshaushalts zustehen oder obliegen, und schafft damit Recht zwischen der Regierung und den Ständen. Für Dritte werden durch die Einstellungen in den Etat Rechte oder Verpflichtungen weder begründet noch abgeändert noch aufgehoben. Nur falls ausnahmsweise Sondergesetze oder Verträge Leistungen bestimmter Art von entsprechenden Festsetzungen des Staatshaushalts-Etats abhängig machen, ist dieser geeignet, in Verbindung mit den insoweit maßgebenden Gesetzen oder Verträgen Recht auch zwischen der Regierung und Dritten zu schaffen. Derartige Ausnahmen bestehen zurzeit beispielsweise bezüglich derjenigen richterlichen Beamten, deren Besoldungen nicht in ihrer Höhe nach Schwankungen überhaupt nicht unterliegenden Einzelgehältern bestehen, sondern nach Dienstaltersstufen geregelt sind und daher ihrer Höhe nach zeitweise wechseln,[2] sowie der Senatspräsidenten und Räte des Oberverwaltungsgerichts[3] und des Vizepräsidenten und der Räte der Oberrechnungskammer,[4] deren Gehälter in der nämlichen Weise geregelt sind. Diese Beamten haben nämlich auf Verleihung der durch das Dienstalter begründeten Gehaltsstufen, wie sie durch den Staatshaushalts-Etat festgesetzt sind, einen Rechtsanspruch, der nur so lange ruht, als gegen den Beamten ein Disziplinarstrafverfahren, soweit ein solches gegen ihn überhaupt möglich ist, oder wegen eines Verbrechens oder Vergehens ein Hauptverfahren oder eine Voruntersuchung schwebt.

Ebenso würde beispielsweise für denjenigen, mit dem die Regierung einen Kaufvertrag unter der Bedingung abgeschlossen hätte, daß dieser

---

[1] SHG. § 19.

[2] Gesetz, die Besoldung der Richter betreffend, vom 29. Juni 1908 (GVB. S. 267).

[3] Gesetz über die Besoldung der Senatspräsidenten und Räte beim Oberverwaltungsgerichte vom 10. Juli 1908 (GVB. S. 277).

[4] Gesetz, die Oberrechnungskammer betreffend, vom 30. Juni 1904 § 4 Abs. 6 (GVB. S. 278) in der Fassung des Abänderungsgesetzes vom 6. August 1908 (GVB. S. 281).

Geltung erlangen solle, wenn und soweit die zu dessen Erfüllung erforderlichen Mittel durch den Staatshaushalts=Etat zur Verfügung der Regierung gestellt werden, in der die Bewilligung dieser Mittel in sich schließenden Festsetzung des Staatshaushalts=Etats ein Rechtstitel gegeben sein, die Vertragserfüllung von der Regierung zu verlangen.

In allen Fällen dagegen, in denen im Staatshaushalts=Etat Leistungen der Art und Größe nach festgesetzt sind, ohne daß für diese ein Rechtsgrund in Sondergesetzen oder Verträgen gegeben ist, begründet die Tatsache dieser Festsetzung auf Seite der Regierung zwar die Ermächtigung, diese Leistungen den Zwecken entsprechend zu bewirken, nicht aber auch auf Seite Dritter die Berechtigung, diese Leistungen, beziehentlich in der Höhe der Etatansätze, zu fordern. Ein solches Forderungsrecht kann vielmehr nur erst entstehen, wenn und soweit seitens der Regierung eine Bewilligung Dritten gegenüber ausgesprochen wird. Darum bildet beispielsweise für den Bezug von Gehältern und sonstigen festen Dienstbezügen nach den Sätzen, wie sie im Staatshaushalts=Etat ausgeworfen sind, allen Beamten gegenüber, auf die gesetzliche Ausnahmebestimmungen wie die S. 57 erwähnten nicht Anwendung leiden, die Bewilligung seitens der Regierung den alleinigen Rechtsgrund. Ebenso ist ein Rechtsgrund für den Erwerb beispielsweise von im Staatshaushalts=Etat vorgesehenen Ehren= und Gnadenzuwendungen an Dritte selbst dann, wenn die damit zu bedenkenden Personen oder Anstalten im Staatshaushalts=Etat namentlich bezeichnet sind, nur erst dann gegeben, wenn und soweit die Regierung den Bedachten gegenüber die Bewilligung ausdrücklich ausgesprochen hat. Denn in Fällen letzter Art kommt noch besonders in Betracht, daß sich von dem Zeitpunkte der Verabschiedung des Staatshaushalts=Etats bis zu dem Zeitpunkte, mit dem an dessen Ausführung herangetreten werden kann, die tatsächlichen und sonstigen Voraussetzungen, die zur Einstellung derartiger Zuwendungen in den Staatshaushalts=Etat geführt haben, so wesentlich verändert haben können, daß die Nichtleistung geradezu zu einem Gebote der Notwendigkeit wird. Aus dem Umstande, daß der Staatshaushalts=Etat als solcher zunächst nur Beziehungen zwischen der Regierung und den Ständen begründet, jene aber diesen gegenüber durch die ihnen verantwortlichen Staatsminister vertreten wird, ergibt sich zugleich, daß die bloße Tatsache der Einstellung bestimmter Ausgabesummen in den Staatshaushalts=Etat auch den verwaltenden Behörden, sofern diese nicht die Eigenschaft von Ministerien haben oder diesen insoweit gleichgestellt sind, noch keineswegs ein Verfügungsrecht gewährt, hierzu vielmehr eine ausdrückliche Ermächtigung der zuständigen Ministerien usw. erforderlich ist,[1] möge diese in vorbehaltloser Zufertigung

[1] Im gleichen Sinne sprach sich bereits das Allerhöchste Dekret, das Budget auf die Jahre 1834—1836 betreffend, aus, in dem es als selbstverständlich bezeichnet wurde,

des Staatshaushalts-Etats oder eines damit in Übereinstimmung stehenden Kassenetats oder in einer sonstigen entsprechenden Anordnung bestehen, die ebensowohl eine von Fall zu Fall als eine im voraus ein für allemal erteilte sein kann.

2. Einheitlichkeit der Finanzperiode.[1]

Wennschon die Veranschlagungen im ordentlichen Staatshaushalts-Etat nach Jahresbeträgen erfolgen, bildet doch mit Rücksicht darauf, daß für die aus zwei Jahren sich zusammensetzende Finanzperiode verfassungsrechtlich nur ein Voranschlag aufzustellen ist, das Rechnungsergebnis beider Jahre der Finanzperiode ein Ganzes dergestalt, daß Mehraufwendungen bei einem Titel oder einer sonstigen Unterabteilung des ordentlichen Staatshaushalts-Etats, die gegenüber dem eingestellten Jahresbetrage in dem einen Jahre stattgefunden haben, durch Minderaufwendungen in dem anderen Jahre bis zum Betrage der letzteren ausgeglichen werden.

3. Verfügung über staatliche Einnahmen.

Die den Staatskassen zufließenden Einnahmen bilden, soweit sie nicht bestimmungsgemäß staatlichen Beständen (Fonds) zu bestimmten Zwecken zu überweisen sind, wie dies beispielsweise mit dem größeren Teile der wegen Zuwiderhandlungen gegen die Vorschriften über die indirekten Abgaben verwirkten und von den Verurteilten eingebrachten Vermögensstrafen zu geschehen hat (vgl. Gesetz vom 14. Dezember 1837 § 17, GVB. S. 182), oder in verfassungsrechtlich oder etatrechtlich einer abweichenden Behandlung unterliegenden Erlösen aus der Veräußerung von Grundstücken usw. (vgl. S. 19, 20) oder in freiwilligen Leistungen Dritter bestehen, über deren Verwendung diese gegenteiligen Bestimmungen getroffen haben, in erster Linie die erforderlichen Deckungsmittel für die im Staatshaushalts-Etat vorgesehenen Ausgaben. Über sie darf daher auch zu anderen Zwecken in der Regel nicht verfügt werden. Ausnahmen von dieser Regel sind nur soweit zulässig, als solche im Staatshaushalts-Etat vorgesehen sind. Dies gilt namentlich auch von der gänzlichen oder teilweisen Überweisung einzelner Arten staatlicher Einnahmen an nicht staatliche Anstalten usw.[2]

„daß keinem Diener oder keiner Anstalt auf die im Budget und dessen Unterlagen ausgeworfenen Gehalte und Zuschüsse durch das Budget allein irgend ein begründeter Anspruch eingeräumt werden möge." Vgl. Landtagsakten 1831 I. Abt. Bd. 1 S. 113.

[1] StHG. § 9 Abs. 1.

[2] Überweisungen staatlicher Einnahmen an nichtstaatliche Anstalten sind im Staatshaushalts-Etat zurzeit vorgesehen bei Kap. 16 (Staatseisenbahnen) insofern, als die Erlöse aus dem Verkaufe geringwertiger Abfälle beim Werkstättenbetriebe, soweit diese Abfälle nicht zu Bahnzwecken gebraucht werden, und die auf Grund der Arbeitsordnung für die Werkstätten verhängten Geldstrafen an die Unterstützungskasse für die Werk-

4. Zeitliche Geltungsdauer der Ausgabebewilligungen des Staatshaushalts-Etats.[1]

Die Geltungsdauer der Ausgabebewilligungen des ordentlichen Staatshaushalts-Etats findet der Regel nach in der zeitlichen Dauer der Finanzperiode ihre natürliche Begrenzung. Bewilligungen, über die innerhalb der Finanzperiode nicht verfügt worden ist, erlöschen daher von selbst, sodaß die Regierung das Verfügungsrecht über die nicht zur Verwendung gekommenen Beträge verliert und gehalten ist, diese den Ständen gegenüber als Ersparnis nachzuweisen. Von einem derartigen Nachweise bleiben jedoch ausgeschlossen:

1. Ausgabebewilligungen, hinsichtlich deren zwischen der Staatsregierung und der Ständeversammlung vereinbart worden ist, daß der unverwendet gebliebene Betrag an solche Bestände (Fonds) abzugeben ist, die für gewisse Zwecke bestimmt sind;

2. Beträge, die an den im Etat eingestellten Besoldungen dadurch, daß einzelne Stellen zeitweise unbesetzt sind, erspart werden, indem diese Ersparnisse, soweit nicht im Etat eine gegenteilige Anordnung getroffen ist, zur Bestreitung von etwaigen Stellvertretungskosten und zwar auch in dem Falle zu verwenden sind, wenn bei dem einschlagenden Kapitel noch ein besonderer Titel für Stellvertretungsaufwand vorgesehen ist,[2] während außerordentliche Vergütungen (Remunerationen) und außerordentliche Zuwendungen (Gratifikationen) an Beamte für Verwaltung zeitweise unbesetzter Stellen als Stellvertretungskosten aus Besoldungstiteln nur dann bestritten werden dürfen, wenn ein ausdrücklicher Vermerk dieses Inhalts in den Etat aufgenommen ist;[3]

---

stättenarbeiter, die von diätarisch Besoldeten und Arbeitern der Staatseisenbahnverwaltung zu zahlenden Geldstrafen an die Betriebskrankenkasse abgeführt werden dürfen (Tit. 5 Pos. 1, Tit. 6 Pos. 6), bei Kap. 30 (Stenographisches Landesamt) insofern, als ein Teil der Unterrichtsgelder der Rätzsch-Stiftung zugewiesen werden darf (Tit. 1), bei Kap. 70 (Landesanstalten) insofern, als Nachzahlungen auf ermäßigt gewesene Verpflegsätze der allgemeinen Freistellenstiftung der Landes- Pfleg- und Erziehungsanstalten überlassen werden dürfen (Vorbemerkung V zu Kap. 70), bei Kap. 77 (Bergakademie zu Freiberg) insofern, als ein Teil der Gebühren der Studierenden für die Reifeprüfung der Bergakademischen Hilfskasse zugewiesen werden darf (Tit. 4), und bei Kap. 91 (Universität Leipzig) insofern, als ein Teil der Einschreibegebühren der Studierenden an die Studentische Krankenkasse abgegeben werden darf (Tit. 35).

[1] StHG. §§ 7 und 8, StHG. AB. §§ 10 und 11.

[2] Ausnahmen von der Regel, daß Besoldungsersparnisse infolge zeitweisen Unbesetztseins von Stellen zur Bestreitung etwaiger Stellvertretungskosten zu verwenden sind, bestehen bezüglich der Besoldungstitel der Kapitel 16 (Staatseisenbahnen) und 21 (Indirekte Abgaben), indem bei diesen derartige Ersparnisse zur Deckung von Stellvertretungsaufwand nicht mit verwendet werden dürfen.

[3] Vermerke des Inhalts, daß außerordentliche Vergütungen und außerordentliche Zuwendungen an Beamte für Vertretung zeitweise unbesetzter Stellen als Stellvertretungskosten aus Besoldungstiteln bestritten werden dürfen, finden sich regelmäßig bei allen

3. unverwendet gebliebene Beträge von Ausgabebewilligungen des ordentlichen Staatshaushalts-Etats, bezüglich deren in diesem der Vorbehalt der Übertragbarkeit gemacht ist, deren Wirkung darin besteht, daß der innerhalb der Finanzperiode unverwendet gebliebene Betrag der Staatsregierung für den ursprünglichen Zweck noch weiter zur Verfügung steht. Der Vorbehalt der Übertragbarkeit einer in den ordentlichen Staatshaushalts-Etat eingestellten Ausgabebewilligung muß im Etat, wenn die Übertragbarkeit nur für die nächste Finanzperiode oder für eine Mehrzahl von Finanzperioden ausgesprochen werden soll, durch den Vermerk „auf die nächste Finanzperiode übertragbar" oder durch den Vermerk „auf die Finanzperioden . . . übertragbar", wenn die Übertragbarkeit ohne zeitliche Beschränkung bis zur Erreichung des Zweckes der Ausgabebewilligung gelten soll, durch den Vermerk „unbeschränkt übertragbar" verlautbart werden. In jedem Falle ist er aber nur statthaft, wenn es sich um selbständige Ausgabebewilligungen (vgl. S. 36) handelt, die aber nicht immer volle Titelsummen zu umfassen brauchen, sondern auch auf Teilbeträge von Titelsummen beschränkt sein können. Das Zugeständnis der Übertragbarkeit einer Ausgabebewilligung schließt im übrigen nicht zugleich das Recht ein, Restbestände, die aus der vorausgegangenen Finanzperiode davon etwa vorhanden sind, ohne daß bereits in dieser die Übertragbarkeit gefordert und bewilligt war, als übertragbar zu behandeln; hierzu gehört vielmehr, daß auch die Übertragbarkeit solcher Bestände gefordert und bewilligt war. Übertragung von Überschreitungen ist unstatthaft.[1] Ausgabebewilligungen, die in eine andere Finanzperiode übertragen worden sind, werden Ausgabereservate genannt. Werden sie während der Dauer der Wirkung der Übertragbarkeit oder, soweit sie unbeschränkt übertragbar sind, zur Erreichung ihres Zweckes nicht oder nicht vollständig gebraucht, so sind die unverwendet gebliebenen Beträge als Ersparnis nachzuweisen.

Die in den außerordentlichen Etat aufgenommenen Ausgabebewilligungen stehen ohne besonderen Vorbehalt bis zur Erreichung ihres

---

Besoldungstiteln des Kap. 70 (Landesanstalten), bei den die Professoren und Lehrer betreffenden Besoldungstiteln des Kap. 44 (Akademie der bildenden Künste zu Dresden) und 55 (Tierärztliche Hochschule usw.), bei den die Professoren und Lehrer sowie die ständigen Beamten und Bediensteten bei den akademischen Lehranstalten und den lediglich dem Lehrzwecke dienenden Gebäuden betreffenden Besoldungstiteln des Kap. 91 (Universität Leipzig), bei dem die Professoren und Lehrer sowie die Hilfskräfte betreffenden Besoldungstitel des Kap. 92 (Technische Hochschule zu Dresden), bei den die Direktoren und Lehrer betreffenden Besoldungstiteln der Kap. 59 (Akademie der graphischen Künste usw.), 59a (Technische Staatslehranstalten zu Chemnitz), 59c (Bauschulen), 94 (Gymnasien usw.), 95 (Seminare) und 99 (Taubstummenanstalten), bei dem die Besoldungen der Superintendenten betreffenden Besoldungstitel des Kap. 94 (Evangelische Kirchen) und bei dem die Besoldungen der Bezirksschulinspektoren betreffenden Besoldungstitel des Kap. 96 (Volksschulen).

[1] Vgl. Ständische Schrift Nr. 30 vom 8. März 1880 S. 32 und Allerhöchstes Dekret Nr. 44 vom nämlichen Tage und Jahre S. 248.

Zweckes zur Verfügung der Staatsregierung. Ergibt sich nach Erreichung des Zweckes ein Minderverbrauch gegenüber der Etatsumme, so ist dieser ebenfalls als Ersparnis zu behandeln.

Über Ausgabebewilligungen, die im Staatshaushalts-Etat als künftig wegfallende bezeichnet sind, darf, soweit nicht der Etat eine gegenteilige Anordnung trifft,[1] von dem Zeitpunkte ab, zu dem der Grund der Bewilligung weggefallen ist, nicht weiter verfügt werden.

5. Etatsoll, Fälligkeitsverhältnis und Restbehandlung.[2]

Das Soll an Einnahmen und Ausgaben, wie es in den Veranschlagungen des ordentlichen Staatshaushalts-Etats gegeben ist, hat der Natur der Sache nach zunächst nur solche Einnahmen und Ausgaben zur Voraussetzung, deren Fälligwerden in derjenigen Finanzperiode erwartet wird, auf die sich der Staatshaushalts-Etat bezieht. In den Staatshaushaltsrechnungen, d. h. den Rechnungen, die die Ausführung des Staatshaushalts-Etats darzulegen haben, sind zwar, soweit nicht das zuständige Ministerium mit Zustimmung der Oberrechnungskammer ausnahmsweise eine andere Form des Nachweises zuläßt, bei den einschlagenden Kapiteln, Titeln oder etwaigen weiteren Unterabteilungen des Etats fällige Einnahmebeträge, die bis zum Bücherabschlusse nicht an die Kasse abgeführt worden sind, als Einnahmereste, nach ihrem Gegenstande, ihrer Höhe und der Person des Gläubigers feststehende Ausgabebeträge, die bis zum Bücherabschlusse noch nicht haben ausgezahlt werden können, als Ausgabereste nachzuweisen, mit der Maßgabe jedoch, daß Ausgabebeträge, die bereits zur Zahlung angewiesen worden sind, unerwartet der tatsächlichen Zahlung endgültig verrechnet und als Verwahrungsposten behandelt werden dürfen, deren Abwicklung sodann in der sogenannten Anhangsrechnung zur Staatshaushaltsrechnung (vgl. den siebenten Abschnitt des vorliegenden Werkes) nachzuweisen ist. Der nämlichen Behandlung unterliegen Rückstände, die bei außeretatmäßigen Einnahmen und Ausgaben vorkommen, indem ihr Nachweis bei den dafür in die Staats-

---

[1] Eine derartige Anordnung findet sich beispielsweise bei Kap. 16 (Staatseisenbahnen) Tit. 7 Pos. 11 und 12. Dort sind für 6 Regierungsbaumeister künftig wegfallende persönliche Zulagen von je 300 ℳ jährlich zu ihrem etatmäßigen Gehalte (nicht über 3600 ℳ) vorgesehen, um ihnen das sich für sie nach den Bestimmungen des Etats für 1908 ergebende pensionsfähige Einkommen zu sichern. Damit ist der Vermerk verbunden, daß die Fortgewährung der Zulage gemäß den bestehenden Bestimmungen für den Fall der Beförderung dieser Beamten zu Bauamtmännern vorbehalten bleibe. Der Gehalt der Bauamtmänner beträgt 3600—7200 ℳ mit dreijährigen Aufrückungsbeträgen von je 600 ℳ. Den beteiligten Beamten wird daher die persönliche Gehaltszulage so lange fortzugewähren sein, als sie aus der Gehaltsstufe von 3600 ℳ in die von 4200 ℳ aufgerückt sein werden.

[2] StHG §§ 22, 23, StHG. AB. §§ 20, 21.

haushaltsrechnungen einzustellenden außeretatmäßigen Kapiteln oder Titeln zu erfolgen hat. Auf derartige Reste erstrecken sich aber die Veranschlagungen im Staatshaushalts-Etat ebensowenig wie auf etwa vorhandene Ausgabereservate (vgl. S. 61). Das Soll an Einnahmeresten, Ausgaberesten und Ausgabereservaten tritt vielmehr ohne weiteres dem Anschlagssoll hinzu und bildet vereint mit diesem das Gesamtsoll der Finanzperiode. Für die Zahlungen auf Ausgabereste bilden zunächst die Eingänge auf Einnahmereste die verfügbaren Deckungsmittel, und nur soweit diese dazu nicht ausreichen, ist auf die Mittel der laufenden Verwaltung zurückzugreifen, denen anderseits aber auch die Eingänge auf Einnahmereste soweit zuwachsen, als sie nicht in Gestalt von Zahlungen auf Ausgabereste zu verwenden sind. In den Staatshaushaltsrechnungen sind deshalb die Beträge, die auf die in einer vorhergehenden Staatshaushaltsrechnung nachgewiesenen Einnahmereste nachträglich eingehen oder auf die in einer vorhergehenden Staatshaushaltsrechnung nachgewiesenen Ausgabereste nachträglich gezahlt werden, bei den Kapiteln, Titeln oder etwaigen weiteren Unterabteilungen des Etats, zu denen sie ihrer Natur nach gehören, als Resteinnahmen oder als Restausgaben nachzuweisen, während Beträge, die bereits in früheren Jahren zu vereinnahmen oder zu verausgaben gewesen wären, in früheren Staatshaushaltsrechnungen jedoch nicht als Einnahmereste oder als Ausgabereste nachgewiesen worden sind, als Einnahmen oder Ausgaben der laufenden Rechnung zu behandeln sind.

Aus diesen Darlegungen ergibt sich, daß zugunsten oder zulasten der jeweilig laufenden Finanzperiode nur solche Einnahmen und Ausgaben verrechnet werden dürfen, die entweder bereits in früheren Finanzperioden fällig geworden sind oder in der laufenden Finanzperiode fällig werden, und daß es unstatthaft ist, Einnahmen und Ausgaben, die erst in einer späteren Finanzperiode fällig werden, bereits in einer früheren Finanzperiode zu verrechnen (Vorgriffe). Ebenso unstatthaft ist es aber auch, Einnahmen und Ausgaben, die bereits in einer früheren oder in der laufenden Finanzperiode fällig geworden sind, Ausgaben jedoch nur soweit, als die dafür vorgesehenen Deckungsmittel nicht mit dem Rechte der Übertragbarkeit (vgl. S. 61) ausgestattet und übertragene Bestände vorhanden sind, willkürlich von der Erhebung oder Leistung in der laufenden Finanzperiode auszuschließen, um sie erst in einer späteren Finanzperiode zu verrechnen und damit die eine Finanzperiode gegen die andere zu entlasten oder zu belasten.

Bei Ausführung des außerordentlichen Staatshaushalts-Etats ist das Vorkommen von Ausgaberesten, für die erst durch eine besondere Art der Rechnungsgebarung (Inreststellung) die erforderlichen Deckungsmittel gesichert werden müßten, der Natur der Sache nach ausgeschlossen. Indessen gilt auch ihm gegenüber der allgemeine Grundsatz, daß die Ausgaben, soweit dies in der Macht der verwaltenden Behörden liegt, in der Finanzperiode zu leisten und zu verrechnen sind, der sie ihrer Fälligkeit nach angehören.

Eine Ausnahme von dem Grundsatze, daß die Einnahmen und die Ausgaben in dem Jahre bestritten und verrechnet werden müssen, in dem sie fällig geworden sind, ist nur insofern zugelassen, als auf Anordnung des zuständigen Ministeriums Einnahmen und Ausgaben, die wirtschaftlich einem späteren Jahre als dem der Fälligkeit angehören, wie dies z. B. bei Pacht- und Mietzinsen, Leistungen für Versicherungen, Bezugsgeldern für Zeitungen vorkommen kann, in diesem späteren Jahre verrechnet werden dürfen. Falls eine solche Anordnung besteht, sind Einnahmen oder Ausgaben, die wirtschaftlich dem nächsten Jahre angehören, in die Kassenbücher für dieses nach deren Anlegung zu übertragen, dagegen Einnahmen und Ausgaben, die wirtschaftlich einer über das nächste Jahr hinausliegenden Zeit angehören, als Verwahrungsposten oder als Vorschüsse zu behandeln. In der nämlichen Weise ist zu verfahren, wenn bei einer Kasse ausnahmsweise Einnahmen oder Ausgaben vorkommen, die erst in späteren Jahren fällig werden.

6. Zeitlicher Eintritt der Verfügungsberechtigung über Ausgabebewilligungen für bestimmt bezeichnete Zwecke.[1]

Die im Staatshaushalts-Etat enthaltenen Ausgabebewilligungen für bestimmt bezeichnete Unternehmungen beruhen der Natur der Sache nach auf der Voraussetzung, daß diese Unternehmungen tatsächlich auch ausgeführt werden. Von ihnen darf deshalb zu keinem früheren Zeitpunkte Gebrauch gemacht werden, als bis feststeht, daß und in welchem Umfange die Unternehmungen, auf die sie sich beziehen, zur Ausführung kommen, sodaß beispielsweise in dem Falle, wenn im Etat eine Ausgabesumme für die Beschaffung von Betriebsmitteln für eine neu zu erbauende Eisenbahnlinie vorgesehen ist, mit dieser Beschaffung nicht eher vorgegangen werden darf, als bis Gewißheit darüber besteht, daß und inwieweit die neue Eisenbahnlinie auch gebaut werden wird.

7. Einhaltung der Zweckbestimmungen der Ausgabebewilligungen.[2]

Für alle Arten von Ausgabebewilligungen des Staatshaushalts-Etats gilt als Grundsatz, daß sie nur für die bei den einzelnen Bewilligungen in der Gegenstandsspalte des Etats bezeichneten Zwecke verwendet werden dürfen, dafern nicht durch ausdrückliche Festsetzung im Etat eine ander-

---

[1] StHG. § 5 Abs. 1, StHG. AB. § 7 Abs. 2.
[2] StHG. § 5, StHG. AB. § 8.

weite Verwendung nachgelassen ist.[1] Sind im Etat Ausgabebewilligungen als unter sich deckungsfähig bezeichnet, was bei einmaligen Ausgaben zu bestimmten Zwecken nur geschehen darf, wenn die Aufwendungen untereinander in einem inneren Zusammenhange stehen, so hat dies nur die Wirkung, daß Mehrausgaben an der einen Stelle durch Minderausgaben an der anderen Stelle ausgeglichen werden. Die zur Verausgabung gelangten Beträge sind daher auch in solchen Fällen ausschließlich dort zu verrechnen, wohin sie ihrem Gegenstande nach gehören. Sind Ausgabetitel im Etat in Unterabteilungen zerlegt, so sind die letzteren untereinander nur deckungsfähig, wenn dies im Etat vorbehalten ist. Als gegenseitig deckungsfähig haben auch Besoldungstitel insoweit zu gelten, als bei ihnen im Etat eine Besoldungsgemeinschaft bestimmter Beamtengruppen mit gleichartigen Beamtengruppen anderer Besoldungstitel in der Weise vorgesehen ist, daß die dabei in Betracht kommenden Stelleninhaber je in ihrer Gesamtheit zu einem gemeinschaftlichen Etat vereinigt sind.[2]

8. Abzugsfähigkeit von Einnahmen und Ausgaben.[3]

Da die Ansätze des Staatshaushalts-Etats der Regel nach die Eigenschaft von Rohanschlägen haben, dürfen an sich auch Ausgaben von Einnahmen und Einnahmen von Ausgaben regelmäßig nur soweit vorweg

[1] Derartige Festsetzungen sind beispielsweise im ordentlichen Staatshaushalts-Etat vorgesehen bei verschiedenen Titeln von Kapiteln dieses Etats insofern, als bei ihnen auch Ausgaben verschrieben werden dürfen, die nach Abschluß der Rechnungen über die unter den Ausgaben des außerordentlichen Staatshaushalts-Etats bewilligten Mittel entstanden sind, bei Kap. 93 (Evangelische Kirchen) insofern, als hiernach etwaige Ersparnisse bei dem Titel 8, der die Aufschrift trägt: „Verschiedene kirchliche Zwecke, einschließlich Kandidatenvereine und Unterstützungen zu Aufbringung des Aufwandes für Hilfsgeistliche", für die Zwecke des Titels 7 mit der Aufschrift: „Beihilfen zu Baulichkeiten an Kirchen- und Pfarrgebäuden" verwendet werden dürfen. Ein weiteres bemerkenswertes Beispiel findet sich im Staatshaushalts-Etat für 1912/13 bei Kap. 70 (Landesanstalten) Tit. 38 insofern, als bezüglich der in den Untertiteln 1—q aufgeführten einmaligen außergewöhnlichen baulichen Herstellungen bei den Heil- und Pfleganstalten Arnsdorf, Sonnenstein, Untergöltzsch, Zschadraß, Großschweidnitz und Hubertusburg der Vermerk beigefügt ist, es bleibe vorbehalten, die für diese Bauten bewilligten Summen bei anderen Heil- und Pfleganstalten und in anderer Weise zu Bauzwecken zu verwenden.

[2] Besoldungsgemeinschaften sind im Geschäftsbereiche des Ministeriums des Innern mehrfach vorgesehen, und zwar in der Weise, daß je zu einem gemeinschaftlichen Etat vereinigt sind der Badedirektor bei dem Elsterbade (Kap. 6) und die Direktoren II. Klasse bei den Landes- Erziehungs-, Straf- und Korrektionsanstalten (Kap. 70), die technischen Betriebsinspektoren bei Kap. 6 und 70, die oberen Expeditionsbeamten bei Kap. 6 und 70, die Sekretäre bei Kap. 6 und 70 und ein Teil der Sekretäre bei dem Ministerium des Innern (Kap. 42), die Bureauassistenten bei Kap. 6 und 70 und ein Teil der Bureauassistenten bei Kap. 42, die Expedienten bei Kap. 6 und 70 sowie die oberen und unteren Hausdienstbeamten bei Kap. 6 und 70.

[3] StHG. § 25, StHG. AB. §§ 13, 23, 24.

in Abzug kommen (abgesetzt werden), als dies im Staatshaushals-Etat vorgesehen ist, d. h. soweit derartige Abzüge mit veranschlagt sind (S. 23). Selbstverständlich kann aber einem Etattitel eine Fassung gegeben oder ein Vorbehalt beigefügt werden, wodurch derartige Verausgabungen auch in dem Falle ermöglicht werden, daß sie im Etat nicht veranschlagt sind.[1]

Rabatte und Vermittlungsgebühren, die die Staatskasse im Verkehre mit Dritten gewährt oder empfängt, werden von der Regel, daß Ausgaben von Einnahmen und Einnahmen von Ausgaben nur soweit vorweg in Abzug kommen dürfen, als es im Staatshaushalts-Etat vorgesehen ist, nicht berührt. Denn sie stellen ihrem Wesen nach nur Preisminderungen dar und können daher ohne weiteres und zwar nach Möglichkeit sofort auf den einschlagenden Rechnungsbelegen in Abzug gebracht werden.

Wenn in Ausgaben, die auf Grund einer entsprechenden Veranschlagung im Staatshaushalts-Etat von Einnahmen vorweg abgezogen werden dürfen, Besoldungen und sonstige bei der Pensionierung anzurechnende Dienstbezüge von Beamten enthalten sind, müssen die Besoldungen nach Stellenzahl und Gehaltsnormalien sowie die sonstigen pensionsfähigen Dienstbezüge unmittelbar unter dem Einnahmetitel, bei dem der Abzug der Besoldungen usw. vorgesehen ist, in der Gegenstandsspalte des Staats-

---

[1] Ein regelmäßiger Vorgang dieser Art findet sich sowohl im ordentlichen als auch im außerordentlichen Staatshaushalts-Etat, und zwar handelt es sich dabei um bauliche Herstellungen im Geschäftsbereiche der Staatseisenbahnverwaltung. Bei dieser tritt nämlich öfters die Notwendigkeit hervor, von dem häufig schon längere Zeit vor der Bauherstellung vorsorglich erworbenen Grundbesitze bei weiteren Landerwerbsverhandlungen zur Erlangung günstiger Bedingungen oder zur Abrundung einzelne Teile zu veräußern. Diese Veräußerungen in die den Etatansätzen zugrunde zu legenden Veranschlagungen aufzunehmen, ist aber nur selten möglich, da an die Kaufsverhandlungen in der Regel erst nach Bewilligung der Mittel durch die Stände herangetreten werden kann. Um auch in solchen Fällen Veräußerungserlöse im Wege der Absetzung von den Ausgaben für die baulichen Herstellungen verrechnen zu können, hat daher im ordentlichen Etat der Titel 12 Pos. 4 von Kap. 16, wobei es sich um die Kosten erheblicher Ergänzungen der baulichen Anlagen handelt, die Aufschrift erhalten: „Kosten erheblicher Ergänzungen, nach Abzug des Erlöses aus Grundstücken, deren Veräußerung mit den Bauherstellungen im Zusammenhange steht". In den außerordentlichen Etat aber ist eine Vorbemerkung des Inhalts aufgenommen worden, daß unter den Titeln, die Bauherstellungen im Bereiche der Staatseisenbahnen betreffen, auch Erlöse aus der Veräußerung von Grundstücken oder Grundstücksteilen verschrieben werden dürfen, die mit dem Grundstücke, auf dem die bauliche Herstellung erfolgt, in örtlichem Zusammenhange stehen. Einen ähnlichen Vorgang weist der außerordentliche Staatshaushalts-Etat für 1912/13 zugunsten der Bergverwaltung insofern auf, als einer Ausgabebewilligung zur Erwerbung von Kohlenfeldern einschließlich Grundbesitzes und der hiermit zusammenhängenden anderen Ausgaben (1. Rate) der Vermerk beigefügt ist, daß hierunter auch Erlöse aus der Veräußerung von Grundstücken usw. verschrieben werden dürfen, die mit der Erwerbung von Kohlenfeldern im Zusammenhange stehen.

haushalts-Etats angegeben[1] oder den einschlagenden Etatkapiteln besondere Beamtenetats beigefügt werden, auf die bei den fraglichen Einnahmetiteln hinzuweisen ist. Auch soweit nicht pensionsfähige Nebenbezüge von Beamten bei Einnahmetiteln vorweg sollen abgezogen werden dürfen, muß dies im dispositiven Teile des Etats ausdrücklich vorbehalten werden.[2]

Ohne einen besonderen Vorbehalt im Staatshaushalts-Etat dürfen bei der Verrechnung von Einnahmen und Ausgaben gekürzt werden: 1. bei der Vereinnahmung des Erlöses der nicht zum Staatsgute im Sinne der §§ 16 bis 18 der Verfassungsurkunde gehörigen Grundstücke: der Betrag, der zur Bestreitung der durch die Veräußerung entstandenen notwendigen Kosten oder zu dem mit der Veräußerung eines staatlichen Grundstücks im Zusammenhange stehenden Ankaufe eines anderen Grundstücks aufgewendet worden ist; 2. bei der Verausgabung von Baukosten: der Betrag der auf den Bau zu verwendenden, von der Landes-Brandversicherungsanstalt gewährten Schädenvergütungen oder Zuschüsse; ferner der Erlös aus dem als notwendige Folge der Bauausführung sich ergebenden Abbruche von Gebäuden und Gebäudeteilen und der Erlös aus der Verwendung der durch den Abbruch entbehrlich werdenden baulichen Ausstattungsgegenstände und Vorräte (Inventarienstücke und Materialien); 3. bei der Verausgabung der Kosten, die zur Beschaffung des Ersatzes für vernichtete oder unbrauchbar gewordene, gegen Schäden versichert gewesene bewegliche Gegenstände aufgewendet worden sind: der Betrag der erlangten Schädenvergütung; 4. bei der Verausgabung der Kosten, die zur Wiederherstellung schadhaft gewordener, nicht zu den baulichen Ausstattungsgegenständen (Inventarienstücken) gehöriger Gegenstände aufgewendet worden sind: der Erlös aus den gewonnenen Gegenständen (Materialien).

Einnahmen und Ausgaben, die dadurch entstehen, daß eine Kasse verausgabte Beträge zurückempfängt (Rückeinnahmen) oder vereinnahmte Beträge zurückzuzahlen hat (Rückvergütungen, Erstattungen), unterliegen der Absetzung, soweit nicht Titel im Staatshaushalts-Etat vorgesehen sind, die dem Wortlaute ihrer Aufschriften nach Rückeinnahmen oder Rückvergütungen (Erstattungen) umfassen.[3]

---

[1] Ein Beispiel dieser Art ist bei Kap. 52 (Landesgesundheitsamt) Tit. 1 gegeben, der die Aufschrift führt: „Erlös aus dem Vertriebe der Jahresberichte sowie Gebühren und verschiedene andere Einnahmen, abzüglich der den prüfenden und begutachtenden Beamten zufallenden Gebührenanteile, einschließlich eines pensionsfähigen Anteils des Direktors der Frauenklinik zu Dresden (Kap. 50) von 390 ℳ . . .“

[2] Vgl. z. B. Kap. 1 (Forsten) Tit. 3 mit der Aufschrift: „Einkünfte aus der Jagd und Fischerei, nach Abzug der Ausgaben“ und dem Vermerke: „Unter den bei Tit. 3 abzuziehenden Ausgaben dürfen auch die Anteile der beteiligten Revierverwalter am Jagdreinertrage sowie Vergütungen für den Verkauf des Wildes verschrieben werden“.

[3] Titel, die dem Wortlaute ihrer Aufschriften nach Rückeinnahmen umfassen, finden sich insbesondere bei den Kapiteln 20 (Direkte Steuern), 36a (Oberverwaltungsgericht),

9. Verrechnungsfähigkeit von Geldwerten.[1]

Bloße Geldwerte dürfen als Einnahmen und Ausgaben nur unter der Voraussetzung verrechnet werden, daß dies der Staatshaushalts-Etat ausnahmsweise zuläßt. Derartige Ausnahmen sind nach den Ausführungen S. 22 zurzeit insoweit vorgesehen, als es sich um von einzelnen Verwaltungen im eigenen Wirtschaftsbetriebe erzeugte und verbrauchte Gegenstände,[2] um Vermehrungen und Verminderungen von Vorräten[3] und um die bei den Straf- und Korrektionsanstalten von den Gefangenen für diese Anstalten selbst verrichteten Arbeiten[4] handelt. Über solche Ausnahmen hinaus in den Staatshaushaltsrechnungen Geldwerte mit Barsummen zu vermengen, ist unstatthaft.

---

38 (Justizministerium), 39 (Oberlandesgericht und Staatsanwaltschaft bei dem Oberlandesgerichte), 40 (Landgerichte, Amtsgerichte und Staatsanwaltschaften), 42 (Ministerium des Innern) und 43 (Kreis- und Amtshauptmannschaften und Delegation Sibyda sowie Generalkommission für Ablösungen und Gemeinheitsteilungen), und zwar handelt es sich dabei überall um Rückeinnahmen auf Auslagen, die von den beteiligten Behörden bei Erledigung kostenpflichtiger Angelegenheiten bestritten worden sind. Titel, die dem Wortlaute ihrer Aufschriften nach Rückvergütungen (Erstattungen) umfassen, sind zurzeit im Staatshaushalt-Etat nicht vorgesehen.

[1] StHG. § 26, StHG. AB. § 25.

[2] Ihrem Geldwerte nach sind zufolge ausdrücklicher Verlautbarung im Staatshaushalts-Etat mit veranschlagt bei Kap. 1 (Forsten) die für die Armen unentgeltlich abgegebenen Brennhölzer und Torfmengen sowie die vor der Anweisung entwendeten und sonst verloren gegangenen Hölzer (Tit. 1 und 2), bei Kap. 8 (Porzellanmanufaktur) Porzellangeschenke (Tit. 16), bei Kap. 70 (Landesanstalten) allgemein die bei einigen Anstalten in der eigenen Wirtschaft erzeugten und verbrauchten Vorräte.

[3] Die Verrechnungsfähigkeit von Geldwerten der Vermehrungen und Verminderungen von Vorräten ist zurzeit vorgesehen bei Kap. 16 (Staatseisenbahnen), den Kapiteln 44 (Akademie der bildenden Künste zu Dresden), 50 (Frauenklinik und Hebammenlehranstalt zu Dresden), 59 (Akademie der graphischen Künste usw.), 59a (Technische Staatslehranstalten zu Chemnitz), 59c (Bauschulen) und Kap. 77 (Bergakademie zu Freiberg, und zwar soweit es sich um die bergakademische Mineralienniederlage handelt). Bei Kap. 16 erstreckt sich die Verrechnungsfähigkeit von Geldwerten auf Ausstattungsgegenstände (Tit. 11 Pos. 1), Betriebsmaterialien (Tit. 11 Pos. 2), Oberbau- und Baumaterialien (Tit. 12 Pos. 2) und Werkstattsmaterialien (Tit. 13 Pos. 2). In dieser Beziehung besteht die Bestimmung, daß für die im Betriebe gewonnenen, noch brauchbaren Materialien eine Anrechnung des Geldwerts nur insoweit nicht stattfindet, als deren Wiederverwendung für Betriebszwecke im laufenden Jahre erfolgt. Ausgenommen hiervon sind die in den bahneigenen Werkstätten zur Anfertigung von Vorratstücken verwendeten Materialien dieser Art. Der Wert der am Schlusse des Jahres unverwendet gebliebenen Materialien wird von der Istausgabe, d. h. der tatsächlich bestritenen Ausgabe, abgesetzt und auf die Rechnung des folgenden Jahres übertragen. Bei den Kapiteln 44, 50, 59, 59a, 59c sind die Geldwerte ersetzter Bücher, Verbrauchs- und sonstiger Gegenstände für verrechnungsfähig erklärt.

[4] Die Verrechnungsfähigkeit der bei den Straf- und Korrektionsanstalten für diese verrichteten Arbeiten der Gefangenen gründet sich auf die dem Kap. 70 vorausgehende Vorbemerkung Nr. II.

10. Verhältnis der Etattitel zu persönlichen Ausgaben.

Ausgabebewilligungen, die im Staatshaushalts-Etat nicht ausdrücklich als persönliche hingestellt sind, oder bezüglich deren im Staatshaushalts-Etat die Füglichkeit, daraus sowohl persönliche als sächliche Ausgaben zu bestreiten, nicht ausdrücklich vorbehalten ist (vgl. S. 39, 40),[1] dürfen zu persönlichen Ausgabezwecken selbst dann nicht verwendet werden, wenn es sich um die Vergütung von Leistungen handelt, die ihrem Gegenstande nach unter die einschlagenden Ausgabetitel würden gebracht werden können. Diese Regel erleidet folgende Ausnahmen:

a) Vergütungen für Leistungen niederer Art, wie Schreiblöhne, Vergütungen für Reinigen, Scheuern und Heizen der Amtsräume usw., dürfen, auch wenn die Empfänger Beamte sind, in Ermangelung eines hierauf bezüglichen persönlichen Ausgabetitels, sofern es sich nicht um eigentliche Besoldungen oder zu einem gewissen Betrage als Besoldungen gerechnete Bezüge handelt, unter spezieller Bezeichnung der in Frage kommenden Leistungen aus einem geeigneten sächlichen Ausgabetitel bestritten werden. (A. R. V. § 45 Abs. 1.)

b) Bei einer Reihe von Ausgabebewilligungen sind die Zwecke, denen sie dienen, derart, daß letzteren gegenüber der Natur der Sache nach

---

[1] Der Vorbehalt, aus einem Ausgabetitel sowohl persönliche als sächliche Ausgaben zu bestreiten, ist im Staatshaushalts-Etat zumeist bei solchen Ausgabetiteln gemacht, die ausdrücklich als sächliche oder als persönliche bezeichnet sind. Er kommt indessen auch vor bei Ausgabetiteln, die weder als persönliche noch als sächliche bezeichnet sind. Als Beispiele mögen angeführt sein aus dem ordentlichen Staatshaushalts-Etat Kap. 1 (Forsten) der sächliche Ausgabetitel 34 mit der Aufschrift: „Forstliche Versuche, nach Abzug der sich hierbei ergebenden Einnahmen" und dem Vermerke: „Unter diesen Titel dürfen auch fortlaufende Vergütungen an Beamte und Hilfsarbeiter verschrieben werden", Kap. 94 B (Andere Gymnasien und Realgymnasien als die Fürsten- und Landesschulen) der persönliche Ausgabetitel 8 mit der Aufschrift: „Vergütungen für die Kassen- und Rechnungsführung, auch sächlicher Art", Kap. 65 („Wegebau-, Wegeunterhaltungs- und Wasserbauunterstützungen sowie Aufwendungen für wasserpolizeiliche Zwecke") die einer Gattungsüberschrift entbehrenden Ausgabetitel 2 mit der Aufschrift: „Unterstützungen für Wasser- und Uferbauten und die dazu nötigen Vorarbeiten . . ." und dem Vermerke: „Unter diesem Titel dürfen mit Ausnahme von außerordentlichen Zuwendungen und Unterstützungen auch persönliche Ausgaben, wie z. B. Vergütungen an Beamte für besondere Aufträge, verschrieben werden", 2b mit der Aufschrift: „Wasserkarten und Stationierung der Wasserläufe" und dem Vermerke: „Unter diesem Titel dürfen auch persönliche Ausgaben, insbesondere Zeichnerlöhne, verschrieben werden", 2c mit der Aufschrift: „Feststellung von Ufer- und Hochwasserlinien" und dem Vermerke: „Unter diesem Titel dürfen auch persönliche Ausgaben, wie z. B. Vergütungen an Beamte usw., verschrieben werden", 3c mit der Aufschrift „Vorarbeiten für sonstige wasserwirtschaftliche Unternehmungen . . ." und dem Vermerke: „Unter c dürfen auch persönliche Ausgaben, z. B. Vergütungen an Beamte usw., verschrieben werden". Dem außerordentlichen Staatshaushalts-Etat ist seit der Finanzperiode 1912/13 eine Vorbemerkung des Inhalts beigefügt, daß unter denjenigen Titeln dieses Etats, aus denen von der Neubauverwaltung keine Vergütungen an andere Verwaltungen zu zahlen sind, auch persönliche Ausgaben mit Ausnahme von außerordentlichen Zuwendungen verschrieben werden dürfen.

darauf überhaupt nichts ankommt, ob die Leistungen, um deren Vergütung es sich handelt, von Beamten herrühren oder nicht. Hierher gehören beispielsweise Ausgabebewilligungen zur Gewährung von Belohnungen für Lebensrettungen und Vergütungen für Auffindung von Leichen (vgl. Kap. 49, Sonstige Zweige der Sicherheitspolizei, Tit. 2), und es macht dabei keinen Unterschied, ob die einschlagenden Ausgabetitel unter der Gruppe der sächlichen Ausgaben eingestellt sind oder einer Gattungsbezeichnung überhaupt entbehren.

11. Dienstbezüge der Beamten.[1]

Die Regelung des Diensteinkommens der staatlichen Beamten, unter denen auch Geistliche und Lehrer sowie die Professoren, Beamten und Bediensteten der Universität, insgesamt soweit sie aus der Staatskasse besoldet werden, zu verstehen sind, darf, dafern es sich dabei nicht um die gesetzlich geregelten Wohnungsgeldzuschüsse und um bloße Vergütungen für Dienstaufwand handelt, im allgemeinen nur nach Maßgabe der Festsetzungen des Staatshaushalts-Etats erfolgen, die sich auf die jeweilig in Kraft stehende Besoldungsordnung zu gründen haben. Wie von den Gehältern gilt dies auch von sonstigen nicht als bloße Vergütungen für Dienstaufwand sich kennzeichnenden fortlaufenden Bezügen, mögen sie in Geldleistungen oder in Naturalleistungen bestehen. Als derartige Bezüge sind im Staatshaushalts-Etat insbesondere vorgesehen in Gestalt von Geldleistungen: Wohnungs-, Heizungs- und Beleuchtungsentschädigungen, Gewinnanteile und Gebührenanteile, in Gestalt von Naturalleistungen: freie Wohnung, freie Heizung, freie Beleuchtung, freie Station, freie Beköstigung, freie Nutzung von Grund und Boden. Dabei macht es keinen Unterschied, ob derartige Bezüge bei Auswerfung der Pensionen ganz oder teilweise mit zum Ansatze gebracht werden dürfen oder nicht, wennschon das Staatshaushaltsgesetz in § 12 Abs. 1 nur besonders betont, daß auch andere Dienstbezüge als Besoldungen, dafern sie bei der Pensionierung anzurechnen sind, nur nach Maßgabe der Festsetzungen des Staatshaushalts-Etats verliehen werden dürfen.

Soweit der Staatshaushalts-Etat keine gegenteiligen Bestimmungen trifft, dürfen einem Beamten für die Verwaltung seines Amtes neben der ihm hierfür ausgesetzten Besoldung auch weder ständige außerordent-

[1] StHG. §§ 12, 13, StHG. AB. §§ 14, 15, Besoldungsordnung vom 20. Oktober 1909 (GVB. S. 569, 570), Nachtrag dazu vom 20. Juni 1910 (GVB. S. 134), Gesetz, die Besoldung der Richter betreffend, vom 29. Juni 1908 (GVB. S. 267), Gesetz, die Oberrechnungskammer betreffend, vom 30. Juni 1904 (GVB. S. 277) § 4 Abs. 6 in der Fassung des Abänderungsgesetzes vom 6. August 1908 (GVB. S. 281), Gesetz über die Besoldung der Senatspräsidenten und Räte beim Oberverwaltungsgerichte vom 10. Juli 1908 (GVB. S. 277), Allgemeine Erläuterungen zum Staatshaushalts-Etat für die Finanzperiode 1900/01 S. 66.

liche Vergütungen (Remunerationen) gewährt werden,[1] noch dürfen Zuwendungen aus den zur Besoldung von Hilfsarbeitern bestimmten Etattiteln an ihn erfolgen, noch ihm persönliche Zulagen ausgesetzt werden. Nach der Besoldungsordnung vom 20. Oktober 1909 dürfen persönliche Zulagen überhaupt nur in Fällen bewilligt werden, in denen sie unvermeidlich sind. Als Fälle dieser Art sollen nur anerkannt werden Verpflichtungen der Staatsverwaltung aus besonderen Dienstverträgen, wenn Beamte von auswärts berufen werden oder Rufe nach auswärts ablehnen, und Ersatz für weggefallene Dienstbezüge. Da über die Gewährung solcher Zulagen nur von Fall zu Fall Entschließung gefaßt werden kann, sind sie von der vorgängigen Einstellung in den Etat selbstverständlich nicht abhängig. Ihre Einstellung muß aber, wenn sie nicht inzwischen bereits wieder weggefallen sind, bei der nächsten Etataufstellung erfolgen, und bis dahin sind sie als außeretatmäßige Ausgaben zu verrechnen. Im übrigen dürfen Besoldungen unabhängig von den Festsetzungen des Staatshaushalts-Etats eine Änderung auch nicht durch sogenannte Stellenzulagen, d. h. dadurch erfahren, daß von den Stellen gleicher Art einzelne wegen ihrer größeren Bedeutung herausgehoben und mit Zulagen, seien sie pensionsfähig oder nicht, für ihre Inhaber ausgestattet werden.[2]

Bei der **Verfügung über die in die Besoldungstitel eingestellten Gesamtsummen** dürfen diese selbst, und soweit die **Zahl der Stellen** und die **Höchstbeträge der Gehalte** festgesetzt sind, auch diese Zahl und diese Höchstbeträge nicht überschritten werden. Eine Überschreitung der Stellenzahl liegt aber dann nicht vor, wenn die über den Etatansatz hinaus angestellten Beamten auf unbesetzte Stellen einer anderen aus demselben Ausgabetitel zu besoldenden Beamtengruppe Anrechnung finden. Werden die im Etat für die Gehalte festgesetzten Mindestsätze, wie dies zulässig ist, unterschritten, so dürfen die hieraus sich ergebenden Minderaufwendungen nicht zur Aufbesserung der Besoldungen anderer Beamten verwendet sondern sie müssen als Ersparnis nachgewiesen werden.

[1] Daß Beamten für die Verwaltung ihres Amtes neben der ihnen hierfür ausgesetzten Besoldung unter Umständen noch ständige außerordentliche Vergütungen gewährt werden dürfen, ist im Staatshaushalts-Etat beispielsweise bei Kap. 29 (Landtagskosten) und bei Kap. 30 (Stenographisches Landesamt) vorgesehen, woselbst bestimmt ist, daß während des Landtags neben ihrer Besoldung der Bureaudirektor des Landtags, der Landtagskassierer, der Direktor und die Mitglieder des Stenographischen Landesamts täglich je 7,50 ℳ und die Bureauassistenten des Stenographischen Landesamts täglich je 3 ℳ zu beziehen haben, und zwar der Direktor und die Mitglieder des Stenographischen Landesamts mit je 750 ℳ jährlich bei der Pensionierung anrechnungsfähig.

[2] Im Staatshaushalts-Etat sind Stellenzulagen, und zwar als pensionsfähige Leistungen, mehrfach, beispielsweise bei Kap. 16 (Staatseisenbahnen) Tit. 7 Pos. 7 und 8 für 27 Bauamtmänner, die in besonders verantwortlichen und arbeitsreichen Stellen verwendet werden, bei Kap. 70 (Landesanstalten) Abt. A Tit. 9 für 4 Direktoren wichtigerer Heil- und Pfleganstalten, bei Kap. 96 (Volksschulen) Tit. 5 für 3 Bezirksschulinspektoren besonders wichtiger Schulbezirke vorgesehen.

Bleiben Stellen zeitweise unbesetzt, so darf die Summe, die für die im Etat festgesetzte Stellenzahl bewilligt ist, für die geringere Stellenzahl nicht dergestalt verwendet werden, daß die auf die unbesetzten Stellen nach dem Etat entfallenden Besoldungsbeträge den Inhabern der übrigen Stellen zugewiesen werden. Ist die Vermehrung der Beamten innerhalb der Finanzperiode unvermeidlich, so sind die Besoldungen der über die Etatfestsetzungen hinaus angestellten Beamten außeretatmäßig zu verrechnen, falls nicht der Staatshaushalts-Etat selbst ein hiervon abweichendes Verfahren zuläßt (vgl. S. 83, 84). Werden innerhalb der Finanzperiode bei solchen Beamtengruppen, die nach dem Gehaltsklassensysteme im Gehalte aufrücken (vgl. S. 24), Beamte außeretatmäßig angestellt, so ist diesen nur der Mindestgehalt zu gewähren und der Gesamtbetrag der Gehälter für die etatmäßigen Beamten der beteiligten Gruppe bis zur späteren Regelang im Staatshaushalts-Etat unverändert zu lassen. Dasselbe gilt für Beamtengruppen, die nach dem Gehaltsklassensysteme aufrücken, wenn der Fall der Beamtenvermehrung im Etat selbst schon vorgesehen und im Etat eine Verfügungssumme (Höchstsumme) zu diesem Zwecke ausgeworfen ist, sowie wenn der Etat lediglich einen Vorbehalt wegen eines innerhalb der Finanzperiode etwa hervortretenden Mehrbedarfs an Beamten enthält (vgl. S. 83, 84) und die Anstellung von Beamten über die Stellenzahl des Etats hinaus tatsächlich erfolgt. Falls von den Besoldungen verstorbener Stelleninhaber Gnadenbezüge an deren Hinterlassene zu gewähren sind, müssen sie bei den einschlagenden Besoldungstiteln mit verausgabt werden. Stellen, bezüglich deren dies zu geschehen hat, sollen daher nach einem Beschlusse des Gesamtministeriums vom 12. Juni 1912 vor Ablauf des Gnadengenusses nicht wieder besetzt werden, es sei denn, daß die Wiederbesetzung zu einem früheren Zeitpunkte im dienstlichen Interesse unbedingt geboten ist. Wird die erledigte Stelle ausnahmsweise vor dem Ablaufe des Gnadengenusses wieder besetzt, so sind die Bezüge des neuen Stelleninhabers bis zum Ablaufe des Gnadengenusses nicht außeretatmäßig zu verschreiben, sondern als etatmäßige Ausgaben, und soweit durch sie die Titelsumme überschritten wird, als Etatüberschreitungen zu behandeln.

Soweit für die einzelnen Beamtengruppen Gehaltsaufrückungen im Staatshaushalts-Etat vorgesehen sind, gilt als allgemeine Regel, daß die Aufrückung von der Bewilligung der Anstellungsbehörde abhängt, kein Beamter daher einen rechtlichen Anspruch auf einen höheren Gehalt hat, sofern ihm nicht ein solcher Anspruch kraft Gesetzes zusteht (vgl. S. 57), und daß die Aufrückung insbesondere versagt werden kann, wenn die Leistungen des Beamten ungenügend oder Ausstellungen gegen dessen Führung zu erheben sind. Dabei macht es keinen Unterschied, ob die Gehaltsaufrückung nach dem Dienstaltersstufensysteme (vgl. S. 23) oder nach dem Gehaltsklassensysteme erfolgt. Eine Aufrückung im Gehalte findet nicht statt, solange ein Beamter unter Einziehung seines Gehalts beurlaubt ist oder sich in Wartegeld befindet oder von der Anstellungsbehörde vorläufig vom Amte enthoben (suspendiert) ist. Ist ein Beamter gestorben, in den Ruhestand übergetreten, in Wartegeld versetzt, unter Einziehung seines Gehalts beurlaubt oder suspendiert worden, ehe eine vorher zulässige Aufrückung verfügt worden ist, so kann diese Verfügung nachgeholt werden. Geschieht dies, so ist nicht nur der Gehaltsunterschied nachzuholen, sondern es sind auch die etwa bereits ausgeworfenen Pensionen oder Wartegelder nachträglich entsprechend zu erhöhen.

Für die Bemessung des Dienstalters der nach dem Dienstaltersstufensysteme aufrückenden Beamten ist der Regel nach der Tag entscheidend, an dem der Beamte in den etatmäßigen Mindestgehalt der Stelle eingetreten ist. Die Besoldungsordnung läßt aber Ausnahmen von dieser Regel namentlich insofern zu, als hiernach die Füglichkeit besteht, bei Übertragung von Stellen an Personen, die zuvor darin auf Probe, zur Probedienstleistung, zur Information oder diätarisch beschäftigt wurden, die Zeit dieser Beschäftigung, bei Anstellung von Arbeitern, die als solche bereits einen höheren Lohn bezogen, als das Mindesteinkommen der ihnen übertragenen Stelle beträgt, einen Teil der Arbeiterzeit, bei Personen die im Heere oder in der Marine gedient haben, einen Teil der Militärdienstzeit, der der Dienst bei den Kaiserlichen Schutztruppen, bei den Polizeitruppen sowie als Grenz- und Zollaufsichtsbeamter in den Schutzgebieten gleichsteht, auf das Besoldungsdienstalter anzurechnen. Die Gehaltsaufrückungen erfolgen, und zwar auch bei den richterlichen Beamten, nur zu Beginn des Kalendervierteljahrs. Fällt der für die Aufrückung maßgebende Tag nicht auf den Anfang eines solchen, so beginnt der Lauf der Aufrückungsfrist vom ersten Tage des nächsten Kalendervierteljahrs ab. Wird ein in den Ruhestand übergetretener Beamter wieder im Staatsdienste angestellt, so findet in der Regel eine Anrechnung früherer Staatsdienstzeit nicht statt. Ist einem Beamten nicht sofort der etatmäßige Mindestgehalt der Stelle gewährt worden, so ist regelmäßig die Zeit bis zu dessen Erreichung bei der Berechnung des Dienstalters außer Betracht zu lassen. Dasselbe gilt von der Zeit, für die dem Beamten die Aufrückung versagt worden ist. Wird ein Beamter in eine mit den gleichen Gehaltssätzen ausgestattete andere Beamtenklasse versetzt, so tritt er in die seinem bisherigen Gehalte entsprechende Gehaltsstufe der neuen Klasse, und falls in dieser der Gehaltssatz fehlt, den er zuletzt bezogen hat, in die nächsthöhere Gehaltsstufe der neuen Klasse ein. In der neuen Klasse ist ihm bei gleichen Aufrückungsfristen in der Gehaltsstufe, in die er tritt, diejenige Zeit anzurechnen, die er schon in der entsprechenden Gehaltsstufe der bisherigen Klasse verbracht hat. Bei abweichenden Aufrückungsfristen bestimmt das zuständige Ministerium den Zeitpunkt der nächsten Aufrückung. Wird ein Beamter in eine mit höheren Gehaltssätzen ausgestattete Beamtenklasse befördert, und erreicht oder übersteigt der Höchstgehalt seiner früheren

Stelle den Mindestgehalt der neuen Stelle, so tritt er, sofern er bereits einen den Mindestgehalt der neuen Stelle erreichenden oder übersteigenden Gehalt bezog, in die seinem bisherigen Gehalte entsprechende Gehaltsstufe der neuen Klasse, und falls in dieser der Gehaltssatz fehlt, den er zuletzt bezogen hat, in die nächsthöhere Gehaltsstufe der neuen Klasse ein. In diesen Fällen kann ihm die Zeit, während deren er sich in der zuletzt erreichten Gehaltsstufe der bisherigen Stelle befunden hat, auf die Dienstzeit in der gleichen oder nächsthöheren Gehaltsstufe der neuen Stelle angerechnet werden. Bezog der Beamte in der bisherigen Stelle bereits den Höchstgehalt, so dürfen ihm von der im Höchstgehalte verbrachten Zeit nur 3 Jahre angerechnet werden. Zur Vermeidung von Härten in besonderen Fällen darf jedoch das zuständige Ministerium dem beförderten Beamten ein höheres Dienstalter beilegen, als es sich nach diesen Bestimmungen ergeben würde, mit der Maßgabe jedoch, daß durch die Bewilligung einer solchen Ausnahme der Beamte nicht höher als in diejenige Gehaltsstufe gelangen darf, die der aus der Regelbestimmung sich ergebenden Gehaltsstufe zunächst folgt, und daß er in dieser eine volle Aufrückungsfrist zu verbleiben hat. Abgesehen hiervon darf aber auch die Anstellungsbehörde in dazu geeigneten Fällen den in die neue Klasse beförderten Beamten ausnahmsweise hinter den letzten der in dieser Klasse bereits stehenden Beamten einordnen und nicht eher weiterrücken lassen, als bis sein Vordermann aufgerückt ist. Wird ein Beamter in eine mit geringeren Gehaltssätzen ausgestattete Beamtenklasse versetzt, so bestimmt die Anstellungsbehörde, in welche Gehaltsstufe der neuen Stellung er einrücken soll. Das gleiche gilt für den Fall, daß ein Beamter aus einer Stelle mit einem festen Gehalte in eine Stelle mit Dienstaltersstufen versetzt oder befördert wird. Werden durch eine Abänderung der Besoldungsordnung die Gehaltssätze einer Beamtenklasse erhöht, so ist jeder Beamte dieser Klasse derjenigen Gehaltsstufe zuzuteilen, die sich bei Berücksichtigung der für die neuen Gehaltssätze geltenden Aufrückungsbeträge und des in der Stelle bisher erreichten Dienstalters ergibt. Ist ein Beamter unter Einziehung seines Gehalts beurlaubt gewesen, so kann die Anstellungsbehörde nach der Wiederaufnahme des Dienstes die Urlaubszeit bei der Berechnung der Aufrückungsfristen berücksichtigen. Tritt ein in Wartegeld versetzter Beamter in den Dienst wieder ein, oder wird ein von der Anstellungsbehörde vorläufig vom Amte enthobener (suspendierter) Beamter später freigesprochen oder das gegen ihn eingeleitete Verfahren eingestellt, so ist die Wartegeldzeit oder die Zeit der Suspension bei der Berechnung der Aufrückungsfristen mitzuzählen. Im Falle der Suspension kann die beanstandete Aufrückung von dem Zeitpunkte ab nachverfügt werden, in dem der Beamte aufgerückt sein würde, wenn er nicht suspendiert gewesen wäre.

Bei denjenigen Richtern, deren Gehälter, wie es die gesetzliche Regel ist, nach Dienstaltersstufen bemessen sind, beginnt das für den Gehalt maßgebende Dienstalter in jeder Besoldungsgruppe mit dem Tage der ersten etatmäßigen Anstellung in einem zu dieser Gruppe gehörenden Richteramte. Als Tag der Anstellung gilt der Tag, von dem ab der Angestellte das Diensteinkommen der Stelle zu beziehen hat. Bei der ersten etatmäßigen Anstellung eines im Justizdienste beschäftigten Assessors als Landrichter oder Amtsrichter wird die Zeit, während deren er schon den Mindestgehalt eines Landrichters oder Amtsrichters bezogen hat, in vollem Umfange, jedoch nicht über 3 Jahre auf das Besoldungsdienstalter angerechnet. Hat ein Richter vor seinem Übertritte in ein zu einer anderen Besoldungsgruppe gehörendes Richteramt oder ein Justizverwaltungsbeamter oder ein Staatsanwalt vor seinem Eintritte in ein höheres Richteramt einen Gehalt bezogen, der den Mindestgehalt der neuen Stelle erreicht oder übersteigt, so tritt er in die seinem bisherigen Gehalte entsprechende Gehaltsstufe der neuen Besoldungsgruppe, oder wenn in dieser eine solche Stufe nicht vorhanden ist, in die nächsthöhere Gehaltsstufe ein. Zugleich wird ihm die Zeit, während deren er den letzten Gehalt in dem früheren Amte bezogen hat, auf sein Dienstalter in der neuen Gehaltsstufe angerechnet, jedoch nicht über die Dauer der für diese Stufe bestimmten Aufrückungsfrist hinaus. Tritt ein Staatsanwalt in das Amt eines Richters bei dem Landgerichte oder Amtsgerichte ein, so wird der Beginn seines Besoldungsdienstalters so festgesetzt, wie wenn er zur Zeit seiner Ernennung zum Staatsanwalte zum Landrichter oder Amtsrichter ernannt worden wäre. Bei der Anstellung eines Richters kann das Justizministerium die Zeit, die der Anzustellende im unmittelbaren oder mittelbaren Dienste des sächsischen Staates außerhalb des höheren Justizdienstes, im Reichsdienste, im Landesdienste der Schutzgebiete oder im unmittelbaren oder mittelbaren Dienste eines deutschen Bundesstaats zugebracht hat, sowie die Zeit seiner Wirksamkeit als Rechtsanwalt oder Notar ganz oder zum Teile auf das Besoldungsdienstalter anrechnen.

Die Gehaltsbemessung für die nicht nach dem Dienstalter aufrückenden Beamten gestaltet sich verschiedenartig, je nachdem für sie feste Gehälter (Einzelgehälter, vgl. S. 23, 24) oder nach Mindest-, Höchst- und Durchschnittssätzen oder nur nach Durchschnittssätzen oder nur nach Höchstsätzen bezifferte Gehälter in den Etat eingestellt sind. Die festen Gehälter und die Höchstgehälter dürfen bei der Gehaltsbemessung nicht überschritten werden. Über die festen Gehälter und die Mindestgehälter kann herabgegangen werden, wenn unter besonderen Umständen ein niedrigerer Anfangsgehalt als angemessen erachtet wird. Die nach dem Mindest-, Höchst- und Durchschnittsbetrage bestimmten Gehälter werden bei Gehaltsklassen von mehr als 2 Beamten nach dem Ermessen der Verwaltung auf die einzelnen Klassen verteilt. Dabei muß aber der Durchschnitt dergestalt eingehalten werden, daß der Gesamtbetrag der gewährten Gehälter die Summe nicht überschreitet, die sich aus der Vervielfältigung des Durchschnittsbetrags mit der Zahl der für die Klasse vorgesehenen Beamten ergibt. Im übrigen können die von der Verwaltung zu bestimmenden Gehaltsklassen mit einem über dem Mindestsatze liegenden Gehaltssatze beginnen und mit einem unter dem Höchstsatze liegenden Gehaltssatze endigen. Sind die Gehälter nur nach dem Durchschnittssatze oder nur nach dem Höchstsatze festgesetzt, so ist die Verwaltung in der Wahl des Gehalts nach unten nicht beschränkt und nur an die Einhaltung des Durchschnitts- oder Höchstsatzes sowie der in den Etat eingestellten Gesamtsumme gebunden. Sind Einzelbeamte oder Klassen von nicht mehr als 2 Beamten nach dem Mindest-, Höchst- und Durchschnittsgehalte eingestellt, so ist die Verwaltung bei der Gehaltsbemessung an die Einhaltung des Durchschnitts nicht gebunden. Sie darf aber den auf die Finanzperiode, für die die Etataufstellung erfolgt ist, in Aussicht genommenen und demgemäß in den Etat eingestellten Gehalt der Regel nach nicht überschreiten. Abweichungen hiervon sind nur unter ganz besonderen Umständen statthaft. Die Einreihung der nicht nach dem Dienstaltersstufensysteme aufrückenden Beamten in die einzelnen Gehaltsklassen ihrer Gruppen und die Aufrückung dieser Beamten in freie Stellen der höheren Gehaltsklassen erfolgt in der Regel nach der Reihenfolge ihrer Anschreibung in dem Besoldungsetat der Gruppe. Diese Reihenfolge bestimmt sich regelmäßig nach der Zeit des Eintritts der Beamten in den Mindestgehalt der Gruppe dergestalt, daß ein neu eintretender Beamter im Besoldungsetat an letzter Stelle angeschrieben wird. Bei gleichzeitigem Eintritte von mehreren Beamten entscheidet die Anstellungsbehörde über die Reihenfolge der Anschreibung. Die Anstellungsbehörde ist im übrigen, jedoch nur unbeschadet die Einhaltung der Etatsumme, befugt, einen in eine Gruppe neu eintretenden Beamten sogleich an einer beliebigen höheren Stelle des Besoldungsetats anzuschreiben, also auch sofort in eine der höheren Gehaltsklassen einzureihen, sowie einzelne Beamte außer der Reihe in höhere Gehaltsklassen aufrücken zu lassen. Bei Versetzung eines Beamten in eine mit dem gleichen Gehalte ausgestattete Beamtengruppe und bei Beförderung in eine höher dotierte Gruppe tritt der Beamte sogleich in den seinem bisherigen Gehalte entsprechenden Gehaltssatz der neuen Gruppe, und falls es in dieser einen Gehaltssatz, wie ihn der Beamte in der früheren Gruppe bezogen hat, nicht gibt, in den nächsthöheren Gehaltssatz der neuen Gruppe ein. Wird ein Beamter in eine Beamtengruppe mit geringerem Gehalte versetzt, so bestimmt die Anstellungsbehörde die Höhe des Gehalts in der neuen Stellung.

Bezüglich der Gewährung von außerordentlichen Zuwendungen (Gratifikationen) und Unterstützungen an Beamte, von Unterstützungen einschließlich solcher an Hinterlassene von Beamten, besteht eine Beschränkung nur insoweit, als solche nur aus den im Staatshaushalts-Etat hierzu ausdrücklich bestimmten, d. h. dem Wortlaute ihrer Aufschriften nach derartige Leistungen umfassenden Titeln gewährt werden dürfen, soweit nicht der Etat Ausnahmen ausdrücklich vorsieht.[1] Unter Einnahmetiteln, bei denen auch persönliche Ausgaben in Abzug gebracht werden können, und unter sächlichen Ausgabetiteln, bei denen auch persönliche Ausgaben verschrieben werden können, dürfen aber außerordentliche Zuwendungen und Unterstützungen an Beamte einschließlich der Hinterbliebenen von solchen ebenso wie außerordentliche Vergütungen an Beamte dann nicht zur Verrechnung gelangen, wenn bei dem einschlagenden Etatkapitel für derartige Ausgaben schon ein bestimmter Titel vorhanden ist.[2]

Soweit Beamten neben ihrem Amte noch andere Dienstgeschäfte übertragen sind, oder soweit sie überhaupt außerhalb ihres Amtes verwendet werden, dürfen ihnen dafür zwar unabhängig von den Festsetzungen des Staatshaushalts-Etats besondere Vergütungen gewährt werden. Derartige Nebenbezüge müssen aber, soweit sie nicht als bloße Vergütungen für Dienstaufwand zu gelten haben, im Etat bei dem für das Amt bestimmten Besoldungstitel in der Erläuterungsspalte beziffert werden (vgl. S. 44).

Wohnungen und sonstige Grundstücksnutzungen dürfen an Beamte, dafern ihnen solche nicht auf Grund ausdrücklicher Festsetzungen des Staatshaushalts-Etats als Teil des Dienstgenusses und deshalb unentgeltlich zuzuweisen sind, nur gegen eine angemessene Vergütung überlassen werden. Soweit es sich um Wohnungen handelt, gilt dies auch von solchen, zu deren nicht mietzinsfreier Übernahme aus dienstlichen Rücksichten Beamte verpflichtet werden können, und die deshalb als Mietdienstwohnungen bezeichnet werden im Gegensatze zu den Dienstwohnungen, worunter freie Wohnungen zu verstehen sind. Die Frage der Mietzinsvergütung für derartige Wohnungen ist vom Gesamtministerium in der Weise geregelt worden, daß hierbei das gesamte pensionsfähige Diensteinkommen, das die beteiligten Beamten jeweilig beziehen, nach einem festen Prozentsatze die Grundlage zu bilden und hiernach der Mietzins in der Regel bei Beamten mit einem pensionsfähigen Diensteinkommen von nicht mehr als 3300 Mark mindestens 8 und höchstens 12%, bei Beamten mit einem pensionsfähigen Diensteinkommen von mehr als 3300 Mark, aber nicht über 6600 Mark mindestens 10 und höchstens 15%, bei Beamten mit einem pensionsfähigen Diensteinkommen von mehr als 6600 Mark mindestens 12 und höchstens 18% zu betragen

[1] Daß außerordentliche Zuwendungen und Unterstützungen an Beamte unter Umständen auch aus Ausgabetiteln gewährt werden dürfen, die dem Wortlaute ihrer Aufschriften nach derartige Leistungen nicht umfassen, ist im Staatshaushalts-Etat mehrfach, z. B. bei Kap. 29 (Landtagskosten) Tit. 12 („Landtagsbeilage der Leipziger Zeitung und des Dresdner Journals"), Kap. 54 (Ambulatorische Kliniken usw.) Tit. 4 („Allgemeine Geschäftsbedürfnisse und verschiedene andere sächliche Ausgaben"), vorgesehen.

[2] Vorbemerkung zur Hauptübersicht zum ordentlichen Staatshaushalts-Etat.

und mit einer Erhöhung dieses Einkommens von selbst jedesmal eine Steigerung des Mietzinses einzutreten hat. Der als Mietzins zu fordernde Prozentsatz ist unter Berücksichtigung der Lage und Beschaffenheit der Wohnung und des durch Schätzung festgestellten ortsüblichen Mietwerts innerhalb der gezogenen Mindest- und Höchstgrenze festzusetzen. Handelt es sich um eine Dienstmietwohnung, die nur für unverheiratete Beamte geeignet und bestimmt ist, so kann bis auf die Hälfte der Mindestprozentsätze herabgegangen werden. Von den geordneten Mindestsätzen soll nur ganz ausnahmsweise abgewichen werden, wenn die hiernach festzusetzende Vergütung wegen der besonderen Beschaffenheit und Lage einer Dienstmietwohnung oder aus anderen Gründen als entschieden zu hoch oder zu niedrig bemessen erscheint. Zu einer solchen Abweichung ist unter Darlegung der Gründe die Genehmigung des Gesamtministeriums in jedem einzelnen Falle einzuholen. Nur dann, wenn sich der festgesetzte Prozentsatz im Laufe der Zeit nicht mehr als angemessen erweist, namentlich wenn sich durch besondere Umstände der Wert einer Wohnung verringert oder erhöht hat, darf der Prozentsatz anderweit festgesetzt werden, ohne daß dazu die Zustimmung des Gesamtministeriums eingeholt zu werden braucht, dafern sich der Prozentsatz innerhalb der für die beteiligte Gehaltsgruppe gezogenen Mindest- und Höchstgrenze hält. Eine Nachprüfung und Neufestsetzung des Prozentsatzes, die unter Umständen nicht auf eine Erhöhung hinaus zu laufen braucht, ist vorzunehmen, wenn der Wohnungsinhaber in eine höhere Gehaltsgruppe eintritt.

12. Gebarung mit Verfügungssummen (Dispositionssummen).[1]

Soweit Ausgabebewilligungen unter der Bezeichnung als Verfügungssummen — früher Dispositionssummen genannt — in den Staatshaushalts-Etat eingestellt sind, erlangen dadurch die verwaltenden Behörden zwar im allgemeinen die Berechtigung, über derartige Summen innerhalb des durch ihre Bestimmung gebotenen Rahmens unabhängig von der sonst im Etat vorgesehenen Zergliederung der Ausgaben zu verfügen. Sie sind aber hierbei in mehrfacher Richtung an grundsätzliche Beschränkungen gebunden. In dieser Beziehung ist zunächst zu bemerken, daß aus Summen, die der Regierung zu allgemeinen und unvorhergesehenen Ausgaben oder ohne jede nähere Bezeichnung der Zwecke der davon zu bestreitenden Ausgaben zur Verfügung gestellt sind, beim Mangel gegenteiliger Festsetzung im Etat nur sächliche Ausgaben und auch diese nur dann bestritten werden dürfen, wenn sie unter kein seinem Verwendungszwecke nach bestimmtes Etatkapitel fallen. Ein Ministerium, das sich eine derartige Verfügungssumme nutzbar machen will, darf sie deshalb in den Etat, soweit dabei nicht eine gegenteilige Bestimmung

[1] StHG. § 6, StHG. AB. § 9.

getroffen wird, nur für seinen Geschäftsbereich als Ganzes, nicht auch für einzelne Geschäftszweige einstellen und muß sie infolgedessen einem selbständigen Kapitel zuweisen. Gegenwärtig sind im Staatshaushalts-Etat für den Geschäftsbereich einzelner Ministerien Verfügungssummen ohne jede nähere Bezeichnung der Zwecke der davon zu bestreitenden Ausgaben nicht sondern nur Verfügungssummen zu allgemeinen und zu unvorhergesehenen Ausgaben vorgesehen, und zwar für den Geschäftsbereich der Ministerien der Justiz (Kap. 41), des Innern (Kap. 72), der Finanzen (Kap. 86) und des Kultus und öffentlichen Unterrichts (Kap. 101). Als Verfügungssumme zu unvorhergesehenen Ausgaben für den Staatshaushalt im allgemeinen kommt außerdem der als Schlußkapitel in den Staatshaushalts-Etat eingestellte Reservefonds in Betracht, der nach § 106 VU. dazu bestimmt ist, die Regierung für unvorhergesehene Ereignisse mit den erforderlichen außerordentlichen Hilfsmitteln zu versehen (vgl. S. 21, 22 des vorliegenden Werkes). Bezüglich der Verfügungssummen für den Geschäftsbereich der Ministerien der Justiz, des Innern und des Kultus und öffentlichen Unterrichts ist im Etat gleichmäßig die Ausnahmebestimmung getroffen, daß aus ihnen sowohl sächliche als auch persönliche Ausgaben bestritten werden dürfen. Aus der Verfügungssumme für den Geschäftsbereich des Ministeriums des Kultus und öffentlichen Unterrichts dürfen überdies einer weiteren Ausnahmebestimmung zufolge persönliche Ausgaben in Gestalt außerordentlicher Zuwendungen und Unterstützungen auch insoweit geleistet werden, als es sich um Beamte sowie deren Angehörige und Hinterlassene unter Kap. 88 (Kultusministerium), 89 (Evangelisch-lutherisches Landeskonsistorium), 90 (Katholisch-geistliche Behörden) und 96 (Volksschulen) handelt. Mangels gleichartiger Ausnahmebestimmungen dürfen Ausgaben, die ihrem Gegenstande nach unter ein zu bestimmten Zwecken ausgesetztes Etatkapitel fallen, auch wenn sie solche allgemeiner oder unvorhergesehener Art sind, lediglich bei diesem Kapitel, und zwar beim Fehlen eines dazu geeigneten etatmäßigen Titels außeretatmäßig, verrechnet werden. Aus dem Reservefonds dürfen einer im Etat getroffenen Bestimmung zufolge nur solche sächliche Ausgaben bestritten werden, die unter keines der vorhergehenden Kapitel des Staatshaushalts-Etats fallen, woraus sich ergibt, daß er zur Bestreitung von allgemeinen und unvorhergesehenen Ausgaben, die ihrem Gegenstande nach in den Geschäftsbereich eines einzelnen Ministeriums fallen, auch dann nicht verwendet werden darf, wenn für dieses eine Verfügungssumme zu derartigen Ausgaben im Etat nicht vorgesehen ist, wie es zurzeit bezüglich des Gesamtministeriums und des Ministeriums der auswärtigen Angelegenheiten zutrifft.

Auch aus Verfügungssummen, die nur nach der allgemeinen Richtung ihres Verwendungszwecks bestimmt sind, wie dies z. B. bei den in den Staatshaushalts-Etat eingestellten Verfügungssummen

„für die geologische Landesuntersuchung“ sowie „für die Königlich Sächsische Kommission für Geschichte“ bei Kap. 31 (Allgemeine Regierungs- und Verwaltungsangelegenheiten), „für die Erforschung und Bekämpfung von Tierseuchen und für besondere Untersuchungen zur Förderung der wissenschaftlichen und praktischen Tierheilkunde“ bei den Kapiteln 52 (Landesgesundheitsamt) und 55 (Tierärztliche Hochschule usw.), „zur Förderung der Gewerbe“ und „zur Förderung der Landwirtschaft“ bei Kap. 60 (Landwirtschaftliche, gewerbliche und Handelsschulen sowie allgemeine Ausgaben für Landwirtschaft und Gewerbe) der Fall ist, dürfen persönliche Ausgaben nicht bestritten werden, falls nicht der Etat dies besonders vorgesehen und etwa hierunter fallende Gehalte oder fortlaufende außerordentliche Vergütungen (Remunerationen) an Beamte ausdrücklich beziffert hat.[1]

Aus Verfügungssummen für bestimmt bezeichnete Einzelunternehmungen dürfen persönliche Ausgaben ebenfalls nur mit bestritten werden, wenn dies im Etat ausdrücklich vorbehalten ist.[2]

Soweit aus Verfügungssummen sowohl persönliche als auch sächliche Ausgaben bestritten werden dürfen, sind beide Arten in den Rechnungen je für sich, mithin in besonderen Unterabteilungen nachzuweisen.

13. Etatüberschreitungen und außeretatmäßige Gebarungen[3]

Da sich die ständischen Abstimmungen über den Staatshaushalts-Etat nur auf seinen dispositiven Teil erstrecken, sind es der Regel nach auch nur die in diesem Teile des Etats enthaltenen Festsetzungen, die bindende Kraft gegenüber der Regierung in deren Verhältnisse zu den Ständen haben. Was außerdem in Form von Vergleichungen und Erläuterungen im Staatshaushalts-Etat verlautbart ist, hat eine derartige bindende Kraft nicht oder doch nur in dem Falle, wenn ausnahmsweise auf Bemerkungen, die im erläuternden Teile des Etats enthalten sind, in dessen dispositivem Teile in einer Weise Bezug genommen wäre, daß diese dadurch zu einem integrierenden Bestandteile des Dispositivs selbst werden würden. Aber auch die Festsetzungen im dispositiven Teile

[1] Vorbehalte, aus Verfügungssummen, die nur nach der allgemeinen Richtung ihres Verwendungszwecks bestimmt sind, auch persönliche Ausgaben bestreiten zu dürfen, finden sich bei den oben erwähnten Verfügungssummen der Kapitel 31, 52 und 55. Bei Kap. 31 erstreckt sich dieser Vorbehalt zugleich auch auf die daselbst bezifferten Besoldungen und Wohnungsgeldzuschüsse der Beamten der geologischen Landesuntersuchung.

[2] Verfügungssummen, die bestimmt bezeichnete Einzelunternehmungen zum Gegenstande haben, finden sich beispielsweise bei Kap. 1 (Forsten) Tit. 27 und bei Kap. 31 (Allgemeine Regierungs- und Verwaltungsangelegenheiten) Tit. 31. Bei Kap. 1 handelt es sich um den Ankauf und den Neubau von Wohnhäusern samt Nebenanlagen für Forstbeamte und Waldarbeiter sowie um Grundstückserwerbungen zu diesem Zwecke, bei Kap. 31 um die Herstellung einer topographischen Spezialkarte.

[3] StHG. §§ 10, 12 Abs. 2, 16, 20, 21 Abs. 2, StHG. AB. §§ 17, 19.

des Staatshaushalts-Etats binden die Regierung nicht unbedingt sondern nur soweit, als dies mit dem Wesen des Staatshaushalts-Etats als einer der großen Hauptsache nach auf bloßen Wahrscheinlichkeitsrechnungen beruhenden Vorausbestimmung für die Zukunft überhaupt vereinbar ist, und als es tatsächlich in der Macht der Regierung liegt, diesen Festsetzungen nachzukommen. Ebensowenig wie daher die Regierung verpflichtet ist, der Erhebung von Einnahmen oder der Leistung von Ausgaben nur deshalb sich zu unterziehen, weil und soweit sie im Staatshaushalts-Etat vorgesehen sind, ist sie gezwungen, die Erhebung von Einnahmen oder die Leistung von Ausgaben nur deshalb zu unterlassen, weil und soweit das Gegenteil der Fall ist. Vielmehr ist die Regierung ebenso berechtigt als verpflichtet, Einnahmen, die dem Staate auf Grund bestimmter Rechtstitel zufließen, ingleichen Ausgaben, die zur Erreichung der Staats- und Verwaltungszwecke unbedingt geboten sind, auch soweit einzuziehen oder zu leisten, als sie ihrer Höhe nach die Etatansätze übersteigen oder ihrer Art nach im Etat überhaupt nicht vorgesehen sind.[1]

Ausgaben, die über die Etatansätze hinaus geleistet worden sind, im übrigen aber sich innerhalb der einschlagenden Festsetzungen des Staatshaushalts-Etats bewegen und daher in den Rechnungen über die Ausführung des Staatshaushalts-Etats (den Staatshaushaltsrechnungen) nur in Überschreitungen des Zifferwerks der dabei in Betracht kommenden

[1] Es möge hierbei an die treffenden Worte erinnert werden, mit denen sich die Regierung über ihre Berechtigung, beziehentlich Verpflichtung, Ausgaben auch dann zu leisten, wenn sie im Staatshaushalts-Etat in unzureichender Höhe oder überhaupt nicht vorgesehen sind, bereits in einer Denkschrift v. J. 1836 den Ständen gegenüber ausgesprochen hat. In dieser Denkschrift, in der sie sich über die Rechnungsergebnisse des Jahres 1833 und über das Staatsbudget auf die Jahre 1837—1839 verbreitete, wies sie u. a. darauf hin, daß sie „sorgsam und pflichtgetreu den Staatskassen gern jede zu vermeidende Ausgabe erspare", und fügte sodann wörtlich folgendes hinzu: „Wenn diese Überzeugung ihr inwohnt, wenn auch die ständischen Kammern sie teilen, und wenn es gelingt, dem gesamten Lande die Überzeugung zu gewähren, daß die Regierung als ein treuer Verwalter zu betrachten ist, die ihrem Berufe aus eigenem Pflichtgefühle folgt und mit strenger Gewissenhaftigkeit die ihr anvertrauten Mittel verwendet, so wird die Aufstellung und Feststellung des Staats- und besonders des Ausgabebudgets nie ein Gegenstand aufhältlicher und schwieriger Diskussionen sein können. Das Ausgabebudget wird sich dann als eine einfache Berechnung der mutmaßlich eintretenden Ausgaben für notwendige Staatszwecke darstellen, an denen die Regierung gern Ersparnisse eintreten lassen wird, wenn dies tunlich fällt, die sie aber auch dann ohne Besorgnis vor etwaigen Erinnerungen und Vorwürfen überschreiten kann, wenn die Unvermeidlichkeit der Mehrausgaben durch das Staatswohl geboten wird; denn beide Teile, Regierung und Stände, verfolgen auch hier nur einen Zweck, beide haben die Pflicht, die dazu erforderlichen Mittel von dem ihrer Verwaltung und Kontrolle anvertrauten Staatseigentum nur nach sorgfältiger Prüfung dazu zu verwenden, und bei vorausgesetztem gegenseitigen Vertrauen wird jede Veranlassung des anderwärts oft zum großen Nachteil des Ganzen bemerkbar gewordenen Zwiespalts zwischen Regierung und Ständen entfernt." Vgl. Landtagsakten 1836 37 I. Abt. 1. Bd. S. 220/221.

etatmäßigen Titel ihren Ausdruck finden, bezeichnet das Staathaushaltsgesetz als Etatüberschreitungen. Mehreinnahmen über die Etatansätze hinaus fallen nicht unter diesen Begriff, da sie der Regel nach die Folge von Ursachen und Umständen sind, für die die Regierung keine Verantwortlichkeit trifft. Im Gegensatze zu Etatüberschreitungen können außeretatmäßige Einnahmen, d. h. Einnahmen, die unter kein Kapitel oder keinen Titel des Etats fallen, und außeretatmäßige Ausgaben, d. h. Ausgaben, die unter kein seinem Verwendungszwecke nach bestimmtes Etatkapitel oder unter keinen der hierher gehörigen Titel fallen, und für die der Etat auch keine Verfügungssumme ohne nähere Bezeichnung der daraus zu bestreitenden Ausgaben enthält, in den Staatshaushaltsrechnungen nur außerhalb der etatmäßigen Kapitel oder Titel zum Nachweise gebracht werden. Nachweis außerhalb der etatmäßigen Kapitel hat dabei einzutreten, wenn eine derartige Einnahme oder Ausgabe ihrem Gegenstande nach unter keines der im Etat vorgesehenen Kapitel fällt, während Nachweis außerhalb der etatmäßigen Titel der im Etat vorgesehenen Kapitel bei einem solchenfalls daselbst zu bildenden außeretatmäßigen persönlichen oder sächlichen Titel zu erfolgen hat, wenn eine Einnahme oder Ausgabe zwar ihrem Gegenstande nach einem solchen Kapitel angehört, nicht aber auch gleichzeitig in dem Wortlaute der dabei vorgesehenen Titel ihre Deckung findet. Bei solchen Kapiteln, bei denen Titel mit der Aufschrift „verschiedene Einnahmen" oder „verschiedene andere Einnahmen" oder „verschiedene andere sächliche Ausgaben" gebildet sind, ist die außeretatmäßige Verrechnung von Einnahmen oder von sächlichen Ausgaben, die ihrem Gegenstande nach diesen Kapiteln zuzuteilen sind, ausgeschlossen. Im übrigen darf, wenn Kapitel oder Titel vorhanden sind, die sich zur Verschreibung von Einnahmen, von anderen persönlichen Ausgaben als Besoldungen und von sächlichen Ausgaben eignen, die Verschreibung auch dann nicht außeretatmäßig bewirkt werden, wenn die Einnahmen oder Ausgaben bei der Etataufstellung nicht mit zum Ansatze gekommen waren, und wenn ihre Einstellung zu Kapitel- oder Titelüberschreitungen führt.

Etatüberschreitungen und außeretatmäßige Ausgaben bedürfen der nachträglichen Genehmigung der Stände. Als Etatüberschreitungen in diesem Sinne gelten alle Mehrausgaben, die sich bei Gegenüberstellung des rechnungsmäßigen, d. h. des nach Ausweis der Rechnungen tatsächlich bestrittenen Aufwandes und des Etatsolls einschließlich etwaiger Reste und Reservate (vgl. S. 61) für die einzelnen Ausgabetitel des Staatshaushalts-Etats ergeben, soweit nicht einzelne Ausgabetitel in dem Staatshaushalts-Etat ausdrücklich als deckungsfähig mit anderen bezeichnet sind (vgl. S. 65) und solchenfalls Mehrausgaben bei dem einen Titel durch Minderausgaben bei dem anderen Titel ausgeglichen werden. Unter einem Ausgabetitel ist dabei jede Ausgabebewilligung eines Haupt- oder Unteretats zu verstehen, die einer selbständigen Beschlußfassung der Ständeversammlung unterlegen hat. Derartige Unteretats waren bis zur Finanzperiode 1912/13 dem Kapitel 11 (Staatliche Hüttenwerke) beigegeben. Der Hauptetat dieses Kapitels beschränkte sich nämlich auf die summarische Bezifferung der Überschüsse des Hütenwerksbetriebs. Bezüglich der ihr zugrunde liegenden Veranschlagung der Roheinnahmen und der Rohausgaben verwies er auf die sie enthaltenden Unteretats, die deshalb eine besondere Beschlußfassung der Stände erforderlich machten. Seit der Finanzperiode 1912/13 ist diese Einrichtung weggefallen, indem die bisherigen Unteretats mit dem Hauptetat zu einem einheitlichen Etat verschmolzen worden sind. Gegenwärtig sind, wie bereits S. 40 bemerkt worden ist, nur noch dem Kap. 70 (Landesanstalten) Unteretats beigegeben, die jedoch lediglich die Bedeutung von Erläuterungen haben und als solche besonderer ständischer Bewilligung nicht bedürfen, im übrigen aber von der Finanzperiode 1914/15 an wegfallen werden. Dagegen bilden Unterabteilungen von Ausgabetiteln, die selbständige Ausgabewilligungen, d. h. Bewilligungen in sich schließen, über die die Stände entweder unter ausdrücklicher Bezifferung der den Gegenstand der Bewilligung ausmachenden Beträge oder in abgekürzter Form „nach der Vorlage" einen besonderen Beschluß fassen, und deren Summe daher in der Jahresbetragsspalte aufgeführt wird, Ausgabetitel, bei denen Mehrausgaben, die sich bei Gegenüberstellung des rechnungsmäßigen Aufwandes und des Etatsolls mit Einschluß von Resten und Reservaten ergeben, den Tatbestand von Etatüberschreitungen begründen.[1] Dasselbe gilt auch von den Ausgabepositionen, in die die einzelnen Ausgabetitel des Kap. 16 (Staatseisenbahnen) abgeteilt sind (vgl. S. 36).

Falls ein Besoldungstitel die Besoldungen für mehrere Beamtengruppen dergestalt zusammenfaßt, daß die hierbei ausgeworfenen Besoldungsbeträge zwar in der Gegenstandsspalte, nicht aber in der Jahresbetragsspalte getrennt gehalten, in letzterer vielmehr nur in einer Summe eingestellt sind, liegt eine Etatüberschreitung nur dann vor, wenn durch Mehrausgaben gegenüber einzelnen Etatansätzen der Gegenstandsspalte gleichzeitig eine Überschreitung des in der Jahresbetragsspalte eingestellten Gesamtbetrags herbeigeführt wird, dagegen nicht, wenn trotz Mehrausgaben bei einzelnen Ansätzen der Gegenstandsspalte die in der Jahresbetragsspalte eingestellte Gesamtsumme für die sämtlichen bei dem einschlagenden Titel zu verschreibenden Ausgaben immer noch ausreicht.

Mehrausgaben, die sich auf einen im Staatshaushalts-Etat enthaltenen Vorbehalt des Inhalts gründen, daß bei hervortretendem Mehrbedarfe über die Etatsumme hinausgegangen werden darf, gelten nicht als Etatüberschreitungen, da in solchen Fällen die Mehrausgaben

[1] Vgl. Allgemeine Erläuterungen zum Staatshaushalts-Etat für 1906/07 S. 22.

nur nicht haben im voraus ziffermäßig festgestellt werden können, aber grundsätzlich als bewilligt zu gelten haben.[1]

Überschreitungen von Ausgabebewilligungen für einmalige Herstellungen, Anschaffungen und Unternehmungen bedürfen auch dann der nachträglichen ständischen Genehmigung, wenn der einschlagende Titel noch nicht geschlossen oder die Rechnungsprüfung noch nicht beendet ist und infolgedessen noch die Möglichkeit besteht, daß sich die Überschreitung durch Rückeinnahmen oder durch Einziehung von Rechnungsfehlbeträgen wieder erledigt oder abmindert. Im letzteren Falle sind die Überschreitungen zur ständischen Genehmigung mit dem Betrage zu stellen, mit dem sie im Rechenschaftsberichte angeführt worden sind.[2] Überschreitungen von ratenweisen Ausgabebewilligungen, die für einmalige größere Anschaffungen, Herstellungen und Unternehmungen in die Staatshaushalts-Etats mehrerer hintereinander folgender Finanzperioden eingestellt sind, bedürfen für die einzelne Finanzperiode, in der sie hervortreten, ebenfalls der nachträglichen ständischen Genehmigung. Daß sich derartige Überschreitungen bis zum Zeitpunkte der Schlußabrechnung abmindern oder auch völlig ausgleichen können, ist für die Etatgebarung in der einzelnen Finanzperiode ohne Bedeutung. Denn auch für Titel mit ratenweisen Ausgabebewilligungen gilt der allgemeine Grundsatz, daß die dabei eingestellten Summen den Höchstbetrag der der Verwaltung in der Finanzperiode der Bewilligung zur Verfügung gestellten Mittel darstellen (vgl. StHG. § 2 Abs. 2).[3] Als außeretatmäßige Ausgaben haben insbesondere auch die Mehraufwendungen an Besoldungen zu gelten, die dadurch entstehen, daß über die im Staatshaushalts-Etat festgesetzte Stellenzahl hinausgegangen wird, vorausgesetzt daß nicht bereits im Etat ein Vorbehalt enthalten ist, der eine Beamtenvermehrung über die Etatansätze hinaus für den Fall hervortretenden Bedarfs gestattet, möge dabei zugleich eine bestimmte Höchstsumme für etwaigen Mehraufwand eingestellt sein oder nicht.[4] Ebenso fallen persönliche Gehaltszulagen, Stellenzulagen und neben-

[1] Beispiele dieser Art bieten u. a. Kap. 16 (Staatseisenbahnen) insofern, als dem Ausgabetitel 13 Pos. 4 („Beschaffung ganzer Fahrzeuge") der Vermerk beigefügt ist: „Vorausbeschaffungen ganzer Lokomotiven und Wagen sind als Ersatz für in Abgang zu bringende Fahrzeuge in den Grenzen des Bedarfs für die folgende Finanzperiode zulässig", und Kap. 70 (Landesanstalten) insofern, als ihm eine Vorbemerkung des Inhalts beigefügt ist, daß Überschreitung der Ansätze bei den einzelnen Titeln infolge Steigerung der Personalbestände oder der Preise für Lebens- und sonstige Bedürfnisse vorbehalten bleibt.

[2] Landtagsakten 1907/08 Ständische Schriften Nr. 49 S. 108.

[3] Vgl. auch Landtagsakten 1905/06 Berichte der II. Kammer II. Bd. Nr. 232 S. 1.

[4] Vorbehalte, die eine Beamtenvermehrung über die Etatansätze hinaus für den Fall hervortretenden Bedarfs gestatten, sind im Staatshaushalts-Etat regelmäßig vorgesehen bezüglich der Besoldungstitel im allgemeinen bei Kap. 70 (Landesanstalten), bei dem die Professoren und Lehrer betreffenden Besoldungstitel von Kap. 44 (Akademie der bildenden Künste zu Dresden) und Kap. 55 (Tierärztliche Hochschule usw.), bei dem

amtliche Besoldungen, die, ohne im Etat vorgesehen zu sein, an Beamte gewährt werden, unter den Begriff von außeretatmäßigen Ausgaben. Mehraufwendungen gegen die bei den Besoldungstiteln eingestellten Gesamtsummen ohne gleichzeitige Überschreitung der Stellenzahl oder der Höchstbeträge der Besoldungen begründen nur den Tatbestand von Etatüberschreitungen. Derartige Überschreitungen pflegen sich namentlich zu ergeben, wenn für die geordneten Gehaltsaufrückungen der Beamten größere Summen erforderlich werden, als bei der Etataufstellung angenommen worden ist. Bei Ausführung des außerordentlichen Staatshaushalts-Etats ist das Vorkommen außeretatmäßiger Ausgaben der Natur der Sache nach ausgeschlossen.

Sogenannte Fondsverwechselungen, d. h. Verweisungen von Einnahmen und Ausgaben auf unrichtige Kapitel oder Titel können unter Umständen den Tatbestand ebensowohl von Etatüberschreitungen als von außeretatmäßigen Gebarungen begründen, und zwar von Etatüberschreitungen, wenn sich bei Hinzurechnung der auf unrichtige Kapitel oder Titel verwiesenen Ausgaben zu den Summen derjenigen Kapitel oder Titel, zu denen jene Ausgaben ihrem Gegenstande nach gehören, ein Mehr gegen das Etatsoll mit Einschluß von Resten und Reservaten dieser letzteren Kapitel oder Titel ergibt, von außeretatmäßigen Gebarungen, wenn im Staatshaushalts-Etat weder der Art noch der Größe nach vorgesehene Einnahmen oder Ausgaben auf etatmäßige Kapitel oder Titel übernommen sind.

Die erforderliche ständische Genehmigung von Überschreitungen der Ausgabetitel und von außeretatmäßigen Ausgaben wird entweder durch Einbringung von Nachtragsetats (vgl. S. 26, 27, 45) eingeholt oder bei der ständischen Beratung des Rechenschaftsberichts herbeigeführt, den die Regierung den Ständen über die Führung des Staatshaushalts für jede Finanzperiode zu erstatten hat. Bei Bauten, für die im Staatshaushalts-Etat in einem besonderen Titel oder einer besonderen Unterabteilung eines Titels eine bestimmte Summe ausgeworfen ist, muß den Ständen eine Ergänzungsforderung unterbreitet werden, falls eine Überschreitung

---

die Direktoren und Lehrer betreffenden Besoldungstitel von Kap. 59 (Akademie für graphische Künste und Buchgewerbe zu Leipzig, Kunstgewerbeschule mit Zeichenschule — Vorschule — und Kunstgewerbemuseum zu Dresden sowie Kunstschule für Textilindustrie zu Plauen mit Zweigabteilungen), Kap. 59a (Technische Staatslehranstalten zu Chemnitz) und Kap. 59c (Bauschulen zu Dresden, Leipzig, Plauen und Zittau mit Tiefbauschule in Zittau), bei den die Professoren und Lehrer sowie die ständigen Beamten und Bediensteten bei den akademischen Lehranstalten und den lediglich dem Lehrzwecke dienenden Gebäuden betreffenden Besoldungstiteln des Kap. 91 (Universität Leipzig) und bei den das Lehrerpersonal betreffenden Besoldungstiteln der Kap. 94 (Gymnasien, Realgymnasien, Oberrealschulen, Realschulen sowie höhere Mädchenbildungsanstalten), Kap. 95 (Seminare) und Kap. 99 (Taubstummenanstalten). Eine Höchstsumme für etwa entstehenden Mehraufwand ist aber dabei nirgends festgesetzt.

von 10 % der im Etat ausgeworfenen Ausgabesumme auf Grund anderweiter Veranschlagung oder aus anderen Gründen vorauszusehen ist. Bis zur Bewilligung der Ergänzungsforderung aber ist, soweit es ohne Nachteile für den Staat angängig ist, die Bauausführung zu beanstanden oder zu unterbrechen. In Fällen der Überschreitung anderer Ausgabebewilligungen ist eine Nachtragsforderung an die Stände zu bringen, wenn die Überschreitung die Titelsumme, und zwar soweit im ordentlichen Staatshaushalts-Etat dem Hauptetat Unteretats beigegeben sind (vgl. S. 82, 83), die Titelsumme des Hauptetats um mehr als 10 % übersteigt und bei Ausgabetiteln des ordentlichen Staatshaushalts-Etats gleichzeitig mehr als 5000 ℳ beträgt. Eine Nachforderung soll aber auch erfolgen, wenn beim ordentlichen Staatshaushalts-Etat eine 10 % der Etatsumme nicht übersteigende Überschreitung mehr als 500 000 ℳ beträgt. Steht beim ordentlichen Staatshaushalts-Etat für die Finanzperiode die Überschreitung eines Ausgabetitels zu erwarten, so wird der eventuell nachzufordernde Betrag tunlichst im Dezember des zweiten Jahres der Finanzperiode unter Berücksichtigung der Ergebnisse der 23 abgelaufenen Monate der Periode durch Schätzung ermittelt, und wenn sich hierbei eine 10 % der Etatsumme für die Finanzperiode übersteigende Überschreitung von mehr als 5000 ℳ oder überhaupt eine Überschreitung der Etatsumme von mehr als 500 000 ℳ ergibt, dem Finanzministerium bis längstens Ende Januar des ersten Jahres der neuen Finanzperiode zur Bearbeitung des den versammelten Ständen noch vorzulegenden Nachtragsetats mitgeteilt. Werden Titel des außerordentlichen Staatshaushalts-Etats um mehr als 10 % überschritten, so wird die Nachbewilligung des erforderlichen Betrags durch Einstellung in den außerordentlichen Etat der neuen Finanzperiode beantragt, und vor dessen Aufstellung wird deshalb geprüft, ob etwa für frühere Ausgabebewilligungen im außerordentlichen Etat eine 10 % übersteigende Überschreitung zu erwarten ist. Tritt eine solche erst nach Einbringung des außerordentlichen Etats bei der Ständeversammlung, aber noch vor Schluß des Landtags hervor, so wird darauf Bedacht genommen, daß ein Nachtrag zum außerordentlichen Etat noch der jeweilig tagenden Ständeversammlung vorgelegt wird. Hinsichtlich derjenigen Überschreitungen von mehr als 10 % der Bewilligungssummen, die bereits in den Rechenschaftsberichten früherer Finanzperioden zur Kenntnis der Ständeversammlung gebracht und ausführlich begründet worden sind, wird von der nachträglichen Aufnahme von Nachforderungen abgesehen. Für die weiteren Aufwendungen oder die nachträglich eingetretenen Abminderungen werden insoweit die erforderlichen Begründungen im Rechenschaftsberichte gegeben.[1]

[1] Allgemeine Erläuterungen zum Staatshaushalts-Etat für die Jahre 1904 und 1905 S. 29.

14. Vorschüsse.[1]

Die Verabfolgung von Vorschüssen, d. h. von Beträgen, die mit der Maßgabe gewährt werden, daß sie später zurückzuzahlen sind, aus Mitteln der laufenden Verwaltung ist zwar an sich nicht unstatthaft. In den Staatshaushaltsrechnungen dürfen solche aber nur dann als Ausgaben und nach dem Rückempfange als Einnahmen nachgewiesen werden, wenn der Etat hierfür Titel enthält, die dem Wortlaute ihrer Aufschriften nach Vorschüsse oder Rückempfänge von Vorschüssen umfassen.[2] Ist dies nicht der Fall, und kommt sonach Vorschüssen oder Rückempfängen auf solche die Bedeutung von Einnahmen oder Ausgaben im Sinne des Etats überhaupt nicht zu, so sind die bis zum Bücherabschlusse noch nicht zurückgezahlten Beträge als Bestände nachzuweisen, als solche nach erfolgtem Bücherabschlusse der Zentralkasse zu überweisen und von dieser als zum beweglichen Staatsvermögen gehörig und darum unter der Bezeichnung als Aktivvorschüsse in die Staatsvermögensrechnung aufzunehmen, die die rechnungsmäßige Gebarung mit den ihr zur Verwaltung überwiesenen beweglichen Vermögensbeständen des Staates nachzuweisen hat. Soweit bei den Einzelkassen Außenstände auf derartige Vorschüsse verblieben sind, ist nach Ablauf jedes Jahres der Zentralkasse summarisch der Betrag sowohl der am Schlusse des dem Rechnungsjahre vorhergegangenen Jahres verbliebenen und daher in die Kassenbücher des Rechnungsjahrs übertragenen als der am Schlusse des Rechnungsjahrs verbliebenen und daher den Beständen hinzugetretenen Vorschüsse anzuzeigen. Dafern der Bestand an Vorschüssen bei den Einzelkassen am

---

[1] StHG. § 24, StHG. AB. § 22.

[2] Regelmäßige Einstellungen von Vorschüssen und Rückempfängen auf solche finden sich im ordentlichen Etat bei Kap. 16 (Staatseisenbahnen) Einnahmetitel 6a Pos. 4 („Erstattungen . . . auf gewährte . . . Vorschüsse an nichtstaatliche Straßenbahn- und ähnliche Verkehrsunternehmen") und Ausgabetitel 17 Pos. 3 („. . . Vorschüsse an nichtstaatliche Straßenbahn- und ähnliche Verkehrsunternehmen"), Kap. 60 (Landwirtschaftliche, gewerbliche und Handelsschulen sowie allgemeine Ausgaben für Handel und Gewerbe) Einnahmetitel 1 („. . . Rückzahlungen auf Vorschüsse — Darlehen — aus Titel 7") und Ausgabetitel 7 (. . . „ e. Hypothekarisch sicher zu stellende Darlehen für Neu-, An- oder Umbauten von Schulgebäuden") und bei Kap. 65 (Wegebau-, Wegeunterhaltungs- und Wasserbauunterstützungen sowie Aufwendungen für wasserpolizeiliche Zwecke) Ausgabetitel 2 („Unterstützungen für Wasser- und Uferbauten und die dazu nötigen Vorarbeiten . . . einschließlich etwaiger Vorschüsse nach Abzug der hierauf geleisteten Rückerstattungen . . ."). Auch im außerordentlichen Etat kommen derartige Einstellungen zeitweise vor, beispielsweise im außerordentlichen Etat für 1912/13 in Tit. 1 („Gewährung von Darlehen aus Staatsmitteln an landwirtschaftliche und gewerbliche Genossenschaften und juristische Personen des öffentlichen Rechts") und in Tit. 35 („Gewährung von Baudarlehen aus Staatsmitteln an gemeinnützige Bauvereine und Baugenossenschaften zur Verbesserung der Wohnungsverhältnisse von Eisenbahnbediensteten"), und zwar je mit dem Vermerke: „Rückzahlungen auf die gewährten Darlehen sind von den Ausgaben abzusetzen".

Schlusse des Rechnungsjahrs durch Rückzahlungen geringer oder durch Neubewilligungen größer geworden ist als am Schlusse des vorausgegangenen Jahres, ist der Unterschiedsbetrag entweder der Zentralkasse bar zu gewähren oder von dieser bar herauszuzahlen. In der Staatsvermögensrechnung werden die außenstehenden Vorschüsse nach dem Stande am Schlusse des dem Rechnungsjahre vorausgegangenen Jahres in Einnahme, nach dem Stande am Schlusse des Rechnungsjahrs dagegen als an die Einzelkassen zur Einziehung überwiesene Aktivforderungen in Ausgabe gestellt. Die Einzelkassen haben den Nachweis der erfolgten Abwicklung der von ihnen zur Einziehung übernommenen Vorschüsse in der Anhangsrechnung zur Staatshaushaltsrechnung zu führen. (Vgl. A. R. V. § 19 Abs. 4 und 5.) Ergibt sich später, daß ein dem Staatsvermögen überwiesener Vorschuß ganz oder teilweise uneinbringlich ist, so darf der uneinbringliche Betrag nicht in der Staatsvermögensrechnung abgeschrieben werden; er ist vielmehr zu Lasten der Verwaltung, die ihn seinerzeit gewährt hat, als Ausgabe zu verrechnen und auf diese Weise dem Staatsvermögen zu ersetzen.

Die Bedingungen, unter denen Vorschüsse aus der Staatskasse verabfolgt werden dürfen, sind nach § 24 Abs. 3 des Staatshaushaltsgesetzes durch allgemeine Vorschriften festzustellen, die den Ständen zur Kenntnisnahme mitzuteilen sind. Diese Bestimmung bezieht sich aber nur auf Vorschüsse, deren Verabfolgung an dritte Personen erfolgt, die dadurch Schuldner des Staates werden. Vorschüsse, wie sie im inneren Geschäftsbetriebe der staatlichen Kassen, insbesondere im Verhältnisse der Einzelkassen zur Zentralkasse, unter der Bezeichnung als Passivvorschüsse, Betriebsvorschüsse, eiserne Bestände oder Berechnungsgelder vorkommen, fallen nicht hierunter.

Allgemeine Vorschriften über die Bedingungen, unter denen Vorschüsse an dritte Personen aus der Staatskasse verabfolgt werden dürfen, sind bisher erlassen worden, soweit es sich um die Gewährung von Aktivvorschüssen zu Lasten des Staatsvermögens an Staatsbeamte und im Dienste des Staates beschäftigte Arbeiter handelt, durch Beschluß des Gesamtministeriums vom 13. April 1910, und soweit die Gewährung von Aktivvorschüssen anderer Art zu Lasten des Staatsvermögens in Frage kommt, durch die Allgemeinen Vorschriften für das Staatsrechnungswesen (§ 19 Abs. 3).

Aktivvorschüsse an Beamte und im Staatsdienste beschäftigte Arbeiter dürfen hiernach nur im Falle eines von den beteiligten Personen nachzuweisenden dringenden Bedürfnisses gewährt werden. Nichtständige Arbeiter sind von der Gewährung von Vorschüssen ausgeschlossen. Die Gewährung von Vorschüssen und die Festsetzung der Bedingungen, unter denen sie zu erfolgen hat, hängen von der Entschließung des zuständigen Ministeriums, im Verwaltungsbereiche der Königlichen Sammlungen für

Kunst und Wissenschaft von der Entschließung der Generaldirektion der Sammlungen ab, dafern nicht diese Behörden einer ihnen nachgeordneten Behörde insoweit die Entschließung überlassen haben. Die regelmäßig zulässige Höchstsumme eines Vorschusses beträgt $^{75}/_{100}$ des Jahresgehalts bei Beamten und 300 ℳ bei Arbeitern. Zur ausnahmsweisen Gewährung eines höheren Vorschußbetrags bedarf es der Zustimmung des Finanzministeriums. Vorschüsse von mehr als 750 ℳ für den Einzelfall müssen in der Regel nach der vollen Höhe der Vorschußsumme sichergestellt und mit 3 vom Hundert vom ersten Tage des auf die Vorschußzahlung folgenden Monats ab verzinst werden. Die Rückzahlung eines Vorschusses hat durch monatliche Gehalts- oder Lohnabzüge, bei Arbeitern mit Wochenlöhnen durch wöchentliche Lohnabzüge zu erfolgen, mit denen der Regel nach spätestens vom dritten Monate nach der Vorschußzahlung ab zu beginnen ist. Die Gehalts- oder Lohnabzüge sind auf mindestens den 12. Teil des monatlichen Gehalts- oder Lohnbetrags und auf mindestens den 10. Teil des wöchentlichen Lohnbetrags festzusetzen. Die einem Beamten gegenüber festgesetzten Tilgungssätze sind in der Regel auch beizubehalten, wenn der Beamte vor völliger Tilgung des Vorschußrestes in Wartegeld versetzt oder pensioniert wird. Sie dürfen im Mangel von Bedenken und soweit möglich auch den Erben gegenüber auf deren Antrag beibehalten werden, wenn der Beamte vor vollständiger Tilgung des Vorschusses verstirbt und die Erben zum Bezuge einer Pension berechtigt sind. Die Abzahlungsbeträge sind solchenfalls von dem Wartegelde oder der Pension innezubehalten. Der Vorschußnehmer hat sich in der über den empfangenen Vorschuß auszustellenden Schuldurkunde mit der Innebehaltung der erforderlichen Gehalts-, Wartegelds-, Pensions- oder Lohnabzüge ausdrücklich einverstanden zu erklären, im übrigen aber sich der Bedingung zu unterwerfen, daß der jeweilige Vorschußrest sofort fällig wird, wenn der Vorschußnehmer sterben oder ohne Pension entlassen werden sollte. Werden zur Sicherstellung Ansprüche aus Lebensversicherungspolicen verpfändet, so hat der Vorschußnehmer die pünktliche Zahlung der Versicherungsbeiträge nachzuweisen und in der Schuldurkunde diese Verpflichtung ausdrücklich zu übernehmen, auch die Staatskasse zu ermächtigen, für den Fall der Säumnis die entsprechenden Beträge zur Abführung an die Versicherungsgesellschaft von seinen Bezügen aus der Staatskasse innezubehalten, für den Fall seines Todes aber die Versicherungssumme selbst bei der Versicherungsanstalt zu erheben, davon die Restforderung zu decken und den verbleibenden Überschuß an die Erben des Schuldners oder die sonst berechtigten Empfänger auszuzahlen. Dafern ein Beamter oder Arbeiter einen Vorschuß erhalten hat, kann ihm vor dessen vollständiger Tilgung ein neuer Vorschuß nur ausnahmsweise gewährt werden. Vorschußreste dürfen grundsätzlich nicht erlassen werden. Dafern sich solche uneinbringlich erweisen, sind sie auf geeignete Etattitel zu überweisen, in Ermangelung solcher Titel aber außeretatmäßig zu verrechnen (vgl. S. 82, 88). Ob, inwieweit und unter welchen Bedingungen Vorschüsse an Beamte oder Arbeiter aus staatlichen Beständen (Fonds) zu bestimmten Zwecken gewährt werden dürfen, richtet sich nach den für solche Vermögensmassen maßgebenden Satzungen. In Ermangelung derartiger Satzungen haben die vorstehenden Vorschriften soweit möglich Anwendung zu leiden, mit der Maßgabe jedoch, daß uneinbringliche Vorschußreste zu Lasten der beteiligten Vermögensmassen verbleiben.

Aktivvorschüsse anderer Art als an Beamte und im Staatsdienste beschäftigte Arbeiter dürfen zu Lasten des Staatsvermögens, soweit sie nicht der Verwaltung dieses Vermögens dienen, nur geleistet werden, wenn sie im Staatsinteresse notwendig sind. Für alle diejenigen Zwecke, für die bereits im Staatshaushalts-Etat Mittel zu Ausgaben oder zu Vorschüssen bereitgestellt worden sind, dürfen Aktivvorschüsse zu Lasten des Staatsvermögens nicht gewährt werden. Hiervon bleiben jedoch solche Beträge ausgenommen, die nur vorläufig vorschußweise verschrieben und alsbald durch im Staatshaushalts-Etat bereits vorgesehene Mittel wieder gedeckt werden, wie Reisekostenvorschüsse, Umzugskostenvorschüsse usw. Ermächtigungen zu Vorschußzahlungen aus dem Staatsvermögen dürfen nur unter Zuziehung des Finanzministeriums ergehen, soweit nicht der Betrag des einzelnen Vorschusses unter der Summe von 5000 *M* bleibt.

Bezüglich solcher Vorschüsse, die im Staatshaushalts-Etat veranschlagt werden, bestimmen die Allgemeinen Vorschriften für das Staatsrechnungswesen im § 19 Abs. 15, daß im Etat die Voraussetzungen und Bedingungen für die Bewilligung tunlichst anzugeben sind.

Vorschüsse, wie sie im inneren Geschäftsbetriebe der staatlichen Kassen, insbesondere aber im Verhältnisse der Einzelkassen zur Zentralkasse, unter der Bezeichnung als Passivvorschüsse, Betriebsvorschüsse, eiserne Bestände und Berechnungsgelder vorkommen, unterliegen nicht der gleichen rechnungsmäßigen Behandlung wie Aktivvorschüsse zu Lasten des Staatsvermögens. Unter Passivvorschüssen werden Beträge verstanden, die von der Zentralkasse an Einzelkassen zur auftragsweisen Bestreitung gewisser Ausgaben aus den Mitteln der laufenden etatmäßigen Verwaltung verabreicht werden. Sie sind in den Rechnungen der Zentralkasse in dem Betrage in Ausgabe nachzuweisen, der im Laufe des Rechnungsjahrs wirklich verausgabt worden ist. Die Einzelkassen haben deshalb nach Abschluß ihrer Kassenbücher der Zentralkasse für jede einzelne auftragsweise übernommene Zahlung summarisch nachzuweisen, ob und in welcher Höhe von den empfangenen Vorschüssen Ausgaben bestritten worden sind. Nichtverwendete Vorschußsummen sind aber, soweit von ihnen noch weitere Zahlungen bestimmungsgemäß zu bestreiten sind, der Zentralkasse nicht zurückzugewähren, sondern ohne weiteres in den Kassenbüchern des folgenden Jahres als neue Überweisungen zu buchen. Von der Zentralkasse wird hierauf der nicht verwendete Vorschußbetrag bei dem einschlagenden Titel von den Ausgaben des abgelaufenen Rechnungsjahrs abgesetzt, gleichzeitig aber als neue Überweisung in den Kassenbüchern für das folgende Jahr gebucht. Die Abwicklung derartiger Vorschüsse wird von den Einzelkassen entweder in der Anhangsrechnung zur Staatshaushaltsrechnung oder in solchenfalls abzulegenden besonderen Rechnungen nachgewiesen. (Vgl. A. R. V. § 19 Abs. 11.) Unter Betriebsvorschüssen werden Vorschüsse verstanden, die Einzelkassen zur einstweiligen Verstärkung der Betriebsmittel der laufenden Verwaltung auf Antrag des zuständigen Ministeriums von der Zentralkasse aus Etatmitteln gewährt werden. Sie sind stets bis zum Abschlusse der Kassenbücher auf das Jahr, in dem sie gewährt wurden, wieder auszugleichen. Der Nachweis ihres Empfanges und ihrer Abwicklung erfolgt bei den Einzelkassen durch die Anhangsrechnung zur Staatshaushaltsrechnung. (Vgl. A. R. V. § 19 Abs. 13 und 14.) Ist eine Einzelklasse genötigt, zur Aufrechterhaltung eines geordneten Betriebs fortdauernd Betriebsvorschüsse von der Zentralkasse zu beanspruchen, deren Rückzahlung jeweilig nur dadurch möglich wird, daß am Jahresschlusse für die zurückzuzahlenden Summen neue Vorschüsse gewährt werden, so sind die erforderlichen Barsummen auf Antrag des zuständigen Ministeriums mit Genehmigung des Finanzministeriums von der Zentralkasse als eiserne Bestände (stehende Berechnungsgelder, stehende Betriebskapitale) zu entnehmen. Sie sind zwar in den Anhangsrechnungen zur Staatshaushaltsrechnung mit nachzuweisen. Jährlicher Abrechnung mit der Zentralkasse aber bedarf es nicht, da sie von dieser nicht aus Etatmitteln sondern aus den beweglichen Vermögensbeständen des Staates gewährt und daher fortdauernd in der Höhe, in der dies geschehen ist, in der Staatsvermögensrechnung nachgewiesen werden. (Vgl. A. R. V. § 21.) Berechnungsgelder, die den Einzelkassen nach Maßgabe des Bedürfnisses von der Zentralkasse zur Ausführung von Bauten und anderen einmaligen Herstellungen, Anschaffungen und Unternehmungen, über die selbständige Rechnungen abzulegen sind, aus Etatmitteln überwiesen werden, unterliegen der nämlichen Behandlung wie Passivvorschüsse (vgl. A. R. V. § 12 Abs. 7—10). Berechnungsgelder, die von Einzelkassen an besondere Rechnungsführer zur Bestreitung und Verrechnung gewisser Ausgaben aus Etatmitteln geleistet werden, sind jedesmal bei dem Abschlusse der Kassenbücher nach erfolgter Ausgleichung wieder einzuziehen. Die für das neue Jahr zu gleichen Zwecken zu gewährenden Berechnungsgelder dürfen lediglich in den Kassenbüchern für das neue Jahr hervortreten. (Vgl. A. R. V. § 20.)

15. Stundung von Forderungen.[1]

Im allgemeinen ist zwar davon auszugehen, daß die Zahlungsverpflichtungen Dritter gegenüber dem Staate zu den Verfallzeiten pünktlich zu erfüllen sind. Unter Umständen kann sich aber der Staat der Notwendigkeit einer Hinausschiebung der Verfallzeiten nicht entziehen, wie denn auch aus Rücksichten auf Handel und Gewerbe bezüglich einzelner Arten von Forderungen eine regelmäßige Hinausschiebung der Verfallzeiten geboten erscheint. Das Gesetz über den Staatshaushalt erkennt daher die Zulässigkeit der Stundung von Forderungen der Staatskassen an, stellt sich dabei aber auf den Standpunkt, daß zur Stundungserteilung zunächst nur die Ministerien berechtigt sind, da verfassungsmäßig deren Vorstände den Ständen gegenüber die Verantwortlichkeit für die ordnungsgemäße Verwaltung des Staatshaushalts tragen. Infolgedessen spricht es in § 11 Abs. 1 aus, daß hinsichtlich der dem Staate gegenüber zu erfüllenden Zahlungsverpflichtungen mit Genehmigung des zuständigen Ministeriums Stundung bewilligt werden darf, falls nicht durch Gesetze die Ermächtigung zur Stundung überhaupt ausgeschlossen ist, und erklärt die Einholung einer solchen Genehmigung nur dann für entbehrlich, wenn durch Gesetze eine Ermächtigung zur Stundung erteilt oder die Erteilung von Stundung durch allgemeine Anordnung des zuständigen Ministeriums nachgeordneten Behörden gestattet worden ist. Dabei ist es ohne Einfluß, ob es sich um Stundungen von Fall zu Fall handelt, oder ob fortlaufende Stundungen in Frage kommen, wie sie bei einzelnen Verwaltungszweigen stattzufinden pflegen, insbesondere bezüglich der Erlöse aus dem Verkaufe von Hölzern bei der Forstverwaltung, von Porzellanwaren bei der Porzellanmanufaktur und von Kohlen bei den Kohlenwerken, bezüglich der Kaufgelder für Lotterielose den Kollekteuren gegenüber bei der Verwaltung der Landeslotterie, bezüglich der Eisenbahnfrachten bei der Staatseisenbahnverwaltung, bezüglich der Zölle und Reichssteuern bei der Verwaltung der indirekten Abgaben. Auf Zölle und Reichssteuern findet zwar das Gesetz über den Staatshaushalt im allgemeinen keine Anwendung. Abgesehen aber davon, daß bei diesen Leistungen den Pflichtigen gegenüber nicht das Reich sondern der Staat der Forderungsberechtigte ist, ist die Staatskasse bei der Stundung von Zöllen und Reichssteuern auch insofern beteiligt, als diese in allen Fällen auf Gefahr nicht des Reichs sondern des Staates, bezüglich der Reichsstempelabgabe für Lotterielose auch nur für ausschließliche Rechnung des Staates erfolgt, sodaß also dieser in allen Fällen für etwaige Ausfälle an den gestundeten Beträgen aufzukommen, gestundete Abgabebeträge für Lotterielose aber zur Verfallzeit auch dem Reiche ohne Rücksicht darauf zur Verfügung zu stellen hat, ob sie tatsächlich eingegangen sind oder nicht.

[1] StHG. § 11 Abs. 1, 3 und 6.

Soweit durch Gesetze oder sonstige Vorschriften die Stundung von Forderungen der Staatskassen an besondere Bedingungen, beispielsweise an die Sicherstellung oder Verzinsung der gestundeten Beträge, geknüpft ist, darf sie selbstverständlich auch nur unter diesen Bedingungen erfolgen.[1]

Auf die im Begnadigungswege erfolgende Stundung von Geldstrafen leidet § 11 Abs. 1 des Staatshaushaltsgesetzes keine Anwendung, da das auf strafrechtlichem Gebiete sich bewegende Begnadigungsrecht überhaupt keinen Gegenstand dieses Gesetzes bildet (vgl. auch Abs. 6 von dessen § 11).

16. Verzichte auf staatliche Ansprüche; Niederschlagung von Fehlbeträgen (Defekten).[2]

Auf dem gleichen Standpunkte wie bezüglich der Stundung von Forderungen steht das Gesetz über den Staatshaushalt zu der Frage, ob und inwieweit unter besonderen Umständen eine Verzichtleistung auf Ansprüche des Staates einschließlich der Erstattung bereits empfangener Zahlungen und eine Niederschlagung von Fehlbeträgen (Defekten) erfolgen dürfen. Auch die Zulässigkeit derartiger finanzieller Gebarungen, zu denen nur zu häufig geschritten werden muß, sollen anders Härten und Unbilligkeiten vermieden werden, wie sie die strenge Durchführung der dabei in Betracht kommenden Ansprüche mit sich bringen würde, erkennt es an, hält aber auch insoweit zunächst nur die Zuständigkeit der Ministerien für begründet. Demgemäß spricht es in § 11 Abs. 2 und 3 aus, auf die Geltendmachung der dem Staate zustehenden Ansprüche dürfe, soweit nicht schon die Unmöglichkeit der Geltendmachung des Anspruchs vorliege oder dessen Verfolgung aussichtslos erscheine, auf Grund einer vom zuständigen Ministerium erteilten allgemeinen oder besonderen Ermächtigung verzichtet werden, und auf Grund einer solchen Ermächtigung dürfe auch eine Erstattung bereits vereinnahmter Beträge erfolgen, es sei denn, daß durch Gesetze eine Ermächtigung zum Verzichte oder zur Erstattung erteilt oder eine solche Ermächtigung ausgeschlossen sei. Dabei ist es selbstverständlich, daß, soweit Verzichte auf Forderungen einschließlich der Erstattung bereits eingezahlter Beträge zufolge gesetzlicher oder sonstiger Vorschriften nur unter bestimmten Voraussetzungen stattfinden dürfen, hiervon nicht abgewichen werden darf.[3]

Gleicher Beurteilung wie Verzichte auf Forderungen einschließlich der Erstattung bereits eingezahlter Beträge unterliegt die Niederschlagung von Fehlbeträgen (Defekten), und zwar ohne Unterschied, ob es sich dabei um sogenannte Rechnungsfehlbeträge, d. h. im Prüfungsverfahren festgestellte

---

[1] Nähere Vorschriften über Stundung von Forderungen der Staatskassen s. bei Löbe, Handbuch S. 536 ff.

[2] StHG. § 11 Abs. 4—6, StHG. AB. § 12.

[3] Nähere einschlagende Vorschriften s. b. Löbe, Handbuch S. 575 ff.

Beträge handelt, die darauf beruhen, daß Einnahmen in zu geringen Beträgen oder überhaupt nicht erhoben worden sind oder Ausgaben in zu hohen Beträgen geleistet worden sind oder überhaupt nicht zu leisten gewesen wären (vgl. A.R.V. § 48 Abs. 1), oder ob Kassenfehlbeträge, d. h. Fehlbeträge am Kassensollbestande (vgl. A. R. V § 49), dabei in Frage kommen. Soweit aber Fehlbeträge im einzelnen Falle den Betrag von 1000 *M* übersteigen, darf deren Niederschlagung nur mit Zustimmung des Gesamtministeriums erfolgen, und falls sich derartige Fehlbeträge erst im Laufe des Rechnungsprüfungsverfahrens herausgestellt haben, ist vor deren Niederschlagung die Oberrechnungskammer gutachtlich zu hören. Die auf Grund dieser Bestimmungen, durch die übrigens der Verwaltung nicht etwa die Verpflichtung auferlegt wird, wegen rückständiger Forderungen unter allen Umständen erst das Zwangsverfahren einzuleiten, ausgesprochenen Verzichte, Erstattungen und Niederschlagungen sind, soweit ihr Geldbetrag im einzelnen Falle 300 *M* übersteigt, oder soweit ihr Gegenstand nicht in einer Geldsumme besteht, der Ständeversammlung für jedes Kapitel des ordentlichen und jeden Titel des außerordentlichen Etats im Rechenschaftsberichte über die Verwaltung des Staatshaushalts — hinsichtlich der Geldbeträge summarisch — mitzuteilen. Dem Finanzministerium haben zu diesem Zwecke die übrigen Ministerien sowie die Generaldirektion der Sammlungen für Kunst und Wissenschaft je bis zum 1. Juli des auf die abgelaufene Finanzperiode folgenden Jahres entsprechende Nachweisungen oder Fehlanzeigen zukommen zu lassen. Auf die von der Staatseisenbahnverwaltung nicht eingezogenen oder die von ihr erstatteten Fahr-, Fracht-, Lager- und Wagenstandgelder, Konventionalstrafen und Ersatzansprüche gegen Beamte, Arbeiter und sonstige Angestellte der Eisenbahnverwaltung finden diese Bestimmungen keine Anwendung, da für den Bereich dieser Verwaltung eine Mitteilung an die Stände wegen der großen Anzahl der Fälle untunlich und wegen der davon unter Umständen zu befürchtenden Gefährdung von Verkehrsinteressen auch nicht unbedenklich sein würde. Ebenso sind Vertragsstrafen ausgeschlossen, die beim Abschlusse von Bau- und Lieferungsverträgen von den übrigen Verwaltungen vereinbart werden. Im übrigen kann mit Zustimmung beider Kammern die Mitteilung für einzelne Arten von Verzichten, Erstattungen und Niederschlagungen unterbleiben.

Auf die Bestimmungen, vermöge deren Geldstrafen in Ausübung des Begnadigungsrechts ermäßigt oder erlassen werden können, leidet aus dem bereits S. 93 hervorgehobenen Grunde keine der im vorstehenden erhaltenen Vorschriften Anwendung. Ebensowenig wird davon die der Oberrechnungskammer durch § 19 Abs. 3 des sie betreffenden Gesetzes vom 30. Juni 1904 beigelegte Befugnis berührt, bei der Rechnungsprüfung sich herausstellende Fehlbeträge (Defekte), wenn zu ihrer Erledigung ein unverhältnismäßiger Aufwand an Zeit oder Mühe erforderlich sein würde und ein höherer Betrag als 1000 ℳ für den einzelnen Fall dabei nicht in Frage kommt, sowie Fehlbeträge (Defekte), deren Uneinbringlichkeit bereits feststeht, nicht weiter zu verfolgen sondern fallen zu lassen.

17. Ausführung baulicher Herstellungen.[1]

Damit sich der durch bauliche Herstellungen der Staatskasse erwachsende Aufwand bereits im voraus mit einiger Sicherheit übersehen läßt, dürfen, soweit nicht im Falle besonderen Bedürfnisses Abweichungen zugelassen werden, Neubauten — worunter Hochbauten und Tiefbauten zu Lande und zu Wasser einschließlich der Eisenbahn- und Straßenbauten aller Art, nicht aber auch Tagebaue und unterirdische Grubenbaue beim Bergbaue zu verstehen sind —, Wiederherstellungsbauten — mit Ausnahme der aus Etatmitteln für laufenden Bauaufwand zu bestreitenden Jahresbauherstellungen und Instandsetzungen der Dienst- und Dienstmietwohnungen —, Erweiterungsbauten und Umbauten nur auf Grund genehmigter Bauentwürfe und Kostenanschläge begonnen und ausgeführt werden. Welche Behörde die Genehmigung zu den Entwürfen und Anschlägen zu erteilen und darüber Bestimmung zu treffen hat, unter welchen Voraussetzungen von den genehmigten Entwürfen und Anschlägen abgewichen oder inwieweit, insbesondere wegen der Dringlichkeit oder geringen Bedeutung gewisser Herstellungen, von der vorgängigen Aufstellung von Entwürfen und von Veranschlagung der Baukosten sowie von Einholung der Genehmigung abgesehen werden darf, darüber Anordnung zu treffen, ist dem Gesamtministerium vorbehalten.[2]

18. Abschluß von Werkverträgen.[3]

Zur Förderung des allgemeinen Wettbewerbs müssen alle Werkverträge, die für Rechnung des Staates geschlossen werden, auf vorausgegangene öffentliche Ausschreibung gegründet sein, sofern nicht Ausnahmen durch die Natur des Geschäfts gerechtfertigt oder durch das zuständige Ministerium für den einzelnen Fall oder für bestimmte Arten von Verträgen zugelassen werden. Damit ist aber nicht auch zugleich die Frage entschieden, welche Stellung die Verwaltung den infolge derartiger Ausschreibungen erlangten Angeboten gegenüber einzunehmen hat. Insbesondere ist damit der Verwaltung nicht etwa die Verpflichtung auferlegt, jedesmal das billigste Angebot zu bevorzugen; vielmehr gilt als Grundsatz, daß der Zuschlag nur auf ein in jeder Beziehung an-

[1] StHG. § 14.

[2] Eine derartige Anordnung ist bisher vom Gesamtministerium noch nicht getroffen worden. Bis es geschehen sein wird, soll es bei den für die Verwaltungen maßgebenden bisherigen Bestimmungen bewenden. (Vgl. StHG. AB. § 16 Abs. 2.)

[3] StHG. § 15.

nehmbares, die tüchtige und rechtzeitige Ausführung der dabei in Betracht kommenden Leistung oder Lieferung gewährleistendes Angebot erteilt werden darf. Mit Ausschluß der Öffentlichkeit können zu engerer Bewerbung ausgeschrieben werden: 1. Leistungen und Lieferungen, die nach ihrer Eigenart nur ein beschränkter Kreis von Unternehmern in geeigneter Weise ausführt; 2. Leistungen und Lieferungen, bezüglich deren in einer öffentlichen Ausschreibung ein annehmbares Ergebnis nicht erzielt worden ist; 3. sonstige Leistungen und Lieferungen, deren überschläglicher Gesamtwert den Betrag von 5000 *M* nicht übersteigt, sofern besondere Gründe für die Ausschreibung zu engerer Bewerbung vorhanden sind. In diesem Falle sind in der Regel mindestens drei und höchstens sechs Bewerber, bei deren Auswahl nach Möglichkeit zu wechseln ist, zur Abgabe von Angeboten aufzufordern. Unter Ausschluß jeder Ausschreibung kann die Vergebung erfolgen: 1. bei Gegenständen, deren überschläglicher Wert den Betrag von 3000 *M* nicht übersteigt; 2. wenn nach den örtlichen und sonstigen Verhältnissen eine Beteiligung von Unternehmern nicht zu erwarten steht; 3. bei Dringlichkeit des Bedarfs; 4. bei Leistungen und Lieferungen, deren Ausführung besondere Kunstfertigkeit erfordert oder unter Patent- oder Musterschutz steht, oder die in der erforderlichen Beschaffenheit nur von einem bestimmten Unternehmer zu erlangen sind; 5. bei Nachbestellung zur Ergänzung des für einen bestimmten Zweck ausgeschriebenen Gesamtbedarfs, sofern kein höherer Preis vereinbart wird als für die Hauptlieferung oder Hauptleistung. Bei Vergebung unter Ausschluß jeder Ausschreibung ist mit den Unternehmern nach Möglichkeit zu wechseln; auch sind dabei die ortsangesessenen Gewerbtreibenden vorzugsweise zu berücksichtigen. Abweichungen von diesen Vorschriften bedürfen der Genehmigung des vorgesetzten Ministeriums.[1]

19. Veräußerung staatlichen Eigentums, soweit es nicht zum Staatsgute im verfassungsrechtlichen Sinne gehört.[2]

Wie bereits S. 10 bemerkt worden ist, schreibt das Gesetz über den Staatshaushalt in § 18 vor, daß zum Staatsvermögen, aber nicht zum Staatsgute im Sinne von §§ 16—18 der Verfassungsurkunde, d. h. nicht zu dem von der Krone auf den Staat übergegangenen Teile des Staatsvermögens (vgl. den nachfolgenden dritten Abschnitt des vorliegenden Werkes) gehörige Grundstücke, insofern sie von erheblichem Umfange oder von erheblichem Werte sind, nur mit Zustimmung der Stände veräußert werden dürfen. Zu den Veräußerungen in diesem Sinne zählen auch

---

[1] Allgemeine Bestimmungen über die Vergebung von Leistungen und Lieferungen durch staatliche Verwaltungen im Königreiche Sachsen vom September 1907 Abschn. I und II Ziffer 8 Abs. 1 und 2 (Finanzministerialblatt 1911 S. 5 und 8).

[2] StHG. § 18, StHG. AB. § 18.

Überweisungen von Grundstücken, die zum Staatsvermögen, aber nicht zum Staatsgute gehören, an das Staatsgut. Als eine Veräußerung in diesem Sinne ist es dagegen nicht zu betrachten, wenn in anderen Fällen ein nicht zum Staatsgute gehöriges Grundstück von einem staatlichen Verwaltungszweige einem anderen überwiesen wird. Ein Ausgleich zwischen den einzelnen Verwaltungen ist daher solchenfalls auch nur herbeizuführen, wenn eine Verwaltung, die ein Grundstück an eine andere Verwaltung abzugeben hat, zur Beschaffung von Ersatz entweder ein anderes Grundstück anzukaufen oder einen Neu- oder Umbau auszuführen oder Aufwendungen beider Art zu machen genötigt ist. Darüber ob diese Fälle vorliegen, entscheidet die Verwaltung, die das Grundstück abgibt. In diesen Fällen ist der abgebenden Verwaltung der Kaufwert des Grundstücks oder die Bausumme oder beides von der empfangenden Verwaltung mit der Maßgabe zu ersetzen, daß, wenn der Kaufpreis für das neu zu erwerbende Grundstück oder die aufzuwendende Bausumme oder beides weniger als der Kaufwert des abgegebenen Grundstücks beträgt, nur der Betrag zu leisten ist, den die Verwaltung, die ein Grundstück abgegeben hat, zur Beschaffung des Ersatzes aufwenden muß.

Wenn Gebrauchsgegenstände und Dienststücke (Mobiliar und Inventar) von einer Verwaltung an die andere überwiesen werden, hat ein Ausgleich zwischen den einzelnen Verwaltungen nur einzutreten, falls die Sachen durch die Überweisung Teile des Staatsguts werden.

In der dem Rechenschaftsberichte über die Verwaltung des Staatshaushalts beizufügenden Summarischen Übersicht der Gebrauchsgegenstände und Dienststücke (des Mobiliars und Inventars) sowie des unbeweglichen Staatsvermögens der Staatsverwaltung sind Überweisungen von Grundstücken, Gebrauchsgegenständen und Dienststücken (Mobiliar und Inventar) von einer Staatsverwaltung an die andere, soweit nicht für die Staatseisenbahnverwaltung abweichende Bestimmungen bestehen (vgl. den siebenten Abschnitt des vorliegenden Werkes), als Abgang oder Zugang nachzuweisen.

Im Bereiche der Staatseisenbahnverwaltung dürfen einer zwischen der Regierung und den Ständen getroffenen Vereinbarung zufolge Grundstücke ohne ständische Zustimmung veräußert werden, soweit ihr Wert im einzelnen Falle den Betrag von 300 000 *M* nicht überschreitet. Den Ständen muß aber über derartige Veräußerungen je im nächsten Rechenschaftsberichte Mitteilung gemacht werden.[1]

20. Ausgleichung von Fondsverwechselungen.[2]

Verrechnungen von Einnahmen und Ausgaben an falschen Etatstellen — sogenannte Fondsverwechselungen (vgl. S. 85) — dürfen regelmäßig

[1] Landtagsakten 1905/06 Dekrete III. Bd. Nr. 33 S. 8, Ständische Schrift Nr. 39 S. 100.

[2] StHG. § 32, StHG. AB. § 27.

nur so lange ausgeglichen werden, als die Kassenbücher noch offenstehen. Sind die Kassenbücher bereits abgeschlossen, so darf ein Ausgleich nur noch unter der Voraussetzung erfolgen, daß bei der Verwechselung übertragbare Ausgabemittel (vgl. S. 61) oder solche Einnahmen beteiligt sind, deren Verwendung auf bestimmte Zwecke beschränkt ist. In bezug auf übertragbare Ausgabemittel hat aber eine Ausgleichung in einer späteren Finanzperiode nur dann noch stattzufinden, wenn und soweit übertragbare Beträge (Ausgabereservate) bei demjenigen Titel vorhanden sind, zu dessen Lasten die falsch verrechneten Ausgaben zu verschreiben gewesen wären (A. R. V. § 15 Abs. 4). Der Ausgleich hat, soweit er hiernach überhaupt zulässig ist, in der nächsten noch nicht abgeschlossenen Staatshaushaltsrechnung einzutreten.

21. Überschüsse und Fehlbeträge am Schlusse einer Finanzperiode.[1]

Stellt sich am Schlusse einer Finanzperiode heraus, daß die Gesamtsumme der Einnahmen des ordentlichen Staatshaushalts-Etats größer gewesen ist als die der Ausgaben, und ergibt sich sonach ein Überschuß an Einnahmen, so ist dieser den beweglichen Vermögensbeständen des Staates zuzuführen. Die beweglichen staatlichen Vermögensbestände sind es deshalb auch, die, soweit es möglich ist, zunächst herangezogen werden, wenn sich am Schlusse einer Finanzperiode ergibt, daß die Gesamtsumme der Ausgaben des ordentlichen Staatshaushalts-Etats größer gewesen ist als die der Einnahmen, und wenn es daher gilt, einen Fehlbetrag (ein Defizit) zu decken.

Dritter Abschnitt.

Staatsvermögen.

1. Die Gesamtheit dessen, was der Staat an Grund und Boden, Gebäuden, wirtschaftlichen Betrieben und Anlagen nebst den dazu gehörigen Betriebsmitteln, ferner an Barschaft, Wertpapieren und Außenständen, Vorräten, Gebrauchsgegenständen und Dienststücken (Inventar und Mobiliar) und sonstigen Wertgegenständen besitzt und erwirbt, bildet das Staatsvermögen. Dieses Vermögen setzt sich einerseits aus solchen Gegenständen zusammen, die der Staat durch die Krone, d. h. durch den König als souveränes Oberhaupt des Staates (Verfassungsurkunde § 4), erworben hat oder noch erwirbt — einem Teile des Staatsvermögens, den die Verfassungsurkunde vom 4. September 1831 in ihrem § 16 Staatsgut nennt —, anderseits ist es gebildet aus solchen Gegen-

---

[1] StHG. § 9 Abs. 2.

ständen, die der Staat unmittelbar erworben hat und noch erwirbt — einem Teile des Staatsvermögens, über den die Verfassungsurkunde besondere Bestimmungen überhaupt nicht trifft, und das man als Verwaltungsgut zu bezeichnen pflegt —.

Solange der Landesherr alle Rechte der Staatsgewalt unbeschränkt in seiner Person vereinigte, flossen wie Hof- und Staatshaushalt so auch landesherrliches und staatliches Vermögen ineinander zusammen. Ein selbständiges Staatsvermögen fing erst an sich bis zu einem gewissen Grade herauszubilden, seitdem die ehemaligen Landstände mit der Erhebung und Verwendung der von ihnen bewilligten Steuern betraut worden waren (vgl. S. 4) und sich daher nachweisbar feststellen ließ, ob und welche Vermögensgegenstände unmittelbar aus Steuereinkünften herrührten. Hätte man außerdem zwischen landesherrlichem und staatlichem Vermögen unterscheiden wollen, so hätte man letzterem nur noch solche Gegenstände zurechnen können, die, wie z. B. die öffentlichen Flüsse und Straßen, die Berg- und Hüttenwerke, unter den Begriff von Regalien (vgl. S. 2) fielen und sonach aus Erwerbungen herrührten, die die Landesherren in ihrer Eigenschaft als Träger der Krone gemacht hatten. Was letzteren kraft sonstiger Rechtstitel noch zugehörte, wie dies insbesondere mit ihrem erblichen Besitze an Grund und Boden nebst Zubehör, einschließlich der teils unmittelbar damit verbundenen, teils mittelbar daraus sich ableitenden nutzbaren Rechte, der Fall war, konnte als Vermögen, das die Landesherren als Träger der Krone besessen hätten, nicht wohl aufgefaßt werden; hierbei handelte es sich vielmehr um landesherrliches Hausvermögen (Domanialvermögen). Dieser Auffassung entsprach es, wenn der Entwurf der Verfassungsurkunde vom 4. September 1831, wie er mittels Allerhöchsten Dekrets vom 1. März 1831[1] den damaligen Landständen zur Beratung und Beschlußfassung vorgelegt wurde, in § 14 aussprach, als Staatsgut sei zu betrachten, was die Krone an Territorien, Grundstücken, nutzbaren Rechten, Einkünften, öffentlichen Anstalten, Beständen, Außenständen und Vorräten jeder Art besitze und erwerbe, und somit den Gedanken zum Ausdrucke brachte, daß, was die Krone als solche besitze und erwerbe, nicht ihrem Träger oder dessen Hause sondern dem Staate eigentümlich zugehöre, in den §§ 15 und 16 aber als Gegensatz zum Staatsgute in diesem Sinne das einerseits aus sämtlichen Königlichen Ämtern, Kammergütern und Domänen, den dazu gehörigen Fluren, Gebäuden und Inventarien, Amtskapitalien, Einkünften und nutzbaren Rechten, Forsten, Mühlen usw., anderseits aus dem Königlichen Hausfideikommisse bestehende Familiengut des Königlichen Hauses mit der Maßgabe hinstellte, daß dieses Patrimonialeigentum (ererbtes Vermögen) des Königlichen Hauses sei und

[1] Landtagsakten 1830 Bd. 3 S. 1373 ff.

bleibe. Diese Bestimmung war getroffen unbeschadet des Umstandes, daß der nicht zum Hausfideikommisse gehörige Teil des Familienguts den Staatskassen gegen Gewährung der Zivilliste und der hausgesetzmäßigen Leistungen an die Glieder des Königlichen Hauses überlassen werden sollte. Die Landstände gingen dagegen von der Ansicht aus, daß auch das Familiengut des Königlichen Hauses Eigentum der Krone sei, und wollten daher dieses, gestützt auf einen gleichmäßigen Vorgang der bayrischen Verfassung, unter dem Begriffe des Staatsguts mit vereinigt wissen, sodaß den Gegensatz zu diesem nur das Privatvermögen des Königs und der Königlichen Familie bilden sollte.[1] Die damaligen Regenten (König Anton und Prinz Friedrich August als Mitregent) erklärten infolgedessen, daß sie, um den ständischen Anträgen tunlichst zu entsprechen, zwar geschehen lassen könnten, daß die Königlichen Ämter, Kammergüter und Domänen nebst den dazu gehörigen Fluren, Gebäuden und Inventarien, Amtskapitalien, Einkünften und nutzbaren Rechten, Forsten, Mühlen usw. gegen Gewährung der Zivilliste unter der Kategorie des Staatsguts vereinigt werde, lehnten dagegen, um ihrem Hause und ihren rechtmäßigen Nachfolgern in der Regierung in ihren Rechten nichts zu vergeben, die gleichmäßige Behandlung auch des Königlichen Hausfideikommisses ab.[2] Die Landstände erklärten sich hiermit einverstanden, und demgemäß erhielt § 16 der Verfassungsurkunde seine heute noch gültige Fassung, wonach dasjenige, was die Krone an Territorien, Ämtern, Kammergütern, Domänen, den dazu gehörigen Fluren, Gebäuden und Inventarien, Forsten und Mühlen, Berg- und Hüttenwerken, Kuxen, Regalien, Amtskapitalien, Einkünften, nutzbaren Rechten, öffentlichen Anstalten, Beständen, Außenständen und Vorräten jeder Art und sonst besitzt und erwirbt, eine einzige unteilbare Gesamtmasse unter der Bezeichnung Staatsgut bildet und in seinem ganzen Umfange auf den jedesmaligen Thronfolger übergeht, den Gegensatz zum Staatsgute in diesem Sinne aber einerseits das Fideikommiß des Königlichen Hauses, anderseits das Privatvermögen des Königs und der Königlichen Familie darstellt.

Unbeschadet des Umstandes, daß das Staatsgut in seinem ganzen Umfange auf den jedesmaligen Thronfolger übergeht, darf es doch bis auf eine Anzahl von Schlössern, Palästen, Hofgebäuden, Gärten und Räumen, die der freien Benutzung des Königs überlassen sind, lediglich zu Zwecken des Staates benutzt werden. Deshalb fließt sein Ertrag in die Staatskassen und erfolgt seine Verwaltung durch eine den Grundsätzen der Verfassung gemäß gebildete Finanzbehörde. Diese Behörde ist das Finanzministerium,[3] das sich bei dieser Verwaltung selbstverständlich,

[1] Landtagsakten 1831 Bd. 4 S. 1770, 1771.

[2] Landtagsakten 1831 Bd. 4 S. 2238, 2239.

[3] Allerhöchste Verordnung, die Einrichtung der Ministerialdepartements betreffend, vom 7. November 1831 Pkt. B (GS. S. 32).

soweit nötig, der Mitwirkung der ihm nachgeordneten Behörden und Beamten bedient.

Das Staatsgut muß stets in seinen wesentlichen Bestandteilen erhalten werden und kann, abgesehen von solchen Veränderungen, die bei einzelnen Parzellen, zu Beförderung der Landeskultur oder zu Entfernung wahrgenommener Nachteile durch Verkauf, Austausch oder Ablösung sowie infolge eines gerichtlichen Urteils oder zu Berichtigung zweifelhafter Grenzen nötig oder gut befunden werden, ohne Zustimmung der Stände durch Veräußerungen nicht vermindert, ebensowenig aber ohne solche Zustimmung mit Schulden oder anderen Lasten beschwert werden. Die Regierung ist aber von den Ständen ein für allemal ermächtigt worden, den Verkauf von Kalkwerken, Kammergütern und Weinbergen, mit Ausnahme der Pillnitzer Weinberge, bei passender Gelegenheit ohne vorgängige ständische Genehmigung vorzunehmen und den Erlös zum Ankaufe von Forstgrundstücken zu verwenden.[1] Falls diese Ausnahmebestimmung nicht Platz greift, ist, soweit dies ohne Nachteil für den Staatsfiskus tunlich ist, bei der Veräußerung von zum Staatsgute gehörigen Grundstücken, die von erheblichem Umfange und Werte sind, und bei denen insbesondere für die Feststellung des Wertes andere Umstände als der Ertrags- oder der Bebauungswert in Frage kommen, die Genehmigung nicht bloß des Finanzministeriums sondern auch der Stände vorzubehalten.[2]

Unter die Lasten, mit denen das Staatsgut ohne ständische Genehmigung nicht beschwert werden darf, fallen auch die Grunddienstbarkeiten. Es wird daher, wenn Wegerechte, Wasserlaufsberechtigungen und ähnliche Gerechtsame in bezug auf zum Staatsgute gehörige Grundstücke begehrt werden, von Bestellung einer Grunddienstbarkeit und deren Eintragung in das Grundbuch in der Regel abgesehen. Vielmehr haben sich die Beteiligten, wenn ihren Gesuchen sonst keine Bedenken entgegenstehen, mit der Erteilung einer jederzeit widerruflichen Erlaubnis zu begnügen. Die Eintragung einer Grunddienstbarkeit in das Grundbuch läßt sich jedoch nach Art. 187 Satz 2 des Einführungsgesetzes zum Bürgerlichen Gesetzbuche vom 18. August 1896 dann nicht umgehen, wenn die Grunddienstbarkeit zu der Zeit, zu der das Grundbuch als angelegt anzusehen ist — 1. Januar 1900 —, bereits zu Recht bestanden hat und der Berechtigte die Eintragung verlangt. Auch kann eine an die Einwilligung der Stände gebundene und daher ohne diese Einwilligung unzulässige Belastung des Staatsguts darin nicht gefunden werden, wenn im Interesse des Zustandekommens eines für das Staatsgut vorteilhaften

[1] Beilage D zur Ständischen Schrift vom 6. April 1872, Landtagsakten 1871/73 I. Abt. 3. Bd. S. 302.

[2] Grundsätze für Verwaltung des Staatsguts § 5, Landtagsakten 1905/06, Kgl. Dekrete III. Bd. Nr. 10 S. 5.

Geschäfts, z. B. eines Kaufes, Tausches usw., einem Angrenzer oder sonst Beteiligten auf sein Verlangen eine mit verhältnismäßig geringfügigen Nachteilen für das Staatsgut verknüpfte Dienstbarkeit, z. B. ein Wegerecht, eine Wasserlaufsgerechtigkeit, bestellt und im Grundbuche eingetragen werden muß. In solchen und ähnlichen Fällen kann daher die Einräumung eines dinglichen Rechtes seitens des Finanzministeriums ohne ständische Genehmigung verfügt werden.[1]

Erlöse aus verfassungsmäßig zu Recht bestehenden Veräußerungen von Teilen des Staatsguts sind, sobald sich eine vorteilhafte Gelegenheit findet, zu Erwerbung inländischen Grundeigentums anzuwenden, inzwischen aber auf eine andere zweckmäßige Weise werbend anzulegen. Was durch eine solche Veräußerung an Grundeigentum, Rechten, Einkünften oder Kaufgeldern erlangt wird, nimmt die Eigenschaft des veräußerten Gegenstandes an und tritt an dessen Stelle. Rührt daher das Geld, mit dem ein Grundstück erkauft oder ein Gebäude errichtet wird, von der Veräußerung eines zum Staatsgute gehörigen Grundstücks her, so nehmen auch das erkaufte Grundstück und das erbaute Haus die Natur des Staatsguts an.[2] Den Ständen, die über die Erhaltung des Staatsguts zu wachen haben (VU. § 108), ist bei jedem ordentlichen Landtage nachzuweisen, was seit dem letztvorherigen vom Staatsgute veräußert, warum die Veräußerung bewirkt, was dabei erlangt und in welcher Weise das erlangte Kaufgeld vorschriftsmäßig angewendet worden ist.

Nicht auf alle Teile des Staatsguts steht aber dem Staate bedingungslos das Recht der Nutzung zu. Die darunter mitbegriffenen Königlichen Ämter, Kammergüter und Domänen nebst den dazu gehörigen Fluren, Gebäuden und Inventarien, Amtskapitalien, Einkünften und nutzbaren Rechten, Forsten, Mühlen usw., die sich ehedem, wie bereits S. 99 erwähnt worden ist, im Patrimonialeigentume des Königlichen Hauses befunden haben und von der Verfassungsurkunde gemeint werden, wenn sie neben dem Staatsgute im allgemeinen von Domänengute im besonderen spricht (VU. § 22 Abs. 2), gehören dem Staatsgute mit der Wirkung, daß die Nutzungen davon in die Staatskassen fließen, nur auf die jedesmalige Dauer der Regierungszeit des Königs und so lange an, als dem Könige als Gegenleistung für diese Nutzungen eine Zivilliste in der Höhe von mindestens 500 000 Talern Konventionsmünze (1 Taler = 3 Mark $8^1/_3$ Pfennig) jährlich bewilligt wird (vgl. den vierten Abschn. unter 2), und als er sich nicht entschließt, eine oder die andere Domäne gegen Abzug einer

[1] Landtagsabschied vom 20. Mai 1898 II Ziffer 5 (GVB. S. 60), Ständische Schrift Nr. 53 vom 18. Mai 1898, Landtagsakten 1897/98, Ständische Schriften S. 157, Grundsätze für Verwaltung des Staatsguts § 6, Landtagsakten 1905/06, Kgl. Dekrete III. Bd. Nr. 10 S. 5.

[2] Grundsätze für Verwaltung des Staatsguts § 10 Abs. 2, Landtagsakten 1905/06, Kgl. Dekrete III. Bd. Nr. 10 S. 10.

nach dem Durchschnittsertrage der letzten 10 Jahre bestimmten Summe von der Zivilliste auf Lebenszeit zu eigener Verwaltung und Benutzung zu übernehmen.

Der verfassungsrechtlich bestehende Zwang zur substanziellen Erhaltung des Staatsguts, soweit es Teile des alten Domänenguts umfaßt, findet sonach seine Begründung darin, daß bei jedem Regierungswechsel für den Fall, daß eine Zivilliste entweder überhaupt nicht oder doch nicht in dem Mindestbetrage von 500000 Talern Konventionsmünze bewilligt werden sollte, die Möglichkeit gegeben ist, daß das Domänengut, das den ganz überwiegenden Teil des Staatsguts ausmacht, und zu dem gegenwärtig insbesondere die Staatsforsten, die Kammergüter, eine Anzahl von Einzelgrundstücken, die Moritzburger und Mutzschener Teiche, die staatlichen Kalkwerke, das Steinkohlenwerk zu Zauckerode, das Braunkohlenwerk zu Leipnitz, die Porzellanmanufaktur zu Meißen, die Hofapotheke, das Blaufarbenwerk zu Oberschlema und die sogenannten Amtsintraden (Erbzinsen, Kanons u. dergl.) gehören, vom Könige in eigene Verwaltung genommen wird.

Der verfassungsrechtlich bestehende Zwang zur substanziellen Erhaltung des unter den Begriff von Domänengut nicht fallenden Teiles des Staatsguts, d. h. dessen, was die Krone außer dem Domänengute an Territorien, Grundstücken, nutzbaren Rechten, Einkünften, öffentlichen Anstalten, Beständen, Außenständen und Vorräten jeder Art und sonst im Jahre 1831 besaß und danach erworben hat und weiterhin noch erwirbt, und wobei namentlich dasjenige in Betracht kommt, was dem Landesherrn damals als Träger der Krone und Inhaber der Hoheitsrechte des Staates, insbesondere der nutzbaren Regalien, gehörte,[1] erklärt sich dagegen aus der Absicht, „dadurch zu verhindern, daß versucht werde, die den Zeitgenossen zufallenden Lasten auf die Nachkommen zu übertragen".[2] An und für sich würden daher auch diejenigen Kapitalien, die aus Veräußerungen von Teilen des Staatsguts verfügbar werden, um an Stelle der veräußerten Substanz zu treten, rechnungsmäßig einer verschiedenartigen Behandlung zu unterliegen haben, je nachdem es sich dabei um Veräußerungen aus Teilen des Domänenguts handelt oder nicht. Herkömmlich wird jedoch in dieser Beziehung ein Unterschied nicht gemacht; vielmehr fließen, wie bereits S. 20 bemerkt worden ist, alle diese Erlöse, solange sie nicht bestimmungsgemäß zum Ankaufe inländischen Grundeigentums oder zur Ablösung von Lasten, die auf dem Staatsgute haften, Verwendung finden können, der staatlichen Zentralkasse zu, die sie unter den beweglichen Vermögensbeständen des Staates mit führt, aber rechnungs-

[1] Grundsätze für Verwaltung des Staatsguts § 1 Abs. 5b, Landtagsakten 1905/06, Kgl. Dekrete III. Bd. Nr. 10 S. 4.

[2] Vgl. Landtagsakten 1836/37 Abt. I Bd. 1 S. 263.

mäßig unter der Bezeichnung „Domänenfonds“[1] ausweist. Unter der Bestandssumme dieses sogenannten Fonds hat man sich aber nicht etwa eine in besonderer Verwahrung befindliche Barschaft sondern die durch Berechnung ermittelte Summe zu denken, die, um das Grundkapital des Staatsguts unvermindert zu erhalten, zu neuen Erwerbungen oder zu dauernden Verbesserungen des Staatsguts oder zu Ablösungen der auf dem Staatsgute ruhenden Lasten noch zu verwenden ist, bis zum Zeitpunkte dieser Verwendung aber zinsbar angelegt bleibt, und zwar teils durch die von den Erwerbern unbezahlt gelassenen Kaufgelder, die noch auf den veräußerten Grundstücken hypothekarisch haften und unter den Aktivbeständen der staatlichen Zentralkasse geführt werden, teils durch Verstärkung der im Bestande dieser Kasse befindlichen Summe von Wertpapieren.[2]

Zu den dauernden Verbesserungen, zu denen Erlöse aus veräußerten Teilen des Staatsguts verwendet werden dürfen, gehören auch: die Erwerbung von Dienstwohnungen für Forstbeamte durch Ankauf oder Neubau, der Bau und die Erwerbung von Wohnhäusern für Waldarbeiter, erheblichere Erweiterungen und Verbesserungen vorhandener Gebäude des Staatsguts und der Bau von erheblicheren Nebenanlagen von Gebäuden des Staatsguts, z. B. von kostspieligeren Wasserleitungen. Voraussetzung ist dabei, daß durch die Ankäufe und Bauten der Gebäudebestand des Staatsguts vermehrt wird. Der bloße Ersatz alter, unbrauchbar gewordener Gebäude des Staatsguts durch neue Gebäude darf nicht aus dem Domänenfonds sondern muß aus den Mitteln des laufenden Etats bestritten werden.[3] Im einzelnen gelten insoweit folgende Vorschriften:[4]

1. Soll ein zum Staatsgute gehöriges, als Wohnung oder für wirtschaftliche oder gewerbliche Zwecke dienendes Gebäude wegen Baufälligkeit oder unzweckmäßiger Bauart oder Lage verkauft oder abgebrochen und durch einen Neubau von nicht wesentlich größerem Umfange oder nicht wesentlich wertvollerer Ausführung ersetzt werden (vgl. Pkt. 3), so sind die Neubaukosten, abzüglich der aus dem Verkaufe des alten Gebäudes (ohne Grund und Boden) oder des beim Abbruche gewonnenen Materials gelösten Beträge, in der Staatshaushaltsrechnung zu verschreiben. Wieviel von dem für das alte Gebäude samt Grund und Boden bewilligten Kaufpreise auf das Gebäude allein zu rechnen ist, hat nötigenfalls das Landbauamt zu ermitteln.

---

[1] Vgl. Landtagsabschied vom 30. Oktober 1834 Abschn. B Pkt. 16 (GS. S. 324).

[2] Vgl. Landtagsakten 1883/84, Kgl. Dekrete Bd. 2 S. 57.

[3] Grundsätze für Verwaltung des Staatsguts § 9, Landtagsakten 1905/06, Kgl. Dekrete III. Bd. Nr. 10 S. 6.

[4] Generalverordnung des Finanzministeriums vom 12. Dezember 1901 Nr. 49 Gen.-Reg. II, Landtagsakten 1905/06, Kgl. Dekrete III. Bd. Nr. 10 S. 7.

2. Wenn das alte Gebäude mit dem Grund und Boden, auf dem es errichtet ist, verkauft wird, ist der auf den Grund und Boden allein (ohne Gebäude) zu rechnende Teil des Kaufpreises beim Domänenfonds zu verschreiben. Ebenda ist auch der Kaufpreis für den Grund und Boden zu verrechnen, wenn der Neubau auf einem zu diesem Zwecke erworbenen Areale errichtet wird.

3. Wird der Kubikinhalt des alten Gebäudes vom Kubikinhalte des Ersatzbaus wesentlich überschritten, und wird bei einer solchen Raumvermehrung die Werterhöhung nicht durch entsprechend einfachere Ausführung ausgeschlossen, oder ist das neue Gebäude infolge der Art der Ausführung wesentlich wertvoller als das alte, so ist ein dem Raum- oder Wertzuwachse entsprechender, nötigenfalls vom Landbauamte zu ermittelnder Teil der Neubaukosten beim Domänenfonds zu verschreiben.

4. Die vorstehenden Bestimmungen leiden im Falle der Wiederherstellung eines ganz oder teilweise durch Feuer zerstörten Gebäudes auf den durch die Gebäudeversicherung nicht gedeckten Teil der Neubaukosten entsprechende Anwendung.

5. Die Herstellung von Dienstwohnungen für:

a) Beamte, denen bestallungsgemäß freie Dienstwohnung zukommt, denen seither aber in Ermangelung einer solchen eine Mietzinsvergütung gewährt wurde (Forstassessoren, Förster),

b) Beamte der unter a erwähnten Kategorie, die auf neu errichtete Dienststellen versetzt werden,

c) Beamte, die keinen Anspruch auf Dienstwohnung haben, für die aber in Ermangelung eines geeigneten Unterkommens Dienstmietwohnungen gebaut werden (Hilfsförster, Waldwärter),

sowie von Arbeiterwohnungen erfolgt stets auf Kosten des Domänenfonds.

6. Bei dem Domänenfonds sind die Kosten für Herstellung neuer Gebäude (z. B. eines neuen Oberförstergehöfts) auch dann zu verschreiben, wenn das neue Gebäude zwar zunächst an die Stelle eines alten zu demselben Zwecke benutzten Dienstgebäudes (des früheren Oberförstergehöfts) tritt, das alte Gebäude hierdurch aber nicht entbehrlich sondern für andere Zwecke (z. B. als Forstassessor- oder Försterwohnung) weiter verwendet wird. Macht sich zu dem Ende unter Aufwendung erheblicherer Kosten ein Umbau des alten Gebäudes erforderlich, so sind auch die Umbaukosten beim Domänenfonds zu verschreiben.

7. Auch die Herstellung neuer Nebengebäude (Stallungen, Kutscherwohnungen, Schuppen, Scheunen usw.) sowie alle anderen Neuherstellungen, durch die der Gebäudebestand des Staatsguts vermehrt wird, sind auf Kosten des Domänenfonds zu bewirken.

8. Was im vorstehenden von den Neubaukosten bestimmt ist, leidet im Falle der Erwerbung eines bereits vorhandenen Hausgrundstücks auf denjenigen Teil des Kaufpreises, der auf die Erwerbung des Gebäudes

selbst (ohne Grund und Boden) zu rechnen ist, sowie auf die erstmaligen Einrichtungskosten entsprechende Anwendung. Dasselbe gilt in jenem Falle von den Bestimmungen, die in Punkt 1 und 2 über den Abzug von Verkaufserlösen und über die Verschreibung des Kaufpreises für den angekauften oder verkauften Grund und Boden getroffen sind.

9. Kosten für erheblichere Änderungen, Erweiterungen oder Verbesserungen bereits vorhandener Gebäude sind aus dem Domänenfonds zu bestreiten.

10. Die vorstehend bezüglich der Herstellung, Verbesserung und Erweiterung von Gebäuden getroffenen Bestimmungen leiden auf die Herstellung, Verbesserung und Erweiterung von

1. Nebenanlagen, die zu Gebäuden gehören (Wasserleitungen, Brunnen, Einfriedigungen, Stützmauern usw.), und von
2. anderen Anlagen, durch welche das Staatsgut eine bleibende Werterhöhung erfährt (Be- und Entwässerungsanlagen, landwirtschaftliche Meliorationen usw.), sowie
3. auf Straßen- und Schleusenherstellungen und andere Anliegerleistungen, die dem Staatsfiskus für den Fall der Bebauung des zum Staatsgute gehörigen Areals obliegen, entsprechende Anwendung.

Ist der Aufwand ein verhältnismäßig nicht sehr erheblicher, so ist er auch dann in der Staatshaushaltsrechnung zu verschreiben, wenn er nach den oben erwähnten Grundsätzen aus dem Domänenfonds zu bestreiten sein würde.

11. Soweit im Staatshaushalts-Etat für Herstellungen der in vorstehenden erwähnten Art Geldmittel ausdrücklich vorgesehen sind, hat die Verschreibung in der Staatshaushaltsrechnung auch dann zu erfolgen, wenn der Aufwand an und für sich aus dem Domänenfonds zu bestreiten sein würde.

12. Entstehen in den Fällen von Punkt 1, 3, 6, 8, 9 und 10 Zweifel darüber, ob im einzelnen Falle ein „wesentlich größerer Umfang", eine „wesentliche" Überschreitung des Kubikinhalts oder Wertes des alten Gebäudes, „erheblichere Kosten", „erheblichere Änderungen, Erweiterungen oder Verbesserungen", eine „wesentliche" Erweiterung, „ein verhältnismäßig nicht sehr erheblicher Aufwand" anzunehmen sind oder nicht, und ob demgemäß ein Betrag in der Staatshaushaltsrechnung oder beim Domänenfonds zu verschreiben ist, so hat die Verschreibung in der Staatshaushaltsrechnung stattzufinden. Im gleichen Sinne ist zu verfahren, wenn es aus anderen Gründen zweifelhaft erscheint, ob Baukosten aus dem Domänenfonds oder aus den laufenden Einnahmen zu bestreiten sind.

Nach einer später getroffenen Bestimmung werden die nach den vorstehenden Vorschriften auf den Domänenfonds zu übernehmenden Baukosten, soweit sie den Betrag von 1000 *M* nicht übersteigen, aus Gründen der Vereinfachung nicht bei diesem Fonds sondern in der Staatshaushaltsrechnung unter den laufenden Ausgaben verschrieben.[1]

2. Zum Unterschiede vom Staatsgute im verfassungsrechtlichen Sinne begreift das Verwaltungsgut alles dasjenige in sich, was der Staat im Gegensatze zur Krone, sei es für bloße Verwaltungszwecke oder für wirtschaftliche Betriebe, besitzt und erwirbt. Was zu diesem Verwaltungsgute gehört, wie dies insbesondere auch von den Staatseisenbahnen gilt, ist, auch soweit es nicht überhaupt nur dem Verbrauche dient, der Natur der Sache nach den nämlichen Wandlungen unterworfen wie die Zwecke selbst, für die es der Staat besitzt und erwirbt. Darum aber kann es in bezug auf die Zulässigkeit seiner Veräußerung unmöglich den nämlichen grundsätzlichen Beschränkungen unterliegen, wie sie die Verfassungsurkunde in bezug auf das Staatsgut trifft. In der Tat besteht für die Staatsregierung eine Beschränkung bezüglich der Veräußerung von Teilen des nicht zum Staatsgute gehörigen Staatsvermögens auch nur insofern, als nach § 18 des Gesetzes, den Staatshaushalt betreffend, vom 1. Juli 1904 zum Staatsvermögen, aber nicht zum Staatsgute gehörige Grundstücke, insofern sie von erheblichem Umfange oder erheblichem Werte sind, nur mit Genehmigung der Stände veräußert werden dürfen (vgl. auch S. 10 und S. 96, 97).

3. Die baren Nutzungen, die das Staatsvermögen abwirft — und zwar ohne Unterschied, ob es Staatsgut im verfassungsrechtlichen Sinne oder bloßes Verwaltungsgut ist —, wachsen nicht dem Staatsvermögen zu, sondern dienen zur Deckung der Kosten des Staatshaushalts und sind deshalb auf den Staatshaushalts-Etat zu bringen. Eine Ausnahme von dieser Regel machen die Nutzungen derjenigen zwar zur Substanz des Staatsvermögens gehörigen, verwaltungsrechtlich aber davon ausgeschiedenen Bestände (Fonds), die bestimmten Zwecken dergestalt zugewiesen sind, daß eine anderweite Verwendung wenigstens so lange ausgeschlossen ist, als die Erreichung dieser Zwecke überhaupt möglich ist. Nutzungen dieser Art wachsen selbst so weit, als sie für die Fondszwecke zeitweise keine Verwendung finden können, nicht den für den Staatshaushalt im allgemeinen verfügbaren Einkünften sondern dem Kapitalvermögen der Fonds zu. Darum aber werden sie, wie bereits S. 19 erwähnt worden ist, auch nicht einmal durchlaufsweise auf den Staatshaushalts-Etat gebracht. Auch alle geldwerten Naturalnutzungen, die sich an das Staatsvermögen, an staatliche Gebäude beispielsweise dadurch knüpfen, daß sie zur Unterbringung staatlicher Behörden dienen, kommen dem Staatshaushalte zugute. Die jeweilige Lage des Staatshaushalts wird daher durch den Stand des Staatsvermögens wesentlich beeinflußt, wobei es im Erfolge auf dasselbe hinauskommt, ob die Nutzungen dieses Vermögens, soweit sie

[1] Landtagsakten 1905/06, Kgl. Dekrete III. Bd. Nr. 10 S. 10.

in barem Gelde bestehen, die Summe der verfügbaren Deckungsmittel für den Staatsbedarf erhöhen, oder soweit sie geldwerte Naturalnutzungen darstellen, die Summe dieses Bedarfs vermindern.

Vierter Abschnitt.

Staatsschulden.

1. Solange Hof- und Staatshaushalt noch vollständig ineinanderflossen (vgl. S. 2), konnten nur die Landesherren zeitweilig in die Lage kommen, Bedürfnisse desselben, für die andere bereite Deckungsmittel nicht zur Verfügung standen, im Wege der Aufnahme von Anleihen befriedigen zu müssen. Der Staat, soweit er sich in der Gesamtheit seiner Untertanen verkörpert fand, wurde dabei unmittelbar nicht in Mitleidenschaft gezogen. An sich hatte er daher auch weder für die Sicherstellung solcher Anleihen zu sorgen, noch lagen ihm deren Verzinsung und Tilgung ob. Da es sich indessen bei der Aufnahme von Anleihen, zu der sich die Landesherren veranlaßt fanden, der Regel nach um die Befriedigung von Bedürfnissen handelte, an denen der Staat kaum ein geringeres Interesse hatte als die Landesherren, mußte sich der Staat im Laufe der Zeit mehr und mehr der Notwendigkeit beugen, zur Verzinsung und Tilgung der landesherrlichen Schulden durch Steuerleistungen beitragen zu müssen. Dieser Umstand aber führte dazu, daß, wie bereits S. 4 erwähnt worden ist, schon i. J. 1570, unter der Regierung des Kurfürsten August, den damaligen Landständen neben der Erhebung und Verwendung der von ihnen zu bewilligenden Steuern auch die Verzinsung und die Tilgung der landesherrlichen Schulden dauernd übertragen wurden, im übrigen aber derselbe Fürst die Verpflichtung einging, ohne Einwilligung der Landstände kein Anlehen mehr aufzunehmen. Letztere Verpflichtung war aber nicht etwa so zu verstehen, als ob sich der Landesherr damit des Rechtes begeben hätte, einseitig Schuldverbindlichkeiten überhaupt einzugehen. Sie schloß vielmehr nur den Verzicht in sich, zur Verzinsung und Tilgung solcher Schulden, die ohne vorgängige Zustimmung der Landstände gemacht worden waren, die Steuereinkünfte in Mitleidenschaft zu ziehen. Seit jener Zeit konnten daher die Landesherren einseitig Anleihen nur noch auf diejenigen Einkünfte aufnehmen, bezüglich deren ihnen das unbeschränkte Recht der Verfügung zustand. Dies waren die Einnahmen aus dem landesherrlichen Grundbesitze und den damit im Zusammenhange stehenden nutzbaren Rechten sowie aus den Regalien und den sogenannten fiskalischen Steuern (vgl. S. 4), deren Überschüsse in der landesherrlichen Rentkammer, als der obersten Zentralkasse, zusammenliefen, und die daher Kammereinkünfte genannt wurden. Anleihen, die auf diese Einkünfte gewiesen waren, hießen deshalb Kammerschulden, während Anleihen, denen die Einkünfte aus den von den Landständen bewilligten Steuern zur Sicherstellung und Deckung dienten, und die deshalb insoweit die Bedeutung von Staatsschulden hatten, Steuerschulden genannt wurden.

Mit der Einführung des konstitutionellen Staatssystems gingen auch die damals noch vorhandenen Kammerschulden auf den Staat über und erlangten vereint mit den Steuerschulden die Eigenschaft von Staatsschulden. Was der Staat seitdem an Schuldverbindlichkeiten neu eingegangen ist und noch eingeht, fällt gleichwohl nicht ausnahmslos unter den Begriff von Staatsschulden im Sinne des heutigen Verfassungsrechts. Als Staatsschulden in diesem Sinne haben vielmehr nur solche Kapitalaufnahmen zu gelten, die im Wege der Anleihe mit der Absicht erfolgt sind, dadurch eine tatsächliche Vermehrung der staatlichen Einnahmen herbeizuführen. Aus dem Begriffe von Staatsschulden scheiden daher, abgesehen von bloßen Restverbindlichkeiten des Staates, selbst alle diejenigen Schuldverbindlichkeiten des Staates aus, die zwar ebenfalls durch Aufnahme fremder Gelder und sonach im Wege der Anleihe, aber nicht sowohl in der Absicht, dadurch die Einnahmen zu vermehren, als vielmehr nur zum Zwecke einer zeitweiligen Verstärkung der laufenden Betriebsmittel, darum aber nur mit der Wirkung einer Diskontierung noch nicht einziehbarer etatmäßiger Einnahmen eingegangen sind. Schuldverbindlichkeiten der letzteren Art könnte man im Gegensatze zu den Staatsschulden als Verwaltungsschulden bezeichnen. Herkömmlich werden sie indessen Finanzhauptkassenschulden genannt, und zwar deshalb, weil nur die Finanzhauptkasse in ihrer Eigenschaft als Zentralkasse des Staates in die Lage kommen kann und tatsächlich auch kommt, zeitweise derartige Schuldverbindlichkeiten einzugehen.

2. Staatsschulden im Sinne des bestehenden Verfassungsrechts können, abgesehen von außerordentlichen, dringenden und unvorhergesehenen Fällen, die schleunige finanzielle Maßregeln erfordern, ohne daß die vorgängige Einberufung einer Ständeversammlung möglich ist (vgl. S. 11), gültigerweise nur mit Zustimmung der Stände aufgenommen werden (VU. § 105) und sind unter Garantie der Regierung und der Stände gestellt.[1] Daß sich die ständische Zustimmung zur Aufnahme von Staatsschulden im Wege der Gesetzgebung vollzieht, ist verfassungsrechtlich nicht erforderlich. Es genügt, wenn die Stände diese Zustimmung in der Erklärung, die sie über den Staatshaushalts-Etat an den König gelangen zu lassen haben (vgl. S. 47), oder sonst in geeigneter Weise aussprechen. Herkömmlich bildet sie jedoch, soweit Anleihen aus Anlaß der Feststellung

[1] Gesetz, die Einrichtung der Staatsschuldenkasse betreffend, vom 29. September 1834 (GS. S. 210).

des Staatshaushalts-Etats von den Ständen bewilligt werden, zugleich einen Gegenstand des Finanzgesetzes (vgl. S. 53); auch pflegen der Aufnahme der einzelnen Anleihen noch Sondergesetze voranzugehen. Im wesentlichen haben aber die eigentlichen Anleihegesetze nur den Zweck, die Art und Weise der Begebung sowie die rechtlichen Beziehungen zu regeln, die zwischen dem Staate und seinen Gläubigern namentlich in Beziehung auf die Verzinsung und Tilgung der Anleihen bestehen sollen.

3. Die Verwaltung der Staatsschulden im verfassungsrechtlichen Sinne ist auch gegenwärtig noch der Regierung entzogen; sie liegt vielmehr verfassungsmäßig den Ständen ob, denen deshalb auch die zur Verzinsung und Tilgung der Staatsschulden bestehende Staatsschuldenkasse unterstellt ist (VU. § 107). Eine selbständige Staatsschuldenkasse wurde in Sachsen bereits im Jahre 1763 errichtet. Es war dies die Steuerkreditkasse, die in Leipzig ihren Sitz hatte und unter die Verwaltung der damaligen Landstände in der Weise gestellt war, daß diese Verwaltung von einer landschaftlichen Deputation geführt wurde, die sich aus je 7 Deputierten der Ritterschaft und der Städte zusammensetzte. Neben der Steuerkreditkasse bestand seit dem Jahre 1765 noch eine besondere Kammerkreditkasse, die von einer landesherrlichen Kommission verwaltet wurde. Nachdem die Steuerschulden und die Kammerschulden zu einer einheitlichen Staatsschuld verschmolzen worden waren, hörten mit Ende des Jahres 1834 auch die Steuerkreditkasse und die Kammerkreditkasse auf als gesonderte Kassen zu bestehen. An ihre Stelle trat vielmehr eine einzige Kasse unter der Benennung Staatsschuldenkasse, die ihren Sitz in Dresden angewiesen erhielt, und deren Einrichtung durch Gesetz vom 29. September 1834 (GS. S. 209) geregelt wurde, soweit dies nicht bereits in § 107 der Verfassungsurkunde geschehen war. Die Staatsschuldenkasse wird hiernach unter Oberaufsicht der Regierung, die hierbei durch das Finanzministerium vertreten wird, durch einen ständischen Ausschuß mit Hilfe der von diesem ernannten und vom Könige bestätigten Beamten geführt. Dieser Ausschuß besteht gegenwärtig aus sechs Mitgliedern, von denen jede der beiden Kammern drei nebst ebensoviel Stellvertretern auf jedem ordentlichen Landtage gesondert wählt. Die Mitgliedschaft sowohl der ordentlichen Mitglieder als der Stellvertreter erlischt mit der Wahl neuer Mitglieder oder mit dem Ausscheiden aus der Kammer. Die Mitglieder der zweiten Kammer scheiden jedoch beim Ablaufe der sechsjährigen Wahlperiode für die zweite Kammer oder bei der Auflösung dieser Kammer aus dem Ausschusse erst dann aus, wenn neue Mitglieder an ihre Stelle gewählt sind. Scheiden ordentliche Mitglieder des Ausschusses vor der Neuwahl aus, so treten die Stellvertreter aus derjenigen Kammer, der die ausgeschiedenen Mitglieder angehörten, in der Reihenfolge, in der sie gewählt worden sind, in den Ausschuß als ordentliche

Mitglieder ein. Sind Stellvertreter aus derjenigen Kammer, der die ausgeschiedenen Mitglieder angehörten, nicht mehr vorhanden, so wird der Ausschuß durch den Eintritt von Stellvertretern aus der anderen Kammer ergänzt, wobei ebenfalls die Reihenfolge maßgebend ist, in der die Stellvertreter gewählt worden sind. Ist der Ausschuß in dieser Weise ergänzt worden, so kann diejenige Kammer, die in dem Ausschusse durch weniger als drei Mitglieder aus ihrer Mitte vertreten ist, eine Nachwahl von Mitgliedern und Stellvertretern vornehmen, wenn vor dem ordentlichen Landtage, in dem die Neuwahl stattzufinden hat, ein außerordentlicher Landtag einberufen wird. Mit dem Eintritte der bei der Nachwahl gewählten Mitglieder scheiden die dem Ausschusse als ordentliche Mitglieder hinzugetretenen Stellvertreter wieder aus.[1] Zu Leitung der Geschäfte und Besorgung der laufenden Angelegenheiten, soweit es sich nicht um die Führung des Staatsschuldbuchs (vgl. S. 113) handelt, wählt der Ausschuß, der auch bei erfolgender Auflösung der II. Kammer seine Geschäfte bis zu Eröffnung der neuen Ständeversammlung und erfolgter Wahl eines neuen Ausschusses fortzusetzen hat, unter sich einen Vorstand und einen Stellvertreter, wobei soweit tunlich darauf Rücksicht zu nehmen ist, daß sich mindestens einer davon in Dresden wesentlich aufhält. Die Führung des Staatsschuldbuchs erfolgt unter der Leitung eines Beamten, der vom Finanzministerium aus seiner Mitte dem Ausschusse zugeordnet ist, und der die Dienstbezeichnung „Königlicher Kommissar für die Staatsschuldbuchverwaltung“ führt.[2] Der Ausschuß hat dafür zu sorgen, daß die Verwendung der zu Verzinsung und Tilgung der Staatsschulden bestimmten Mittel der Bestimmung gemäß erfolgt und jede ihr nicht entsprechende Verwendung unterbleibt, mithin auch die Abtragung der laufenden Zinsen sowie die Bezahlung der fälligen Kapitale pünktlich und regelmäßig bewirkt und überhaupt die Verbindlichkeit des Staates gegen dessen Gläubiger in ihrem ganzen Umfange vollständig erfüllt wird. Dafür daß dies geschieht, ist der Ausschuß sowohl dem Könige als den Ständen verantwortlich. Bezüglich der Staatsschuldbuchverwaltung ist der Landtagsausschuß dafür verantwortlich, daß die umlaufenden Schuldverschreibungen und die im Staatsschuldbuche eingetragenen Forderungen die gesetzlich festgestellten Beträge der Anleihen unter Berücksichtigung der bereits erfolgten Tilgung nicht überschreiten, daß das Staatsschuldbuch und sein Doppelstück gehörig aufbewahrt und in ordnungsmäßigem Zustande erhalten werden, und daß bei der Löschung einer Buchschuld

[1] Gesetz wegen Erläuterung und Vervollständigung von § 8 des Gesetzes vom 29. September 1834, die Einrichtung der Staatsschuldenkasse betreffend, vom 3. November 1148 (GVB. S. 202), Gesetz über die Zusammensetzung des Landtagsausschusses zur Verwaltung der Staatsschulden vom 20. Februar 1912 (GVB. S. 11).

[2] Staatsschuldbuchgesetz in der Fassung vom 18. Dezember 1911 § 1 Abs. 3 (GVB. S. 227).

der Nennwert, der Zinssatz und die Zinstermine der dagegen auszuliefernden Schuldverschreibungen mit dem Nennwerte, dem Zinssatze und den Zinsterminen der gelöschten Buchschuld übereinstimmen.[1] Bei entstehenden Bedenken oder Meinungsverschiedenheiten sowie in allen den Fällen, in denen eine Abweichung von dem vorgeschriebenen ordnungsmäßigen Geschäftsgange in Frage kommt, kann der Ausschuß bei dem Finanzministerium anfragen und von diesem innerhalb der Grenzen der ihm übertragenen Oberaufsicht eine Entscheidung einholen. Im übrigen steht dem Finanzministerium frei, die Kasse, die Bücher und das Rechnungswesen zu jeder Zeit, auch ohne Mitwirkung des Ausschusses, zu prüfen. In bezug auf seine Verwaltung der Staatsschuldenkasse ist der Ausschuß sowohl der Regierung als den Ständen verantwortlich und rechnungspflichtig. Er hat zu letzterem Behufe Jahresrechnungen abzulegen, deren Ergebnisse nach erfolgtem Richtigbefunde im Namen der Stände durch den Druck bekannt gemacht werden. Der zur Verwaltung der Staatsschuldenkasse bestellte ständische Ausschuß, der seit dem Jahre 1849 die Bezeichnung **Landtagsausschuß zu Verwaltung der Staatsschulden** führt, ist es auch, von dem die auf Staatsschulden bezüglichen Schuldverschreibungen nebst Zinsleisten (Talons) und Zinsscheinen (Kupons) ausgefertigt und vollzogen werden,[2] und aus dessen Händen das Finanzministerium diese Schuldverschreibungen zur Begebung erhält, sei es, daß die Begebung im Wege des Auflegens zur öffentlichen Zeichnung oder des freihändigen Verkaufs erfolgt.

4. Zur Aufnahme von **Finanzhauptkassenschulden** bedarf es, da diese nur schwebende Schuldverbindlichkeiten einer einzelnen staatlichen Kasse bilden, an sich ständischer Genehmigung nicht. Eine Ausnahme hiervon ist bisher nur gemacht worden, wenn es sich um die Aufnahme solcher Schulden im Wege der Begebung von zum Umlaufe bestimmten Schatzanweisungen mit längerer Umlaufszeit handelte. Solchenfalls ist dazu ständische Genehmigung eingeholt, auch sind der Gesamtbetrag der Schatzanweisungen, die gleichzeitig umlaufen dürfen, und die Höchstdauer der Umlaufsfrist gesetzlich festgelegt worden.[3] Die Verwaltung der Finanzhauptkassenschulden vollzieht sich in allen Fällen ohne ständische Mitwirkung. Auf sie bezügliche Schuldverschreibungen werden daher auch nur vom Finanzministerium ausgestellt und vollzogen.

---

[1] Staatsschuldbuchgesetz in der Fassung vom 18. Dezember 1911 § 27 Abs. 2 (GVB. S. 234).

[2] Vgl. § 17 des Gesetzes, die Einrichtung der Staatsschuldenkasse betreffend, vom 29. September 1834 (GS. S. 211) in Verbindung mit dem Abänderungsgesetze vom 18. Januar 1882 (GVB. S. 3).

[3] Vgl. Gesetz, die Aufnahme einer dreiprozentigen Rentenanleihe betreffend, vom 4. Juli 1902 §§ 7 und 8 (GVB. S. 282f.) nebst den Abänderungsgesetzen vom 3. Juni 1904 (GVB. S. 196) und 27. April 1906 (GVB. S. 83).

5. Seitdem die Reichsgesetzgebung die Bestimmung getroffen hat, daß von den Bundesstaaten Papiergeld nur noch auf Grund eines auf den Antrag der beteiligten Landesregierung erlassenen Reichsgesetzes ausgegeben werden darf,[1] wird der Weg der Aufnahme unverzinslicher Staatsschulden durch Ausgabe von Papiergeld nur noch ausnahmsweise beschritten werden können, vielmehr die Aufnahme verzinslicher Anleihen, deren Schuldverschreibungen entweder auf den Inhaber oder auf einen bestimmten Gläubiger gestellt sein können, die Regel zu bilden haben. Dabei würde es an sich zwar nicht ausgeschlossen sein, in der Eigenschaft von Inhaberpapieren auch solche Schuldverschreibungen auszugeben, in denen allen Gläubigern oder einem Teile von ihnen außer der Zahlung der verschriebenen Geldsumme eine Prämie dergestalt zugesichert wird, daß durch Auslosung oder durch eine andere auf den Zufall gestellte Art der Ermittlung die zu prämiierenden Schuldverschreibungen und die Höhe der ihnen zufallenden Prämien bestimmt werden sollen (Inhaberpapiere mit Prämien); indessen würde dies ebenfalls nur auf Grund eines Reichsgesetzes geschehen können.[2]

Die Schuldverschreibungen der in der Eigenschaft von Staatsschulden im verfassungsrechtlichen Sinne zurzeit bestehenden Anleihen, deren Zinsfuß zwischen 3 und 4 % schwankt, lauten sämtlich auf den Inhaber. Soweit sie nicht verlosbar sind, wie es bei den seit dem Jahre 1876 geschaffenen Rentenanleihen, d. h. den Anleihen, die den Gläubigern nur Anspruch auf Zinsengenuß, nicht aber auch auf Kapitalrückzahlung gewähren, der Fall ist, können sie aber gegen Einlieferung zum Umlaufe brauchbarer Schuldverschreibungen nebst Erneuerungsscheinen (Zinsleisten, Talons) und Zinsscheinen (Kupons) durch Eintragung in das bei dem Landtage zu Verwaltung der Staatsschulden zu führende Staatsschuldbuch in Buchschulden des Staates auf den Namen eines bestimmten Gläubigers umgewandelt werden. Buchschulden können jedoch mit Ermächtigung des Finanzministeriums, die soweit reicht, als es zur Ausgabe von Schuldverschreibungen ermächtigt ist, auch ohne Umwandlung begründet werden, wenn der vom Finanzministerium festzusetzende Kaufpreis für Schuldverschreibungen, deren Nennwert der einzutragenden Buchschuld entspricht, nebst den Stückzinsen seit dem letzten Zinszahlungstermine bei der Finanzhauptkasse oder einer sonst dazu ermächtigten Kasse eingezahlt wird. Wird die eingetragene Forderung ganz oder teilweise gelöscht, so werden Schuldverschreibungen im Nennwerte des gelöschten Betrags und zwar von der Anleihe ausgeliefert,

[1] Gesetz über die Ausgabe von Papiergeld, vom 16. Juni 1870 § 1 (Bundesgesetzblatt S. 507), Gesetz, betreffend die Ausgabe von Reichskassenscheinen, vom 30. April 1874 § 8 (RGB. S. 41).

[2] Vgl. Gesetz, betreffend die Inhaberpapiere mit Prämien, vom 8. Juni 1871 § 1 (RGB. S. 210).

zu der die eingetragene Forderung gehörte, und die vom Landtagsausschusse ausgefertigt werden.[1]

6. Daß die Staatsanleihen, die seitens der Gläubiger sämtlich unkündbar sind, einer allmählichen Tilgung zuzuführen sind, setzt zwar die Verfassungsurkunde voraus, indem sie in § 107 Abs. 1 ausspricht, zu Verzinsung und Tilgung der Staatsschulden bestehe eine besondere Staatsschuldenkasse. In welcher Weise und in welchem Umfange aber diese Tilgung sich zu vollziehen hat, darüber trifft sie keinerlei Bestimmung. In dieser Beziehung sind vielmehr lediglich die einzelnen Anleihegesetze maßgebend. Diese Gesetze mit Ausnahme der auf die Rentenanleihen bezüglichen behalten dem Staate Rückzahlung im Wege der Kündigung vor, setzen aber außerdem Teiltilgungen fest, die sich in regelmäßigen Zeitabschnitten wiederholen und auf Grund von Auslosungen oder auch im Wege freihändigen Rückkaufs geschehen. Die Gesetze über die Rentenanleihen lassen weder Kündigung seitens des Staates noch Tilgung im Wege der Auslosung zu, behalten vielmehr dem Staate nur eine Tilgung im Wege freihändigen Rückkaufs vor, sodaß die Möglichkeit einer vollständigen Tilgung der Rentenanleihen gegen den Willen der Gläubiger überhaupt ausgeschlossen ist. Mit Rücksicht auf diesen Umstand sehen die Rentenanleihegesetze mit Ausnahme des Gesetzes vom 6. Juni 1876 eine mittelbare Tilgung der Rentenanleihen in der Weise vor, daß an Stelle des Rückkaufs von Rentenschuldverschreibungen verstärkte Tilgungen anderer Staatsschulden treten können oder die Tilgungssummen zur Bestreitung solcher Staatsausgaben zu verwenden sind, die andernfalls durch Aufnahme von Anleihen gedeckt werden müßten.

Der Umfang, in dem die regelmäßige Tilgung der Staatsschulden stattzufinden hat, ist nur bei der Rentenanleihe v. J. 1876 von dem bloßen Ermessen des Staates abhängig, indem das für diese Anleihe maßgebende Gesetz vom 6. Juni 1876 in seinem § 8 (GVB. S. 236) nur vorschreibt, die Tilgung geschehe in der Art, daß die durch das Staatsbudget dazu bestimmten Mittel zum Ankaufe eines entsprechenden Betrags von Schuldverschreibungen verwendet werden. Bei allen übrigen Anleihen dagegen ist der Tilgungsmaßstab durch die Anleihegesetze oder Anleihepläne im voraus bestimmt geregelt dergestalt, daß entweder feste Teilsummen oder Mindestbeträge ausgeworfen sind, unter die der Staat nicht herabgehen darf, während er im übrigen unbehindert ist, je nach Verhältnis der allgemeinen Finanzlage eine Tilgung auch noch darüber hinaus eintreten zu lassen und zu diesem Behufe verstärkte Einstellungen in den Staatshaushalts-Etat zu bewirken. Denn in diesen müssen neben den

[1] Staatsschuldbuchgesetz in der Fassung vom 18. Dezember 1911 § 1 Abs. 1 und 2, § 2 Abs. 1, § 8 Abs. 3 (GVB. S. 227, 229), Ausführungsverordnung dazu vom 19. Dezember 1911 §§ 3, 4 B (GVB. S. 235, 237).

Mitteln zur Verzinsung auch diejenigen zur Tilgung der Staatsschulden eingestellt werden, da beide von der laufenden Verwaltung dergestalt aufzubringen sind, daß hierzu die bereitesten und sichersten Staatseinkünfte unwiderruflich verwendet werden müssen,[1] während bezüglich der Finanzhauptkassenschulden nur die Zinsen zu Lasten der laufenden Verwaltung gehen, die Tilgungssummen dagegen aus Ertragsüberschüssen oder, was in der Wirkung dasselbe ist, aus dem beweglichen Staatsvermögen gedeckt werden müssen.

7. Der Staatsschuldenkasse werden die zur Verzinsung und Tilgung der Staatsschulden erforderlichen Mittel von der Regierung mit der Maßgabe überwiesen, daß die Kasse im fortdauernden Besitze auch der von den Berechtigten nicht abgehobenen Zins- und Kapitalbeträge so lange verbleibt, bis diese verjährt sind. **Unabgehobene Zinsbeträge verjähren** bei Anleihen, die vor dem Inkrafttreten des Bürgerlichen Gesetzbuchs für das Deutsche Reich (1. Januar 1900) begeben worden sind, in 3 Jahren, entgegengesetztenfalls in 4 Jahren, vom Schlusse des Jahres an gerechnet, in dem die Zahlbarkeit eintritt (BGB. §§ 107, 201). **Unabgehobene Kapitalbeträge** von Anleihen, die der Auslosung oder Kündigung unterliegen, verjähren bei Anleihen, die vor dem Inkrafttreten des Bürgerlichen Gesetzbuchs für das Königreich Sachsen (1. März 1865) begeben worden sind, in 31 Jahren 6 Wochen 3 Tagen, bei den nach diesem Zeitpunkte begebenen Anleihen, soweit in den maßgebenden Anleiheplänen nicht etwas anderes festgesetzt ist, in 30 Jahren, vom Zeitpunkte der Zahlbarkeit an gerechnet. Die nämliche Verjährungsfrist hat auch bezüglich verlosbarer oder kündbarer Anleihen zu gelten, die unter der Herrschaft des Bürgerlichen Gesetzbuchs für das Deutsche Reich begeben werden. Die verjährten Zins- und Kapitalbeträge fallen dem Staate anheim, dessen laufenden Einnahmen sie zuwachsen.

Fünfter Abschnitt.

Staatsfiskus.

1. Dem Staate als Träger von Vermögensrechten wohnt eine selbständige juristische Persönlichkeit bei, die ihn befähigt, in den ihn betreffenden rechtlichen Angelegenheiten handelnd aufzutreten, und die unter der Bezeichnung **Staatsfiskus** oder auch schlechthin **Fiskus** begriffen wird.

---

[1] Gesetz, die Einrichtung der Staatsschuldenkasse betreffend, vom 29. September 1834 § 5 (GS. S. 210).

Solange die vermögensrechtlichen Beziehungen des Staates lediglich in der Person des Landesherrn ihren Vereinigungspunkt fanden, konnte nur von einem landesherrlichen Fiskus die Rede sein. Seitdem jedoch vom Kurfürsten August i. J. 1570 den damaligen Landständen die Erhebung und Verwendung der von ihrer Bewilligung abhängigen Steuern übertragen worden war (vgl. S. 4), trat neben dem landesherrlichen Fiskus noch eine zweite juristische Persönlichkeit in die Erscheinung, die die Verkörperung der aus diesen Steuern sich ableitenden Vermögensrechte des Staates in sich schloß und als Steuerärar bezeichnet wurde. Nach Erwerbung der Oberlausitz, die ihre eigene Verfassung und ein selbständiges Steuerbewilligungsrecht hatte, kam zu diesem Steuerärare, das nunmehr als erbländisches bezeichnet wurde, ein weiteres hinzu, das Oberlausitzer Steuerärar genannt wurde. Infolge der Einführung der konstitutionellen Verfassung ging mit den beiden Steueräraren auch der landesherrliche Fiskus in dem Staatsfiskus auf, wie dies die Verfassungsurkunde vom 4. September 1831 in ihrem § 19 durch die Bestimmung zum Ausdrucke bringt, daß alle Bestände, Forderungen und Ansprüche des Königlichen Fiskus auf die allgemeinen Staatskassen übergehen, dagegen aber auch die auf ersterem haftenden Schulden und Ansprüche aller Art von letzteren zu alleiniger Vertretung und ohne Verletzung der Rechte der Gläubiger übernommen werden.

In gleicher Weise, wie der Staat politisch eine unteilbare Einheit bildet, ist auch die juristische Verkörperung seiner Vermögensrechte, wie sie in dem Staatsfiskus gegeben ist, eine einheitliche und unteilbare. Es gibt deshalb nur einen einzigen Staatsfiskus. Soweit man daher im Hinblicke auf die verschiedenen Verwaltungsgebiete, auf denen sich die Vermögensrechte des Staates geltend machen, den Staatsfiskus noch besonderen Unterscheidungen unterwirft, die beispielsweise dahin führen, daß von einem Forstfiskus, einem Bergfiskus, einem Hüttenfiskus, einem Steuerfiskus, einem Stempelfiskus, einem Sportelfiskus u. dergl. m. gesprochen wird, sind hierunter nicht einzelne selbständige Gliederungen des Staatsfiskus zu verstehen, sondern es soll damit nur die Verwaltungsrichtung bezeichnet werden, in der er jeweilig auftritt.

2. Die Vertretung des Staatsfiskus, und zwar ohne Rücksicht darauf, ob es sich um streitige oder um nichtstreitige Angelegenheiten handelt, steht dem Finanzministerium zu,[1] soweit nicht für gewisse Arten des geschäftlichen Verkehrs einzelner Verwaltungszweige ausnahmsweise andere Bestimmungen getroffen sind. Letzteres trifft zu bei der Forstverwaltung, der Verwaltung der Staatseisenbahnen, der Verwaltung der indirekten Abgaben, der Justizverwaltung, den Amtshauptmannschaften und der Straßen- und Wasserbauverwaltung.

[1] Verordnung, die Einrichtung der Ministerialdepartements betreffend, vom 7. November 1831 Punkt 4 Abschnitt B Ziffer 15 (GS. S. 326).

Bei der Forstverwaltung sind die Revierverwalter berechtigt, Verhandlungen wegen Erwerbung von Grundstücken einzuleiten und die hierauf bezüglichen Verträge unter Vorbehalt der Genehmigung des Finanzministeriums abzuschließen. Weiter sind sie ermächtigt, im Namen des Staatsfiskus Auflassungserklärungen anzunehmen und abzugeben, Zergliederungsanbringen zu vollziehen, tabellarische Anzeigen über Flurstücks- und Steuereinheitenveränderungen anzuerkennen, nachdem die einschlagenden Verträge vom Finanzministerium genehmigt worden sind, auch alle zur Eintragung im Grundbuche erforderlichen Erklärungen anzunehmen und abzugeben, wenn es sich handelt: 1. um die Auflassung und Eintragung von Grundstücken, zu deren Erwerbung oder Veräußerung das Finanzministerium die Genehmigung erteilt hat, 2. um die Eintragung von Wegeflächen, die innerhalb eines Staatsforstreviers liegen und diesem im Grundbuche zugeschrieben werden sollen, 3. um die Eintragung von Dienstbarkeiten und Reallasten, die dem Staatsfiskus für seine Person oder als Eigentümer eines Staatsforstreviers oder eines Teiles eines solchen zustehen oder eingeräumt werden, es sei denn, daß der Eigentümer des belasteten Grundstücks die Eintragsbewilligung von der Übernahme einer Verpflichtung des anderen Teiles (Entrichtung einer Gegenleistung usw.) abhängig macht, 4. um die Löschung von Rechten, mit denen Staatsforstgrundstücke belastet sind, 5. um die Berichtigung von irrtümlichen Grenzzügen oder Vermessungsfehlern in den Grundsteuerurkunden. In den Fällen unter 1. und 2. sind die Revierverwalter zugleich ermächtigt, die erforderliche amtliche Versicherung abzugeben, daß die Wegeflächen Eigentum des Staatsfiskus sind.[1] Zur Vertretung des Staatsfiskus als Drittschuldner bei Pfändung von Forderungen sind ermächtigt der Vorstand einer Oberforstmeisterei, wenn es sich um die Pfändung des Diensteinkommens eines bei der Oberforstmeisterei, den Revierverwaltungen oder den Forstrentämtern des Forstbezirks angestellten Beamten — mit Ausnahme der Vorstände dieser Forstdienststellen — oder eines bei der Oberforstmeisterei oder den Forstrentämtern des Bezirks beschäftigten Bediensteten handelt, der Verwalter eines Staatsforstreviers, sofern es sich um die Pfändung der Vergütung oder des Lohnes eines von der Revierverwaltung beschäftigten Bediensteten oder Arbeiters handelt. In Ansehung der Pfändung des Diensteinkommens des Vorstandes einer Forstdienststelle ist nur das Finanzministerium zur Vertretung des Staatsfiskus zuständig.[2]

Bei der Staatseisenbahnverwaltung sind teils der Generaldirektion der Staatseisenbahnen, teils den Eisenbahn-Betriebsdirektionen Befugnisse zur Vertretung des Staatsfiskus beigelegt. Die General-

---

[1] Geschäftsordnung für die K. S. Staatsforstverwaltung §§ 199, 278.

[2] Verordnung des Finanzministeriums vom 26. Februar 1912 (GVB. S. 29).

direktion vertritt innerhalb ihres Geschäftskreises allgemein den Staatsfiskus mit der Wirkung, daß durch ihre Rechtshandlungen für die Verwaltung Rechte erworben und Verpflichtungen übernommen werden. Insbesondere ist sie ermächtigt, den Staatsfiskus zu vertreten: in bürgerlichen Rechtsstreitigkeiten, in Angelegenheiten der Zwangsvollstreckung, des Arrestes und der einstweiligen Verfügung, im Konkursverfahren über das Vermögen von Schuldnern der Staatseisenbahnverwaltung, in allen diesen Fällen jedoch vorbehältlich der den Eisenbahn-Betriebsdirektionen insoweit zustehenden Vertretungsbefugnis, ferner im Verwaltungsstreitverfahren, in Enteignungssachen, in Grundbuchsangelegenheiten und bei den damit zusammenhängenden Besitz- und Steuerregulierungen. Soweit die Vertretungsbefugnis der Generaldirektion reicht, ist sie auch berechtigt, Prozeß- und andere Bevollmächtigte zu ernennen. Die Eisenbahn-Betriebsdirektionen sind ermächtigt, innerhalb ihres Geschäftskreises den Staatsfiskus in allen bürgerlichen zur Zuständigkeit der Amtsgerichte gehörigen Rechtsstreitigkeiten zu vertreten, desgleichen in Angelegenheiten der Zwangsvollstreckung, des Arrestes und der einstweiligen Verfügung sowie im Konkursverfahren von Schuldnern der Staatseisenbahnverwaltung, sofern der Streitgegenstand oder die Höhe der anzumeldenden Konkursforderung den Betrag von 600 *M* nicht überschreitet.[1]

Bei der Verwaltung der indirekten Abgaben sind in Fällen der Pfändung von Besoldungen der zum Geschäftsbereiche der Hauptzollämter gehörigen Beamten, soweit es sich um den Vorstand und die Mitglieder eines Hauptzollamts (Oberzollinspektor, Oberzollrevisor, Hauptzollamtsrendant, Hauptzollamtskontrolleur) handelt, die Generalzolldirektion, im übrigen die Hauptzollämter ermächtigt, den Staatsfiskus als Drittschuldner zu vertreten.[2]

Bei der Justizverwaltung wird der Sportelfiskus vertreten: bei Erinnerungen gegen den Ansatz von Gebühren in Angelegenheiten der streitigen oder freiwilligen Gerichtsbarkeit sowie bei Beschwerden gegen hierauf bezügliche Entscheidungen durch den Vorstand des Sportelfiskalats, in den zur Zuständigkeit der Landgerichte in erster Instanz gehörigen Rechtsstreitigkeiten ebenfalls durch den Vorstand des Sportelfiskalats, in den zur Zuständigkeit der Amtsgerichte gehörigen Rechtsstreitigkeiten durch die Rendanten der Gerichtskassen. Die Löschung hypothekarisch sichergestellter Forderungen des Sportelfiskus an Kosten oder Geldstrafen und die Abschreibung von Teilbeträgen solcher Forderungen im Grundbuche in Vertretung des Sportelfiskus zu bewilligen, ist, wenn die Forde-

[1] Verwaltungsordnung der Königlich Sächsischen Staatseisenbahnen vom 16. November 1909 § 3 Abs. 2—4, § 8 Abs. 3 (GVB. S. 621, 625) nebst Nachtrag vom 16. November 1911 (GVB. S. 251).

[2] Verordnung des Justizministeriums vom 15. Juli 1841 (GVB. S. 82), Geschäftsordnung für die K. S. Justizbehörden §§ 224, 617 Abs. 2, 1343 Abs. 1 Nr. 3.

rung ganz oder teilweise durch Zahlung getilgt wurde, der zur Anordnung der Zwangsvollstreckung wegen der Forderung berufene Kassenbeamte ermächtigt. Die Abgabe von Erklärungen anderer Art bezüglich der von dem Sportelfiskus erlangten grundbücherlichen Rechte, insbesondere die Genehmigung einer Abtrennung von dem belasteten Grundstücke, steht für Forderungen bis zu 300 *M* dem Richter (Vorsitzenden) oder dem Staatsanwalte zu. Das gleiche gilt von der Bewilligung der Löschung oder Abschreibung bei Forderungen bis zu 300 *M*, wenn die Löschung oder Abschreibung aus einem anderen Grunde als wegen Tilgung durch Zahlung geschehen soll. Kommen höhere Forderungen in Betracht, so ist das Justizministerium zuständig. Soweit es sich darum handelt, bei der Pfändung von Forderungen den Staatsfiskus als Drittschuldner zu vertreten, ist dazu der Vorstand einer Justizbehörde ermächtigt, wenn die zu pfändende Forderung gerichtet ist auf Auszahlung oder Auslieferung von Geldern, Wertpapieren, Kostbarkeiten oder anderen beweglichen Sachen, die sich bei der Hinterlegungskasse oder sonst bei der Justizbehörde verwahrt befinden oder von der Justizbehörde oder von Ortsgerichtspersonen versiegelt oder sonst zur Sicherung in Obhut genommen worden sind, oder wenn es sich um die Pfändung der Besoldung eines Beamten der Justizbehörde handelt. Für die Beamten der Gefangenanstalten gilt als Vorstand der Behörde in diesem Sinne der Erste Staatsanwalt bei dem Landgerichte am Sitze der Gefangenanstalt. Handelt es sich um die Pfändung der Besoldung, die der Vorstand der Justizbehörde bezieht, so ist das Justizministerium ermächtigt, den Staatsfiskus als Drittschuldner zu vertreten.[1]

Die Sportelkassen der Amshauptmannschaften einschließlich der amtshauptmannschaftlichen Delegation Sayda werden in Prozessen, dafern der Klaggegenstand den Betrag von 150 *M* nicht übersteigt und der Anspruch bei einer inländischen Behörde geltend zu machen ist, durch den mit der Kassenführung beauftragten oder durch einen sonstigen von dem Vorstande der Behörde zu ernennenden Bevollmächtigten vertreten.[2]

Bei der Straßen- und Wasserbauverwaltung sind die Vorstände der Straßen- und Wasserbauämter zur Abgabe und Entgegennahme von Auflassungserklärungen, Vollziehung von Zergliederungsanbringen sowie zur Anerkennung von tabellarischen Anzeigen über Flurstücks- und Steuereinheitenveränderungen in allen die Staatsstraßen berührenden Fällen ermächtigt, in denen es sich handelt: um Berichtigung von irrtümlichen Grenzzügen und Vermessungsfehlern in den Steuermenselblättern oder um die Zuschreibung von Landstreifen, die auf Grund baupolizeilicher

---

[1] Geschäftsordnung für die K. S. Justizbehörden §§ 215—222, Verordnung der Ministerien der Finanzen und der Justiz vom 23. November 1894 (GVB. S. 179).

[2] Verordnung des Ministeriums des Innern vom 14. Februar 1877 (GVB. S. 150).

oder sonstiger Bedingungen zu einer dem Bebauungsplane oder den Bedingungen entsprechenden Verbreiterung von Staatsstraßen durch deren Anlieger von ihren Grundstücken unentgeltlich und oblastenfrei abgetreten werden, oder um die Zu- und Abschreibung von Flurstücken oder Flurstücksteilen nach Maßgabe von Kaufverträgen, die die Genehmigung des Finanzministeriums gefunden haben.[1]

3. Der Staatsfiskus ist nach Maßgabe sowohl des sächsischen Verfassungsrechts (VU. § 50) als des Reichsrechts (Einführungsgesetz zur Zivilprozeßordnung vom 30. Januar 1877 § 4, RGB. S. 244) gehalten, in allen ihn betreffenden Rechtsstreitigkeiten, für die nach dem Gegenstande oder der Art des Anspruchs der Rechtsweg zulässig ist, Recht vor den ordentlichen Landesgerichten zu nehmen. Sein allgemeiner Gerichtsstand wird dabei nach § 20 der Zivilprozeßordnung durch den Sitz der Behörde bestimmt, die berufen ist, ihn in dem Rechtsstreite zu vertreten. Die Vorschriften über besondere Gerichtsstände, die die Zivilprozeßordnung für gewisse Arten von Rechtsstreitigkeiten trifft (vgl. §§ 21, 24—33), werden jedoch gegebenenfalls auch dem Staatsfiskus gegenüber wirksam. Unter diesen besonderen Gerichtsständen — dem Gerichtsstande der Niederlassung, dem Gerichtsstande der belegenen Sache oder dem dinglichen Gerichtsstande, dem Gerichtsstande der Erbschaft, dem Gerichtsstande des Erfüllungsorts, dem Gerichtsstande in Meß- und Marktsachen, dem Gerichtsstande der Vermögensverwaltung, dem Gerichtsstande der unerlaubten Handlung und dem Gerichtsstande der Widerklage — spielt namentlich der Gerichtsstand der Niederlassung eine Rolle, indem er den Staatsfiskus, soweit er für gewerbliche Betriebe Niederlassungen hat, von denen aus unmittelbar Geschäfte geschlossen werden, nötigt, bezüglich solcher Klagen, die aus dem Geschäftsbetriebe der Niederlassung gegen ihn erhoben werden, auch bei dem Gerichte des Ortes Recht zu leiden, wo sich die Niederlassung befindet.

Soweit es sich um Ansprüche der Staatsbeamten gegen den Staat aus ihrem Dienstverhältnisse, um Ansprüche gegen den Staat wegen Verfügungen der Verwaltungsbehörden, wegen Verschuldung von Staatsbeamten und wegen Aufhebung von Privilegien sowie um Ansprüche gegen den Staat inbetreff örtlicher Abgaben handelt und deshalb der Rechtsweg überhaupt zulässig ist, ist ohne Rücksicht auf den Wert des Streitgegenstandes landgerichtliche Zuständigkeit begründet.[2]

In Verwaltungsstreitsachen, auf die das Gesetz über die Verwaltungsrechtspflege vom 19. Juli 1900 (GVB. S. 486) Anwendung

[1] Generalverordnung des Finanzministeriums vom 27. November 1903 (Justizministerialblatt S. 105).

[2] Gesetz, Bestimmungen zur Ausführung des Gerichtsverfassungsgesetzes usw. enthaltend, vom 1. März 1879 § 27 (GVB. S. 64), Gerichtsverfassungsgesetz in der Fassung vom 20. Mai 1898 § 70 Abs. 3 (RGB. S. 384).

leidet, unterliegt der Staatsfiskus gleich anderen Parteien der Gerichtsbarkeit der nach diesem Gesetze bestehenden Verwaltungsgerichte, d. h. der Kreishauptmannschaften und des Oberverwaltungsgerichts. Bei Streitigkeiten auf dem Gebiete der direkten und indirekten Landesabgaben bildet nur das Oberverwaltungsgericht eine verwaltungsgerichtliche Instanz, und zwar insofern, als es auf Anfechtungsklagen gegen Entscheidungen der Reklamationskommissionen für die Einkommensteuer und die Ergänzungssteuer sowie gegen die Entscheidungen der mit der Festsetzung der Steuer vom Betriebe von Wanderlagern betrauten Behörden und gegen gewisse Entscheidungen der Generalzolldirektion und des Finanzministeriums wegen Abforderung landesrechtlicher Stempelsteuer nach Maßgabe des Gesetzes über die Verwaltungspflege vom 19. Juli 1900 entscheidet.[1]

4. Dem Staatsfiskus ist im Wege der Sondergesetzgebung eine Reihe von Rechtsvergünstigungen beigelegt, die, indem sie den Staatskassen teils Einnahmen zuführen, denen Ausgaben nicht gegenüberstehen, teils Ausgaben ersparen, denen sich der Staat sonst nicht würde entziehen können, auch auf die Lage des Staatshaushalts zurückwirken.

In erster Beziehung ist zu gedenken:

des Rechtes auf Aneignung herrenloser Grundstücke;[2]

des Rechtes auf Eigentumserwerb an Funden in den Geschäftsräumen oder Beförderungsmitteln einer staatlichen Behörde oder einer dem öffentlichen Verkehre dienenden staatlichen Verkehrsanstalt sowie an im Besitze einer staatlichen Behörde befindlichen Sachen, zu deren Herausgabe diese verpflichtet ist, ohne daß die Verpflichtung auf Vertrag beruht, beispielsweise an Überführungsstücken in Strafsachen, falls der Behörde der Empfangsberechtigte oder dessen Aufenthaltsort unbekannt ist;[3]

des Rechtes auf Eigentumserwerb an Schätzen;[4]

des Erbrechts in den Fällen, wenn ein Verstorbener weder einen Verwandten noch einen Ehegatten hinterlassen und auch nicht durch Verfügung von Todes wegen (Testament, letztwillige Verfügung) einen Erben bestimmt hat;[5]

des Erbrechts, des Pflichtteilsanspruchs und des Rechtes auf Erwerb bestimmter Sachen in Ansehung des Nachlasses verpflegter

---

[1] Einkommensteuergesetz vom 24. Juli 1900 §§ 64—66 (GVB. S. 585 f.), Ergänzungssteuergesetz vom 2. Juli 1902 § 41 Abs. 2 (GVB. S. 274), Gesetz zur Abänderung des Gesetzes, die Besteuerung des Gewerbebetriebs im Umherziehen betreffend, vom 26. März 1904 (GVB. S. 117), Stempelsteuergesetz vom 12. Januar 1909 § 29 (GVB. S. 15).

[2] BGB. § 928, Einführungsgesetz dazu Art. 190.

[3] BGB. §§ 978—982.

[4] BGB. § 984.

[5] BGB. §§ 1936, 1942 Abs. 2, 1964—1966, 1993, 2011, Zivilprozeßordnung § 292, Gesetz über die Angelegenheiten der freiwilligen Gerichtsbarkeit in der Fassung vom 14. Juni 1898 § 78 (RGB. S. 786).

oder unterstützter Personen, wie es den Landesirrenanstalten und dem Landeshospitale in Hubertusburg zusteht;[1]

des Rechtes auf Eigentumserwerb aus gerichtlichen Hinterlegungen.[2]

In zweiter Beziehung kommen folgende Rechtsvergünstigungen in Betracht:

die Zollfreiheit der Kunstsachen, die für staatliche Kunstanstalten oder Sammlungen aus dem Auslande eingehen, sowie anderer Gegenstände, die für staatliche Anstalten oder Sammlungen zu Lehr- oder Anschauungszwecken von da eingeführt werden;[3]

die Zollermäßigungen für Pferde und Rinderbullen von Höhenvieh, die zu Zuchtzwecken, d. h. zur Erzielung von Nachwuchs, vom Staate eingeführt werden;[4]

die Befreiung von Tabakpflanzungen von nicht mehr als 30 Quadratmeter Flächeninhalt in den vom Staate unterhaltenen botanischen oder anderen zu Unterrichtszwecken angelegten Gärten von der Tabaksteuer;[5]

die Steuerfreiheit für Branntwein, der in Kranken-, Entbindungs- und ähnlichen Anstalten oder in wissenschaftlichen Lehranstalten des Staates Verwendung findet;[6]

die Befreiung von der Reichsstempelabgabe für die staatlichen Renten- und Schuldverschreibungen sowie die Interimsscheine über Einzahlungen auf solche, die Zinsbogen zu derartigen Wertpapieren und die Kauf- und sonstigen Anschaffungsgeschäfte über solche, ingleichen für Erlaubniskarten zur Benutzung von Kraftfahrzeugen, soweit die Benutzung ausschließlich im Dienste des Staates oder einer staatlichen Behörde erfolgt;[7]

---

[1] Gesetz, die Ausführung des Bürgerlichen Gesetzbuches vom 18. August 1896 und des Einführungsgesetzes zum Bürgerlichen Gesetzbuche von demselben Tage betreffend, vom 18. Juni 1898 §§ 42, 44 (GVB. S. 198), Armenordnung für das Königreich Sachsen vom 22. Oktober 1840 § 68 (GVB. S. 271), Regulativ für die Unterbringung in das Landeshospital zu Hubertusburg vom 2. März 1903 §§ 42 und 43 (GVB. S. 391).

[2] BGB. §§ 372, 374 Abs. 2, 376, 382, 1171 Abs. 3, 1269 Satz 3, Einführungsgesetz zum BGB. Art. 145, sächs. Gesetz zur Ausführung einiger mit dem Bürgerlichen Gesetzbuche zusammenhängender Reichsgesetze vom 15. Juni 1900 §§ 102—118 (GVB. S. 290 ff.).

[3] Zolltarifgesetz vom 25. Dezember 1902 § 6 Ziffer 11 (RGB. S. 307).

[4] Zolltarif zum Zolltarifgesetze vom 25. Dezember 1902 Nr. 100 und 103 (RGB. S. 325, 326), Anleitung für die Zollabfertigung S. 130.

[5] Tabaksteuerordnung vom 23. Mai 1912 § 3 Abs. 1a, Zentralblatt für das Deutsche Reich S. 436.

[6] Branntweinsteuerbefreiungsordnung §§ 1, 29, 31, 34, 38—42, 45, Zentralblatt für das Deutsche Reich 1909 S. 1091, 1102, 1103, 1104.

[7] Tarif zum Reichsstempelgesetze vom 15. Juli 1909 Nr. 2, 3 A, 4 und 8 (RGB. S. 863, 865, 873).

die Befreiung von der Zuwachssteuer, soweit es sich um dem Staate gehörige Grundstücke innerhalb seines Gebiets handelt;[1]

die Befreiung von Gebühren in dem Verfahren vor dem Reichsgerichte;[2]

die Portofreiheit der Dienstsendungen der Staatsbehörden und Staatsanstalten in Reichsdienstangelegenheiten, für Sendungen an den Reichstag, in Militärangelegenheiten, in Reichsmarineangelegenheiten und in gemeinschaftlichen Zollangelegenheiten;[3]

die Gebührenfreiheit für dienstliche Telegramme, die der Staat insoweit genießt, als es sich um Telegramme der staatlichen Bundesratsbevollmächtigten in Berlin oder an diese in Bundesratsangelegenheiten, ferner um Telegramme an den Reichstag in reinen Reichsdienstangelegenheiten, an Reichsbehörden in reinen Reichsdienstangelegenheiten, an Militär- und Marinebehörden des Deutschen Reichs in reinen Militär- und Marinedienstangelegenheiten und um Telegramme der Eisenbahnverwaltungen, Eisenbahnstationen und Eisenbahnbeamten an vorgesetzte Behörden über vorgekommene Unglücksfälle und Betriebsstörungen handelt;[4]

die bedingte Befreiung von Gemeindeanlagen hinsichtlich solcher Gebäude und Grundstücke, die unmittelbar zu öffentlichen Zwecken des Staates dienen;[5]

die Befreiung des Staatseisenbahnbetriebs und der Landeslotterie von Gemeindeanlagen auf den Gewerbebetrieb;[6]

die Befreiung der Staatsforsten sowie der Universitätswaldungen und der Waldungen der Landesschule zu Grimma von der Bezirkssteuer;[7]

die Befreiung der Staatsforsten und der in und an ihnen gelegenen, zum Staatsgute gehörigen Felder, Lehden, Wiesen, Teiche, Torfstiche

---

[1] Zuwachssteuergesetz vom 14. Februar 1911 § 30 Ziffer 3 (RGB. S. 43).

[2] Gerichtskostengesetz in der Fassung vom 20. Mai 1898 § 98 (RGB. S. 682).

[3] Gesetz, betreffend die Portofreiheiten im Gebiete des Norddeutschen Bundes, vom 1. Juni 1869 (Bundesgesetzblatt S. 141), Vertrag, die Fortdauer des Zoll- und Handelsvereins betreffend, vom 8. Juli 1867 Art. 16 Abs. 4 (Bundesgesetzblatt S. 100).

[4] Verordnung, betreffend die gebührenfreie Beförderung von Telegrammen, vom 2. Juni 1877 § 1 (RGB. S. 524).

[5] Revidierte Städteordnung vom 24. April 1873 § 33 (GVB. S. 300), Städteordnung für mittlere und kleine Städte vom 24. April 1873 Art. I (GVB. S. 321), Revidierte Landgemeindeordnung vom 24. April 1873 § 27 (GVB. S. 332).

[6] Revidierte Städteordnung vom 24. April 1873 § 33, Städteordnung für mittlere und kleine Städte vom 24. April 1873 Art. I, Revidierte Landgemeindeordnung vom 24. April 1873 § 27.

[7] Gesetz, die Bildung von Bezirksverbänden und deren Vertretung betreffend, vom 21. April 1873 § 20 Ziffer 1 (GVB. S. 287).

u. dergl. sowie der Universitätswaldungen und der Waldungen der Landesschule zu Grimma von Kirchen- und Schulanlagen;[1]

die Befreiung der zu einem öffentlichen Gebrauche oder Dienste bestimmten staatlichen Gebäude und Gebäudeteile einschließlich insbesondere der zum Betriebe der Eisenbahnen und zum öffentlichen Unterrichte bestimmten, der Bibliotheken, Museen, Armen-, Waisen- und Krankenhäuser, Besserungs-, Aufbewahrungs- und Gefängnisanstalten von der Quartierleistung für die bewaffnete Macht während des Friedenszustandes und von Kriegsleistungen;[2]

die Befreiung der Zuchttiere und Remonten staatlicher Gestüte von der Verpflichtung zur Leistung von Vorspann für die bewaffnete Macht im Frieden;[3]

die hinsichtlich staatlicher Tierbestände stattfindende Befreiung von Beitragsleistungen zu den Entschädigungen wegen durch Viehseuchen herbeigeführter Viehverluste.[4]

Auch die Vorrechte im Konkurse, die die Staatskassen genießen, sind geeignet, die Lage des Staatshaushalts zu beeinflussen. Diese Vorrechte bestehen darin, daß den Staatskassen wegen der auf bestimmten einzelnen Sachen lastenden Zölle und Verbrauchssteuern das Recht auf abgesonderte Befriedigung aus den zurückgehaltenen oder in Beschlag genommenen zoll- und steuerpflichtigen Sachen zusteht,[5] wegen solcher Abgaben aber, die im letzten Jahre vor der Eröffnung des Konkursverfahrens fällig geworden sind, oder dafern es sich um betagte Forderungen handelt, als fällig gelten, ein Recht auf bevorzugte Befriedigung insofern eingeräumt ist, als derartige Forderungen in der zweiten Rangklasse der Konkursgläubiger, d. h. unmittelbar nach den für das letzte Jahr vor der Eröffnung des Konkursverfahrens oder dem Ableben des Gemeinschuldners rückständigen Forderungen an Lohn, Kostgeld oder anderen Dienstbezügen der Personen, die sich dem Gemeinschuldner für dessen Haushalt, Wirtschaftsbetrieb oder Erwerbsgeschäft zur Leistung von Diensten verdungen haben, befriedigt werden müssen.[6]

---

[1] Gesetz zu Erläuterung des Gesetzes vom 8. März 1838, einige Bestimmungen über die Verpflichtung der Kirchen- und Schulgemeinden zu Aufbringung des für ihre Kirchen und Schulen erforderlichen Aufwands betreffend, vom 21. März 1843 § 1 (GVB. S. 19).

[2] Gesetz, betreffend die Quartierleistung für die bewaffnete Macht während des Friedens, vom 25. Juni 1868 § 4 Abs. 2 Ziffer 3—6 (Bundesgesetzblatt für den Norddeutschen Bund S. 524 f.), Gesetz über die Kriegsleistungen vom 13. Juni 1873 § 6 Abs. 1 (RGB. S. 130).

[3] Gesetz über die Naturalleistungen für die bewaffnete Macht im Frieden in der Fassung vom 24. Mai 1898 § 3 Abs. 3 Ziffer 3 (RGB. S. 362).

[4] Viehseuchengesetz vom 26. Juni 1909 § 73 (RGB. S. 539).

[5] Konkursordnung in der Fassung vom 20. Mai 1898 § 49 Abs. 1 Ziffer 1 RGB. S. 622).

[6] Konkursordnung § 61 Ziffer 2 (RGB. 1898 S. 625).

Ebenso kommen unter Umständen dem Staatshaushalte die Vorzugsrechte bezüglich der Belastung von Grundstücken zugute, die der Staat insofern genießt, als Landeskulturrenten, die wegen einer Wasserlaufsberichtigung, wegen einer Anlage zur Entwässerung eines Ortes oder von Teilen eines Ortes oder wegen Herstellung einer Straße innerhalb einer Ortschaft übernommen und als Reallasten in das Grundbuch eingetragen sind, den übrigen Belastungen des Grundstücks mit Ausnahme der Landrenten vorgehen,[1] Ablösungsrenten aber, die für abgelöste Verbindlichkeiten in bezug auf den Bau und die Unterhaltung von Wegen oder für abgelöste Leistungen zu Gemeindezwecken als Reallasten auf einem pflichtigen Grundstücke eingetragen sind, den übrigen Belastungen des Grundstücks mit Ausnahme der Landrenten und der vorerwähnten Landeskulturrenten vorgehen.[2]

Dasselbe gilt von den Vorzugsrechten bei der Zwangsversteigerung und Zwangsverwaltung von Grundstücken, die dem Staate insofern zustehen, als die Ansprüche auf Entrichtung der öffentlichen Lasten eines Grundstücks, zu denen insbesondere die davon zu entrichtende staatliche Grundsteuer gehört, denen aber auch die Landrenten sowie die vorstehend erwähnten Ablösungsrenten und Landeskulturrenten gleichstehen, bei der Zwangsversteigerung eines solchen ein Recht auf Befriedigung aus dem Grundstücke und zwar wegen der laufenden und der aus den letzten zwei Jahren rückständigen Beträge in der dritten Rangklasse, wegen der älteren Rückstände in der siebenten Rangklasse, bei gleichem Range nach dem Verhältnisse ihrer Beträge genießen.[3]

Dagegen lassen die teils in Gesetzen, teils in Verordnungen ausdrücklich ausgesprochenen Befreiungen des Staatsfiskus von der Grundsteuer,[4] der Einkommensteuer,[5] der landesrechtlichen Stempelsteuer,[6] den Gebühren und Auslagen im Verfahren vor den staatlichen Gerichten[7] und den Verwaltungsgerichten[8] einschließlich des Oberverwaltungsgerichts[9] und in gewissen Verwaltungsange-

---

[1] Gesetz, die Ausführung des Bürgerlichen Gesetzbuchs usw. betreffend, vom 18. Juni 1898 § 30 (GVB. S. 195).

[2] Gesetz zur Ausführung einiger mit dem Bürgerlichen Gesetzbuche zusammenhängender Reichsgesetze vom 15. Juni 1900 § 28 (GVB. S. 274).

[3] Gesetz über die Zwangsversteigerung und die Zwangsverwaltung in der Fassung vom 20. Mai 1898 § 10 Abs. 1 Ziffer 3 und 7, § 13 (RGB. S. 715f.).

[4] Gesetz, die Einführung des neuen Grundsteuersystems betreffend, vom 9. September 1843 § 4 Punkt a (GVB. S. 98).

[5] Einkommensteuergesetz vom 24. Juli 1900 § 6 Ziffer 2 (GVB. S. 564).

[6] Stempelsteuergesetz vom 12. Januar 1909 § 3 Abs. 1 Ziffer 2 (GVB. S. 2).

[7] Geschäftsordnung für die Königl. Sächs. Justizbehörden § 921.

[8] Gesetz über die Verwaltungsrechtspflege vom 19. Juli 1900 § 94 Abs. 1 (GVB. S. 509).

[9] Beschluß des Gesamtministeriums vom 21. Januar 1903 Nr. 661 I.

legenheiten[1] die Lage des Staatshaushalts unberührt. Denn es handelt sich hierbei überall um Leistungen, die in die sächsische Staatskasse zu fließen haben und daher für diese zugleich eben so hohe Einnahmen in sich schließen würden. Jene Befreiungen haben daher auch nicht die Bedeutung wirklicher Rechtsvergünstigungen, sondern sind nur die Folge eines gegebenen Rechtszustandes, der die Heranziehung des Staatsfiskus zu derartigen Leistungen schon deshalb nicht angezeigt erscheinen läßt, weil insoweit der Verpflichtete und Berechtigte stets in einer Person zusammentreffen würden.

Sechster Abschnitt.

Der Staatshaushalt in seinen Beziehungen zum Könige und zum Königlichen Hause.

I.

Königliches Hausfideikommiß.

Zur Aufrechterhaltung der Würde und des Glanzes der Krone waren schon in der vorkonstitutionellen Zeit gewisse Vermögensmassen, die sich im Eigentume der regierenden Linie befanden, unter der Bezeichnung als Hausfideikommiß zu einer wirtschaftlichen Einheit zusammengeschlossen, die als solche unveräußerlich und an die für die Krone bestimmte Erbfolge dergestalt gebunden war, daß jede Teilung ausgeschlossen erschien. Nach den testamentarischen Verfügungen des Kurfürsten von Sachsen und gleichzeitigen Königs von Polen Friedrich August II. vom 3. Mai 1737 und deren Erläuterungen vom 6. Januar 1747 sollte zwar das Hausfideikommiß mit dem Aussterben des Mannesstamms des Königlichen Hauses seine fideikommissarische Eigenschaft verlieren, und sofern nicht gewisse Voraussetzungen eintreten würden, unter die weibliche Nachkommenschaft des Albertinischen Hauses nach Köpfen verteilt werden In Berücksichtigung der Nachteile jedoch, die solchenfalls durch die Zerreißung und Entfernung der in dem Hausfideikommisse inbegriffenen Schätze und Sammlungen dem Lande entstehen würden, haben zufolge

---

[1] Verordnung des Ministeriums des Innern vom 15. Februar 1899 Nr. 332 I A sowie des Finanzministeriums vom 7. November 1901 Nr. 2695 a. V.-R. und vom 19. März 1912 Nr. 472 (Hochbau-Reg.) wonach sich die diesen beiden Ministerien nachgeordneten Behörden in den zu ihrem Geschäftskreise gehörigen streitigen wie nichtstreitigen Verwaltungssachen in der Regel keinerlei Kosten abzufordern und zu erstatten haben.

Allerhöchsten Dekrets an die Landstände vom 17. März 1831[1] die damaligen Regenten (König Anton und Prinz Friedrich August als Mitregent) jene testamentarischen Bestimmungen, über deren rechtliche Zulässigkeit und Gültigkeit schon alsbald nach dem Ableben des Testators und bei dem Regierungsantritte seines Nachfolgers, des Kurfürsten Friedrich Christian, erhebliche Zweifel entstanden und die auch von keinem der späteren Nachfolger in der Regierung anerkannt worden waren, für unverbindlich erklärt. Infolgedessen trifft die Verfassungsurkunde in dem von dem Königlichen Hausfideikommisse handelnden § 20 in der Fassung des Verfassungsgesetzes vom 13. April 1888 die Bestimmung, daß dieses Fideikommiß nach der verfassungsmäßig bestimmten Erbfolgeordnung auf den jedesmaligen rechtmäßigen Regenten des Königreichs Sachsen übergehe, im übrigen aber vom Lande unzertrennbar und unveräußerlich sei, letzteres jedoch mit Ausschluß einzelner Gegenstände, die mit der Maßgabe ausgetauscht oder verkauft werden dürfen, daß der dafür erlangte Ersatz oder Erlös die Eigenschaft des veräußerten Gegenstandes annimmt und an dessen Stelle tritt, weshalb Erlöse bei sich darbietender vorteilhafter Gelegenheit zur Vermehrung des Hausfideikommisses anzuwenden sind.

Zufolge § 20 der Verfassungsurkunde besteht das Königliche Hausfideikommiß einerseits aus allem dem, was zu der Einrichtung oder Zierde der in der freien Benutzung des Königs befindlichen Schlösser, Paläste, Hofgebäude und Gärten dient, dem Mobiliare, das der Aufsicht der Hofämter und Hofintendanten anvertraut und zum Bedarfe oder Glanze des Hofes bestimmt ist, den Ställen, an Pferden, Wagen und sonstigem Inventar, den Jagderfordernissen, den in dem Grünen Gewölbe und anderen Königlichen Sammlungen befindlichen Kostbarkeiten, Gold- und Silbergeräten und Porzellan, der Gemäldegalerie, den Kupferstich-, Naturalien-, Münz- und anderen Kabinetten, der Bibliothek, der Kunst-, Rüst- und Gewehrkammer, anderseits aus dem, was ihm aus dem Privateigentume des jeweilig regierenden Königs und aus Ersparnissen an seiner Zivilliste (vgl. S. 128) bei dessen Ableben bedingungsweise zuwächst. Über das dem Könige zugehörige Privateigentum, worunter nach § 21 der Verfassungsurkunde in der Fassung des Verfassungsgesetzes vom 13. April 1888 alles dasjenige verstanden wird, was er bereits vor der Gelangung zum Throne besessen und was er während seiner Regierung aus Privatrechtstiteln erworben hat, steht ihm nämlich das Recht der freien Verfügung sowohl unter den Lebenden als auf den Todesfall zu. Hat er darüber weder in der einen noch in der anderen Weise verfügt, so fällt es bei seinem Ableben an das Hausfideikommiß. Über Ersparnisse an der Zivilliste dagegen kann der König nur unter den Lebenden frei verfügen. Soweit

[1] Landtagsakten 1831 Bd. 4 S. 1.

letzteres nicht geschehen ist, fallen sie ohne weiteres dem Hausfideikommisse anheim.

Die Stände sind verpflichtet und berechtigt, über die Erhaltung des Königlichen Hausfideikommisses zu wachen (VU. § 108). Sie sind deshalb auch befugt, über dessen jeweiligen Stand Auskunft von der Regierung zu verlangen. Herkömmlich werden ihnen indessen regelmäßige Mitteilungen darüber nur so weit gemacht, als es sich um die in dem Hausfideikommisse inbegriffenen Sammlungen für Kunst und Wissenschaft handelt, über deren Verwaltung ihnen bei jedem Landtage ein förmlicher Rechenschaftsbericht vorgelegt wird.

Eine Nutzung des Königlichen Hausfideikommisses zugunsten des Staates in der Weise, daß substanzielle Erträgnisse daraus den Staatskassen zur freien Verwendung zufließen könnten, ist der Natur der Sache nach ausgeschlossen. Gleichwohl bestehen fortdauernde Beziehungen zwischen ihm und dem Staatshaushalte insofern, als die Verwaltung, Erhaltung und Vermehrung der darin inbegriffenen Sammlungen für Kunst und Wissenschaft, soweit ihre eigenen Einnahmen dazu nicht ausreichen, bereits seit dem Inkrafttreten der Verfassungsurkunde auf Kosten des Staates erfolgt. Außerdem läßt die Verfassungsurkunde (vgl. § 20 Abs. 3 und 4 in Verbindung mit § 105) eine vorübergehende Dienstbarmachung des Königlichen Hausfideikommisses für den Staatshaushalt insofern zu, als in außerordentlichen Notfällen der jedesmalige Regent, und zwar, soweit die Möglichkeit einer Einberufung der Stände gegeben ist, unter vorgängiger Zustimmung dieser, entgegengesetztenfalls unter Verantwortlichkeit der ihn dabei beratenden Staatsminister und unter dem Vorbehalte nachträglicher Genehmigung der Stände, berechtigt ist, die dazu gehörigen Kostbarkeiten bis zur Höhe von 1 Million Talern Konventionsmünze zeitweise und unter der Bedingung möglichst baldiger Wiedereinlösung zu Staatszwecken zu verpfänden, was indessen bis jetzt erfreulicherweise noch niemals nötig gewesen ist.

II.

Königliche Zivilliste.

1. Als infolge der Einführung der konstitutionellen Verfassung neben den Regalien auch das landesherrliche Domanialvermögen und die damit verknüpften Einkünfte dem Staate überlassen wurden (vgl. S. 100), geschah dies nur unter der Bedingung, daß als Entschädigung dafür dem jeweiligen Landesherrn eine Zivilliste, d. h. eine feste Jahresrente gewährt werde, die ihn in den Stand setzte, damit die Kosten seiner persönlichen und häuslichen Bedürfnisse sowie seiner gesamten Hofhaltung zu bestreiten. Dabei wurde der ausdrückliche Vorbehalt gemacht, daß, so oft eine Zivilliste entweder überhaupt nicht oder doch nicht in einem vereinbarten

Mindestbetrage bewilligt werde, die Nutzungen des Domanialvermögens dem Landesherrn wieder zufallen sollten. Diesem Vorbehalte entspricht die Bestimmung in § 22 Abs. 2 und 3 der Verfassungsurkunde vom 4. September 1831, wonach die Nutzungen des Königlichen Domänenguts als zunächst nur auf die jedesmalige Dauer der Regierungszeit des Königs den Staatskassen überwiesen gelten. Die Zivilliste, wie sie seither regelmäßig bewilligt worden ist, schließt daher nicht etwa eine Vergütung für Dienste in sich, die der Monarch dem Staate leistet, und läßt deshalb auch in keiner Beziehung einen Vergleich mit einer Besoldung zu, sondern sie ist nichts als die vertragsmäßige Gegenleistung des Staates für die ihm bedingungsweise vom jeweiligen Landesherrn überlassene Ausnutzung von Vermögensrechten des letzteren.

Nach § 19 des Entwurfs der Verfassungsurkunde sollte die Zivilliste des Königs für beständig verabschiedet werden. Die damaligen Landstände machten jedoch hiergegen geltend, daß sich die Gestaltung der finanziellen Verhältnisse des Landes, auf die bei Bemessung der Zivilliste Rücksicht zu nehmen sei, im voraus nicht übersehen lasse, und sprachen deshalb den Wunsch aus, daß die Zivilliste jedesmal nur auf die Dauer der Regierung des Königs mit den Ständen vereinbart werde. Die damaligen Regenten (König Anton und Prinz Friedrich August als Mitregent) gaben diesem Wunsche zwar statt, und demgemäß erhielt Abs. 1 von § 22 der Verfassungsurkunde, der an Stelle von § 19 des Entwurfs getreten ist, seine endgültige Fassung. Die Regenten verbanden indessen hiermit „zu notwendiger Sicherstellung der Rechte ihrer dereinstigen Nachfolger" die Erklärung, daß sie sich zu ihrem Entschlusse nur durch die Rücksicht hätten bewogen finden können, „daß sich im Laufe der Zeiten der Wert der überwiesenen Gegenstände und ihrer Nutzungen mit dem Werte der Dinge überhaupt wesentlich verändern und dadurch eine Abänderung der zu gewährenden Summe erforderlich und tunlich machen könne".[1]

Was die Höhe dieser Summe anlangt, so war in dem Allerhöchsten Dekrete vom 1. März 1831, mit dem der Entwurf der Verfassungsurkunde den damaligen Landständen zur Beratung und Beschlußfassung vorgelegt wurde, als angemessener Betrag der Zivilliste die den damaligen Kosten der Schatulle und der Hofhaltung, ingleichen dem Bedarfe für kirchliche und milde Zwecke, für wissenschaftliche, Kunst- und Industrieanstalten, für die Unterhaltung der Königlichen Schlösser und Hofgebäude und für die Hofpensionen gleichkommende Summe von 714938 Talern 2 Gr. 10 Pf. des damaligen Konventionsmünzfußes jährlich mit der Maßgabe gefordert worden, daß im Hinblicke auf beabsichtigte Ersparnisse in der Hofhaltung vom Jahre 1833 an eine allmähliche Verminderung dieser

[1] Landtagsakten 1830 Bd. 3 S. 1383, 1831 Bd. 4 S. 1765, 1773, 1774, 2241

Summe um jährlich 10000 Taler bis auf den für die Zukunft endgültig festzusetzenden, ohne des Regenten Zustimmung nicht zu vermindernden Betrag von 640000 Talern jährlich eintreten sollte. Zur Begründung dieser Forderung war darauf hingewiesen worden, daß, abgesehen von den Einkünften aus den landesherrlichen Regalien in der Anschlagshöhe von 966942 Talern 16 Gr. jährlich, schon die Domanialeinkünfte auf den Betrag von jährlich 754310 Talern zu beziffern seien.[1] Die Landstände gingen bei Bemessung der Höhe der Zivilliste zunächst von dem Grundsatze aus, daß die letztere für den Bedarf der Hofhaltung des Königs ausschließlich zu bestimmen sei, und sie verwiesen deshalb diejenigen Ausgaben, die hierunter nicht gerechnet werden konnten, auf das Staatsbudget. Infolgedessen verblieb von der obigen Forderung von rund 714938 Talern eine Restsumme von rund 568951 Talern. In Ansehung dieser letzteren aber waren sie der Ansicht, daß sie durch Ersparnisse namentlich in dem Personalstande der Hofhaltung ohne Beeinträchtigung der Würde des Hofes nach und nach recht wohl bis auf rund 500000 Taler herabgemindert werden könne, und so gelangten sie zu einer Bewilligung in dieser Höhe, mit der Maßgabe jedoch, daß, weil die in Aussicht zu nehmenden Ersparnisse nicht sofort sondern nur nach und nach verwirklicht werden konnten, für die Jahre 1832—1836 vorübergehende Zusätze zur Zivilliste hinzugefügt wurden.[2] Die Regenten erklärten sich mit dieser Festsetzung der Höhe der Zivilliste einverstanden, wobei sie ausdrücklich bemerkten, daß zwar auch für alle künftigen Fälle das in bezug auf die Zivilliste stattfindende Vertragsverhältnis zu berücksichtigen und daher jedesmal in Betracht zu ziehen sein werde, daß die Nutzungen des Domänenguts nur so lange dem Staatsgute überlassen bleiben könnten, als über den jedesmaligen angemessenen Betrag der Zivilliste eine Vereinigung stattfinden werde, als ein solcher angemessener Betrag aber die jetzt zu verabschiedende Summe von 500000 Talern angesehen werden und daher das Befugnis des Königs zur Zurücknahme des Domänenguts bei nicht stattfindender Vereinigung bloß alsdann eintreten solle, wenn eine Summe in dieser Höhe nicht bewilligt werden würde.[3] Infolgedessen trifft die Verfassungsurkunde in dem von der Zivilliste handelnden § 22 die Bestimmung, daß die Nutzungen des Königlichen Domänenguts den Staatskassen so lange überwiesen bleiben, als eine Zivilliste bewilligt werde, die der jetzt mit 500000 Talern verabschiedeten wenigstens gleich komme, einer Summe, die sich in Konventionsmünze versteht (nach heutiger Währung 1 Taler = 3 ℳ $8^1/_3$ ₰).[4]

---

[1] Landtagsakten 1830 Bd. 3 S. 1375, 1424, 1425.

[2] Landtagsakten 1830 Bd. 3 S. 1375, 1424 ff., 1831 Bd. 4 S. 1763, 1811 ff., 1833.

[3] Landtagsakten 1831 Bd. 4 S. 2242.

[4] In der Höhe von 500000 Talern jährlich, die nach Einführung des Vierzehntalerfußes in 513888 Taler umgerechnet wurden, was nach der gegenwärtig gültigen

Die Zivilliste, die in monatlichen Raten im voraus zahlbar ist, kann während der Regierungszeit des Königs weder ohne dessen Zustimmung vermindert noch ohne die Bewilligung der Stände vermehrt, auch darf sie als wesentliches Bedürfnis zur Erhaltung der Würde der Krone zu keiner Zeit und auf keine Weise mit Schulden belastet werden. Dem Könige steht zwar, wie bereits S. 102, 103 bemerkt worden ist, frei, eine oder die andere Domäne auf Lebenszeit zu eigener Verwaltung und Benutzung zu übernehmen, und er erleidet solchenfalls einen nach dem Durchschnittsertrage der letzten 10 Jahre zu bemessenden Abzug an der Zivilliste (VU. § 17 Abs. 2). Ein solcher Abzug schließt indessen nicht den Tatbestand einer Verminderung der Zivilliste ein, da an Stelle eines Baarbezugs ein gleichwertiger Naturalbezug tritt.

Die Zivilliste des mit Tode abgegangenen Königs besteht fort, bis die seines Nachfolgers verabschiedet ist, jedoch längstens nur bis zur Vereinigung über ein neues Budget.

2. Über die Zivilliste steht dem Könige nach § 22 Abs. 1 VU. das Recht der freien Verfügung zu. Die Verfassungsurkunde trifft zwar in § 22 Abs. 5 darüber ausdrückliche Bestimmung, welche Ausgaben von ihr zu bestreiten sind, indem sie als solche aufführt: die Schatullengelder des Königs und seiner Gemahlin, die Unterhaltungs- und Erziehungskosten seiner Kinder, die Gehalte aller Königlichen Hofbeamten und Diener, die Pensionen dieser sowie ihrer Witwen und Kinder,[1] den gesamten Aufwand für die Hofhaltung, den Stall, die Hofjagd und die dazu gehörigen Inventarien, den katholischen und evangelischen Hofgottesdienst, für letzteren nach Höhe des bis zur Verabschiedung der Verfassungsurkunde geleisteten Beitrags,[2] die Hofkapelle und Hoftheater, die Unterhaltungskosten der dem Könige zur freien Benutzung bleibenden

Währung eine Summe von 1541664 ℳ ergeben würde, hat die Zivilliste nur bis zum Schlusse der Finanzperiode 1852/54 bestanden. Von da ab hat sie wiederholt erhebliche Erhöhungen erfahren und zwar von 1855/57 an auf 570000 Taler, von 1867/69 an auf 615000 Taler, von 1874/75 an auf 2850000 ℳ (950000 Taler), von 1891/92 an auf 3052300 ℳ, vom 1. Juli 1902 ab auf 3500000 ℳ, vom 1. Januar 1904 an auf 3550000 ℳ, vom 1. Januar 1908 an auf 3674927 ℳ, vom 1. Januar 1910 an auf 3704927 ℳ, vom 1. Januar 1913 an auf 3778877 ℳ. Auch diese letztere Summe ist gegenüber dem Reinertrage des Domänenguts, wie es sich im Laufe der Zeit gestaltet hat, eine verhältnismäßig geringe. Nach einer i. J. 1904 von der Regierung den Ständen mitgeteilten Berechnung belief sich dieser Reinertrag i. J. 1907 auf 10004205,94 ℳ (vgl. Landtagsakten 1904, Kgl. Dekrete Nr. 1 S. 7). Im Jahre 1909 aber erreichte nach dem Rechenschaftsberichte auf die Finanzperiode 1908/09 allein der Reinertrag der zum Domänengute gehörigen Forsten die Höhe von 9047908,53 ℳ.

[1] Ausgeschlossen hiervon sind die Pensionen für Mitglieder des hinterlassenen Hofstaats eines verstorbenen Königs, indem diese zu Lasten des Staates gehen. Vgl. Landtagsakten 1831 Bd. 4 S. 1815 Pkt. 3.

[2] 1945 Tlr. 10 Gr. 2 Pfg. Konventionsmünze. Vgl. Landtagsakten 1831 Bd. 3 S. 1429, Bd. 4 S. 1824.

Schlösser, Paläste, Hofgebäude und Gärten, endlich alle hier nicht erwähnten ordentlichen oder außerordentlichen Hofausgaben, deren Bestreitung nicht ausdrücklich auf das Staatsbudget gewiesen ist. Durch diese Aufzählung der von der Zivilliste zu bestreitenden Ausgaben wird aber das freie Verfügungsrecht des Königs über die Zivilliste in keiner Weise eingeschränkt. Ebensowenig können die Stände daraus etwa die Befugnis zur Ausübung irgend einer Kontrolle über die Verwendung der Zivilliste für sich ableiten. Die Einzelaufführung der von der Zivilliste zu bestreitenden Ausgaben verfolgt vielmehr lediglich den Zweck zu verhindern, daß Ausgaben dieser Art, soweit nicht Sonderbestimmungen der Verfassungsurkunde oder des Königlichen Hausgesetzes (vgl. den nachfolgenden Abschnitt) oder ausdrückliche Festsetzungen des Staatshaushalts-Etats Ausnahmen begründen, auch noch auf die Staatskasse übernommen werden.

In dem Falle des Eintritts einer Regierungsverwesung, die stattzufinden hat, wenn der König unmündig oder an der Ausübung der Regierung dauernd oder auf längere Zeit verhindert ist (VU. § 9), ist auch der Aufwand des Regierungsverwesers von der Zivilliste, und zwar in Höhe von 50 000 Talern Konventionsmünze jährlich, mit zu bestreiten. (VU. § 13 Abs. 2 und Königliches Hausgesetz vom 30. Dezember 1837 § 64.)

Über Ersparnisse an der Zivilliste kann der König, wie bereits S. 127 erwähnt worden ist, nur unter den Lebenden frei verfügen. Sind derartige Ersparnisse bei seinem Ableben vorhanden, so fallen sie dem Königlichen Hausfideikommisse zu.

3. Die Bestimmung der Verfassungsurkunde, wonach aus der Zivilliste u. a. die Schatullengelder der Königin mit zu bestreiten sind, hat nur für die Dauer der Regierungszeit des verwitweten Königs Anton praktische Bedeutung gehabt, indem bereits bei der Vereinbarung der Verfassungsurkunde zwischen den damaligen Regenten und Landständen Übereinstimmung darüber herrschte, daß neben der Zivilliste des Königs auch für die künftig regierenden Königinnen eine besonders zu verabschiedende Summe für Schatullen- und Garderobebedürfnisse, ingleichen für den männlichen und weiblichen Hofstaat auszusetzen sei.[1] Letzteres ist daher auch bereits seit der Finanzperiode 1837/39[2] fortdauernd geschehen. Jede derartige Bewilligung steht in bezug auf ihre Dauer der Zivilliste gleich,

[1] Landtagsakten 1831 Bd. 4 S. 1853 Pkt. 10, S. 2242 Pkt. 4.

[2] Landtagsakten 1836/37 Abt. I Bd. 1 S. 241 ff., Bd. 3 S. 158. Die Schatullen-, Garderobe- und Hofstaatsgelder der Königin wurden erstmalig in Höhe von 28 000 Talern Konventionsmünze jährlich bewilligt, wovon 12 000 Taler auf Schatulle und Garderobe und 16 000 Taler auf den Hofstaat gerechnet wurden, welche letztere Summe einem Jahresgeschenke entsprach, das in gleicher Höhe schon in vorkonstitutioneller Zeit der Königin von den Landständen bewilligt zu werden pflegte. Seit der Finanzperiode

d. h. sie gilt als für die Dauer der Regierung des Königs verabschiedet.[1] Eine Königin Witwe tritt als solche in den Genuß des aus der Staatskasse ihr zu gewährenden Wittums ein (vgl. S. 136). In bezug auf das Verfügungsrecht über die Schatullen-, Garderobe- und Hofstaatsgelder ist die Königin verfassungsrechtlich nicht beschränkt.

4. Da die Zivilliste je für die Dauer der Regierung des Königs verabschiedet werden muß, die Stände sonach überhaupt nicht berechtigt sind, von der einmal erfolgten Bewilligung einseitig zurückzutreten, bedarf es auch innerhalb dieses Zeitraums, soweit nicht Erhöhungen durch den Staatshaushalts-Etat angefordert werden, einer von Finanzperiode zu Finanzperiode sich wiederholenden Neubewilligung seitens der Stände nicht. Wenn die Stände gleichwohl herkömmlicherweise bei der Beschlußfassung über den Staatshaushalts-Etat jedesmal eine Bewilligung der Zivilliste während der jeweiligen Regierungsdauer des Königs auch dann auszusprechen pflegen, wenn Änderungen dabei nicht in Frage kommen, hat dies nur eine rein formelle Bedeutung, nämlich nur die Bedeutung eines Anerkenntnisses, daß die Regierung berechtigt war, die Zivilliste in der Höhe, wie es geschehen ist, in den Etat einzustellen.

5. Wie die Aufzählung der Ausgaben erkennen läßt, die nach § 22 Abs. 5 VU. von der Zivilliste zu bestreiten sind, handelt es sich hierbei überall nur um Kosten zur Befriedigung der häuslichen und persönlichen Bedürfnisse des Königs sowie um Kosten seiner Hofhaltung. Soweit daher durch Ausübung von Rechten, die dem Könige als Träger der Krone zustehen, Ausgaben erwachsen, hat dafür nicht die Zivilliste sondern der Staat aufzukommen.

III.

Gebührnisse der Glieder des Königlichen Hauses.

1. In der vorkonstitutionellen Zeit mußten die Kosten des standesgemäßen Unterhalts der Glieder des Königlichen Hauses, soweit dazu nicht besondere Fonds zur Verfügung standen, wie ein solcher namentlich in der sogenannten Sekundogenitur, von der weiter unten die Rede sein wird, gegeben war, nach Maßgabe der in dieser Beziehung getroffenen hausgesetzlichen Bestimmungen und vertragsmäßigen Vereinbarungen aus den landesherrlichen Einkünften mit bestritten werden. Als daher diese Einkünfte und in erster Linie diejenigen aus dem Königlichen Domänengute mit dem Eintritte der konstitutionellen Verfassung auf den Staat

1855/57 ist diese Leistung, die nach erfolgter Einführung des Vierzehntalerfußes in 28778 Taler umgerechnet wurde, auf 30000 Taler erhöht worden, und in diesem Betrage, nach Einführung der Markwährung daher in Höhe von 90000 ℳ, ist sie von da ab fortgesetzt gewährt worden, so oft und so lange es eine regierende Königin gab.

[1] Landtagsakten 1836/37 Abt. I S. 243.

übergingen, war es selbstverständlich, daß der Staat, soweit nötig, auch die Fürsorge für die Unterhaltung der Glieder des Königlichen Hauses übernahm, wie denn letzteres bei der Vorlage des Entwurfs der Verfassungsurkunde an die damaligen Landstände von den Regenten (König Anton und Prinz Friedrich August als Mitregent) auch ausdrücklich ausbedungen worden war.[1] Die Verfassungsurkunde traf demzufolge in ihrem § 23 zunächst die Übergangsbestimmung, daß die den damaligen Gliedern des Königlichen Hauses ausgesetzten Apanagen, Wittümer und anderen vertragsmäßigen Gebührnisse, Hand- und Garderobegelder unter Beobachtung der wegen der Sekundogenitur bestehenden Bestimmungen auf deren Lebenszeit unverändert bleiben und in das Budget aufgenommen werden sollten, während sie im übrigen vorschrieb, daß über die künftig unter Anrechnung der Sekundogenitur zu gewährenden Apanagen, Wittümer, Heiratsgüter und anderen derartigen Gebührnisse mit den Ständen eine feststehende Bestimmung zu verabschieden sei, der nachmals in jedem einzelnen Falle nachzugehen sei, und die in das Hausgesetz aufgenommen werden solle. Diese feststehende Bestimmung ist in den §§ 16—54 des insoweit mit Zustimmung der Stände erlassenen[2] und deshalb einen integrierenden Bestandteil unseres heutigen Verfassungsrechts bildenden **Königlichen Hausgesetzes** vom 30. Dezember 1837 (GVB. 1838 S. 62) enthalten, woraus sich zugleich ergibt, daß alle darin bezifferten Geldbeträge nach dem Konventionsmünzfuße (nach der jetzigen Währung 1 Taler = 3 ℳ $8^1/_3$ ₰) zu verstehen sind. Die Leistungen, die hiernach an die Glieder des Königlichen Hauses, worunter die Königlichen Witwen, die Prinzen und Prinzessinnen, die von deren gemeinschaftlichem Stammvater durch von dem Könige anerkannte ebenbürtige rechtmäßige Ehe in männlicher Linie abstammen, insofern sich die Prinzessinnen nicht in andere Häuser vermählt haben, sowie die in ebenbürtiger Ehe angetrauten Gemahlinnen dieser Prinzen und deren Witwen, solange diese im Witwenstande verbleiben, zu verstehen sind, ingleichen an Mitglieder hinterlassener oder erledigter Hofstaaten von solchen aus der Staatskasse ohne Zurechnung auf die Zivilliste teils unbedingt, teils unter gewissen Voraussetzungen zu gewähren sind, stellen sich entweder als **fortlaufende** oder als **einmalige** dar. Zu den **fortlaufenden** Leistungen gehören die Apanagen, die Wittümer, die Pensionen an Mitglieder hinterlassener oder erledigter Hofstaaten und die Sekundogenitur. Als **einmalige** Leistungen kommen die sogenannten Etablierungsbeiträge und die Aussteuern (Heiratsgüter) in Betracht.

2. Unter **Apanagen** sind die jährlichen Geldrenten zu verstehen, die an Prinzen und Prinzessinnen des Königlichen Hauses zu ihrem

---

[1] Landtagsakten 1830 Bd. 3 S. 1375.

[2] Vgl. die Allerhöchste Verordnung vom 9. Februar 1838 (GVB. S. 59).

standesgemäßen Unterhalte unter bestimmten Voraussetzungen zu gewähren sind. Für den erstgeborenen Sohn des Königs (den Kronprinzen) und sein Haus beträgt die Apanage, wenn er ebenbürtig vermählt ist, 60000 Taler, sonst, jedoch erst vom erfüllten 21. Lebensjahre an, 30000 Taler. Die nachgeborenen Söhne des Königs erhalten Apanagen nur, wenn für sie ein eigenes Haus gebildet wird, was vom erfüllten 21. Lebensjahre an gefordert werden darf. Die Apanage beträgt solchenfalls für unverheiratete Prinzen 20000 Taler, für ebenbürtig verheiratete Prinzen 50000 Taler für den ältesten, 40000 Taler für jeden der übrigen. Für jede Tochter des Königs wird vom 21. Lebensjahre an bei Lebzeiten des Königs eine Apanage von 6000 Talern gewährt. Den nämlichen Betrag erhalten sie nach dem Ableben des Königs, aber bei Lebzeiten der verwitweten Königin, dafern die letztere die leibliche Mutter ist, und solange sie ihren Witwenstand nicht ändert, auch die vaterlosen Prinzessinnen ein eigenes Haus, das zu bilden ihnen ohne besondere Gründe nach zurückgelegtem 25. Lebensjahre nicht verweigert werden darf, nicht bilden. Tritt einer dieser Ausnahmefälle ein, so sind ihnen bis zu ihrer Vermählung 12000 Taler zu gewähren, und ebensoviel erhalten sie, wenn sie vater- und mutterlos sind, und zwar ohne Rücksicht darauf, ob sie ein eigenes Haus bilden oder nicht. Stirbt der Kronprinz vor dem Könige mit Hinterlassung von Kindern aus ebenbürtiger Ehe, so wird dessen Apanage von 60000 Talern unter die nachgelassenen Söhne und Töchter in der Art verteilt, daß die Söhne das Doppelte der Töchter erhalten, und zwar so, daß die etwa später zur Erledigung kommenden Teile den übrigen Geschwistern nach demselben Verhältnisse zuwachsen. Dem ältesten Sohne wird dabei so viel zugelegt, als zu Erfüllung der ihm als Kronprinzen gebührenden Apanage erforderlich ist. Im übrigen darf ein nachgeborener Sohn oder eine Tochter des Kronprinzen in keinem Falle mehr erhalten als ein nachgeborener Sohn oder eine Tochter des Königs. Nach dem Tode des Großvaters treten die nachgeborenen Söhne und die Töchter des Kronprinzen in den Genuß der für die nachgeborenen Söhne und die Töchter des Königs bestimmten Gebührnisse. Die den nachgeborenen Söhnen des Königs ausgesetzten Apanagen gehen nach deren Ableben auf ihre männlichen Abkömmlinge aus ebenbürtiger Ehe, und zwar, soweit nicht der verstorbene Apanageinhaber mit Genehmigung des Königs eine andere Verfügung getroffen hat, zu gleichen Teilen, im übrigen mit der Verpflichtung über, daraus das Wittum der Mutter und den Unterhalt der Prinzessinnen zu bestreiten. Dem Könige steht aber frei, einen Prinzen aus der nachgeborenen Linie mit einer Apanage von 40000 Talern zu etablieren, wenn er dies zu Erhaltung der Thronfolge nötig findet. Wenn die aus ebenbürtiger Ehe stammende Familie einer nachgeborenen Linie so zahlreich wäre, daß für das Haus eines Prinzen aus der Nebenlinie nicht wenigstens der dritte Teil der Apanage eines nachgeborenen unvermählten Sohnes des Königs zu ermitteln wäre, ist das Fehlende aus der Staatskasse zuzuschießen, vorausgesetzt daß der Mangel für einzelne Zweige der Linie seinen Grund nicht in einer von dem Aszendenten getroffenen ungleichen Verteilung hätte, in welchem Falle die Erhöhung nur insoweit würde in Anspruch genommen werden können, als es bei steter Vererbung zu gleichen Teilen der Fall gewesen sein würde. Auch muß einem Prinzen aus einer Nebenlinie, wenn er mehr als drei Kinder aus ebenbürtiger Ehe am Leben hat, von denen das älteste wenigstens 12 Jahre alt ist, bis zu seinem Ableben ein jährlicher Zuschuß von 10 000 Talern zu seiner Apanage gewährt werden. Bei dem Abgange einzelner Zweige von der Linie eines nachgeborenen Prinzen wächst der dadurch eröffnete Anteil der Apanage mit den damit verbundenen Lasten des Wittums sowie des Unterhalts der Prinzessinnen den übrigen Zweigen jener Linie zu. Wenn dagegen ein solcher Fall des Zuwachses an andere Zweige derselben Nebenlinie nicht eintritt, gelangt nach dem Abgange der männlichen Nachkommenschaft eines nachgeborenen Prinzen die ihm und seiner direkten Linie angewiesene Apanage zwar in Wegfall; es müssen jedoch statt deren die darauf ruhenden Lasten des Wittums sowie des Unterhalts der Prinzessinnen auf die Staatskasse übernommen werden. Abgesehen hiervon besteht ein Anspruch auf Gewährung eines **Wittums** aus der Staatskasse nur für die Königin-Witwe und für die ebenbürtige Witwe des Kronprinzen, und zwar in Höhe von 40 000 Talern für jene und von 25 000 Talern für diese.

Alle Apanagen und Wittümer können nur mit Bewilligung des Königs außerhalb des Königreichs verzehrt werden. Ist die Königliche Bewilligung zum Aufenthalte außerhalb Landes erteilt, so kann dieser kein Grund eines zu machenden Abzugs werden, ausgenommen wenn bei Wittümern ein derartiger Abzug in den Eheverträgen vorbehalten ist. Bei ungenehmigtem Aufenthalte außerhalb Landes werden Apanagen wie Wittümer zurückgehalten, und es hängt lediglich von der Entschließung des Königs ab, ob und inwieweit eine Nachzahlung stattfinden kann.

In den Fällen, wenn eine Apanage oder ein Wittum an die Staatskasse zurückfällt, was jedoch in Hinsicht auf die nicht augenblicklich tunliche Auflösung des Hausstandes erst 3 Monate nach eingetretenem Erledigungsfalle stattfindet, ist den **Mitgliedern des hinterlassenen oder erledigten Hofstaats** ein in analoger Anwendung der Vorschriften des Staatsdienergesetzes[1] zu bemessender Teil ihres baren Gehalts, und zwar dem männlichen Personale bis zu anderweiter Versorgung in irgend einer Anstellung, die ein dem früheren Gehalte entsprechendes

[1] Vgl. Gesetz, die Verhältnisse der Zivilstaatsdiener betreffend, vom 7. März 1835 §§ 32 ff. in Verbindung mit dem Abänderungsgesetze vom 3. Juni 1876 §§ 38 ff.

blierungsbeitrag die Summe von 8000 Talern nicht übersteigen darf. Auch die Königin-Witwe erhält, wenn sie einen besonderen Haushalt begründet, einen Etablierungsbeitrag, und zwar in Höhe von 30000 Talern. Dasselbe gilt von den nachgelassenen Töchtern des Königs, wenn sie ein eigenes Haus bilden, indem sie solchenfalls 6000 Taler als Etablierungsbeitrag erhalten.

4. Als Aussteuer und zur völligen Abfindung bei der Vermählung wird für jede Prinzessin aus der Königlichen Hauptlinie (Tochter des Königs oder Kronprinzen) eine Summe von 50000 Talern und für jede Prinzessin aus der Nebenlinie einschließlich derjenigen, die sich im Genusse der Sekundogenitur befindet, eine Summe von 20000 Talern aus der Staatskasse gezahlt, vorausgesetzt daß die Vermählung mit Einwilligung des Königs erfolgt, indem entgegengesetztenfalls der Anspruch auf Aussteuer verloren geht.

5. Keines der Gebührnisse der Glieder des Königlichen Hauses kann ohne Zustimmung der Stände eine Veränderung erfahren.[1] Eine Gewährung in der Weise, daß an Stelle von Barleistungen Grundstücke zur Benutzung überwiesen werden, ist unstatthaft (VU. § 23 Abs. 3). Fortlaufende Bezüge sind in monatlichen Raten im voraus zahlbar.

Siebenter Abschnitt.

Nachweisungen über die Verwaltung des Staatshaushalts.

1. Über die Verwaltung der staatlichen Einnahmen und Ausgaben, und zwar beider ohne Rücksicht darauf, ob sie ihrer Art und Größe nach im Staatshaushalts-Etat veranschlagt sind oder nicht, ja selbst ohne Rücksicht darauf, ob es überhaupt zur Verabschiedung eines Staatshaushalts-Etats gekommen ist oder nicht (vgl. S. 48 ff.), ingleichen des staatlichen Eigentums erfolgen regelmäßige Nachweisungen in doppelter Richtung: einerseits im Interesse der Regierung, anderseits im Interesse der Stände. Dem Interesse der Regierung dienen die von den staatlichen Kassen abzulegenden Rechnungen, von denen diejenigen, die zum Nachweise der

[1] Die im Hausgesetze festgelegte Höhe der Gebührnisse der Glieder des Königlichen Hauses bezeichnet nur das Mindestmaß dessen, was insoweit aus der Staatskasse zu gewähren ist. Über die hausgesetzlichen Sätze ist daher, wenigstens soweit es sich um fortlaufende Bezüge handelt, mit Zustimmung der Stände bereits wiederholt hinausgegangen worden. Einen Beleg dafür bot beispielsweise der Staatshaushalts-Etat für 1906/07 insofern, als sich darin das Wittum der damaligen Königin-Witwe, das im Hausgesetze auf 40000 Taler Konventionsgeld (= 123333⅓ ℳ) jährlich beziffert ist, in der von den Ständen bewilligten Höhe von 210000 ℳ jährlich eingestellt war.

Ausführung des Staatshaushalts-Etats dienen, als Staatshaushaltsrechnungen bezeichnet werden (vgl. S. 62). Den Interessen der Stände dient die Rechnung, die ihnen von der Regierung, und zwar in dem die Regel bildenden Falle, daß es zur Verabschiedung eines Staatshaushalts-Etats gekommen ist, auf der Grundlage dieses, entgegengesetztenfalls auf der Grundlage desjenigen Haushaltsplans, den die Regierung aus eigener Entschließung zur Richtschnur bei der Verwaltung genommen haben würde (vgl. S. 49), über jede einzelne Finanzperiode den Ständen abzulegen hat, und die die althergebrachte Bezeichnung Rechenschaftsbericht führt und so auch in dem Gesetze, den Staatshaushalt betreffend, vom 1. Juli 1904 (vgl. § 33) genannt wird. Gleichmäßig dem Interesse der Regierung wie der Stände dienen die Anleiherechnungen der Staatsschuldenkasse, die von dem zur Verwaltung dieser Kasse bestellten ständischen Ausschusse (vgl. S. 110 ff.) abzulegen sind (VU. § 107 Abs. 4).

Als an der Rechnungslegung beteiligte Kassen kommen einerseits die Einzelkassen (Spezialkassen), anderseits die Zentralkasse in Betracht. Unter Einzelkassen (Spezialkassen) werden, wie bereits S. 97 erwähnt wurde, die Kassen verstanden, denen nur je bestimmte Teile des Staatshaushalts Etats zugewiesen sind. Zentralkasse heißt die Kasse, die den ganzen Staatshaushalts-Etat umfaßt. Mit der Eigenschaft als solcher ist die eine Zubehörung des Finanzministeriums bildende Finanzhauptkasse ausgestattet.

Die Einzelkassen, zu denen begrifflich auch die Staatsschuldenkasse gehört, haben, und zwar nach Befinden durch Vermittlung besonderer Zahlstellen, der Regel nach die ihnen zugewiesenen Einnahmen unmittelbar von den Pflichtigen einzuheben und die von ihnen zu leistenden Ausgaben unmittelbar an die Empfangsberechtigten abzuführen und deshalb auch Einnahmen wie Ausgaben in den Kassenbüchern und Rechnungen in der Regel den Einzelposten nach, in denen sie erhoben oder geleistet worden sind, in den unter den Begriff von Rechnungsbüchern (vgl. S. 141) fallenden Kassenbüchern und in den Rechnungen aber außerdem bei den Kapiteln und Titeln des Staatshaushalts-Etats, zu denen sie ihrem Gegenstande nach gehören, dafern aber außeretatmäßige Verrechnungen (vgl. S. 82) in Frage kommen, bei den dafür zu bildenden außeretatmäßigen Titeln nachzuweisen.

Die Zentralkasse nimmt die Überschüsse der mit Überschuß abschließenden Einzelkassen in sich auf und führt den mit Zuschuß abschließenden Einzelkassen die erforderlichen Bedarfssummen zu. Sie hat deshalb die von ihr zu vertretenden Einnahmen und Ausgaben in den Kassenbüchern und den Rechnungen, soweit es sich um den ordentlichen Saatshaushalts-Etat handelt, zwar bei den einschlagenden Kapiteln, aber nicht unter den daselbst vorgeschriebenen Titeln sondern nur als Überschüsse oder als Zuschüsse, mithin rein summarisch, d. h. in den Beträgen, wie sie ihr von den Einzelkassen eingeliefert oder von ihr an diese verabfolgt worden sind, soweit dagegen der außerordentliche Staatshaushalts-Etat in Betracht kommt, zwar unter den maßgebenden Titeln, aber ebenfalls nur summarisch, d. h. in den Beträgen nachzuweisen, wie sie von ihr an die Einzelkassen verabfolgt worden sind. Soweit der Zentralkasse gleichzeitig einzelne Kapitel des ordentlichen oder einzelne Titel des außerordentlichen Staatshaushalts-Etats zur speziellen Vertretung, d. h. dergestalt zugewiesen sind, daß sie die diesen Kapiteln angehörenden Einnahmen und Ausgaben unmittelbar von den Pflichtigen einzuheben oder unmittelbar an die Empfangsberechtigten abzuführen hat, vereinigt sie die Eigenschaft einer Einzelkasse (Spezialkasse) mit der der Zentralkasse in sich, und sie hat über solche Kapitel oder Titel einerseits als Einzelkasse, anderseits als Zentralkasse Rechnung abzulegen.

Das Rechnungsjahr fällt mit dem Kalenderjahre zusammen. Dabei müssen die Staatshaushaltsrechnungen, soweit nicht von den zuständigen Ministerien mit Zustimmung der Oberrechnungskammer Ausnahmen zugelassen werden oder eine Kassen- oder Sach- (Naturalien-) Verwaltung im Laufe des Rechnungsjahrs neu errichtet wird oder gänzlich aufhört, ein volles Kalenderjahr umfassen. Ausgenommen hiervon ist die Rechnungslegung über die Ausführung von Bauten und andere einmalige Herstellungen, Anschaffungen und Unternehmungen, über die selbständige Rechnungen abzulegen sind, indem diese, falls nicht von den zuständigen Ministerien mit Zustimmung der Oberrechnungskammer etwas anderes angeordnet wird, erst nach Eintritt der Vollendung zu erfolgen hat.[1]

Die Grundlage für die Staatshaushaltsrechnungen hat der Inhalt der Kassenbücher, die, je nachdem ihre Führung nach der Zeitfolge, in der die Einnahmen und Ausgaben empfangen oder geleistet worden sind, oder nach Maßgabe der sachlichen Einteilung des Staatshaushalts-Etats zu geschehen hat, Tagebücher oder Rechnungsbücher genannt werden, in der Weise zu bilden, daß diese Rechnungen sowohl in ihren einzelnen Ansätzen als im ganzen das durch den Abschluß festgestellte Ergebnis der Kassenbücher wiedergeben müssen. Der Abschluß der Kassenbücher für das Rechnungsjahr hat bei den Einzelkassen, soweit nicht ausnahmsweise unter besonderen Umständen von den zuständigen Ministerien oder von der Generaldirektion der Königlichen Sammlungen für Kunst und Wissenschaft im Einvernehmen mit der Oberrechnungskammer und dem Finanzministerium ein anderer Zeitpunkt nachgelassen wird, spätestens am 31. Januar des dem Rechnungsjahre folgenden Jahres, bei der Finanzhauptkasse als Zentralkasse aber spätestens 3 Wochen nach dem Eingange der letzten Anzeige über die Ergebnisse des Abschlusses der Einzelkassen,

[1] StHG. § 28.

oder falls etwa die Kassenbücher über die der Finanzhauptkasse zur speziellen Vertretung überwiesenen Kapitel des ordentlichen Staatshaushalts-Etats noch später abgeschlossen werden sollten, spätestens 3 Wochen nach dem Abschlusse dieser Kassenbücher zu erfolgen. Von dem Ergebnisse des Bücherabschlusses haben die Einzelkassen mit Ausnahme der Staatsschuldenkasse hinsichtlich des Bücherwerks über die Verzinsung und Tilgung der Staatsschulden der Zentralkasse in der Weise Mitteilung zu machen, daß sie ihr, soweit nicht zwischen den zuständigen Ministerien oder der Generaldirektion der Königlichen Sammlungen für Kunst und Wissenschaft und der Oberrechnungskammer andere Vereinbarungen getroffen worden sind, jedesmal binnen 14 Tagen nach dem für den Abschluß ihrer Kassenbücher festgesetzten Zeitpunkte auf Grund dieses Bücherabschlusses summarisch den Betrag ihrer Isteinnahme, d. h. der tatsächlich zur Kasse geflossenen Einnahme, ihrer Einnahmereste, ihrer Istausgabe, d. h. der tatsächlich aus der Kasse bestrittenen Ausgabe, und ihrer Ausgabereste anzuzeigen haben, — Anzeigen, die als Schlußabrechnungen bezeichnet werden, und in denen, falls in den Rechnungen die Geldwerte der Vermehrungen und Verminderungen von Vorräten mit nachzuweisen und infolgedessen den Isteinnahmen und Istausgaben beizuzählen sind, diese Geldwerte getrennt von den Isteinnahmen und Istausgaben besonders ersichtlich zu machen sind. Nach erfolgtem Abschlusse der Kassenbücher dürfen bei keiner Kasse noch Einnahmen oder Ausgaben für Rechnung des abgelaufenen Jahres gebucht werden.[1]

Der formellen Einrichtung nach haben sich die Staatshaushaltsrechnungen so zugestalten, daß sie in ihrer Einteilung sowie in der Bezeichnung, Aufschrift und Aufrechnung ihrer einzelnen Abschnitte mit den Kapiteln, Titeln und etwaigen weiteren Unterabteilungen des Etats genau übereinstimmen müssen. Für ihren sachlichen Inhalt ergibt sich daraus zugleich, daß in ihnen die Einnahmen und Ausgaben, soweit sie im Staatshaushalts-Etat ihrem Gegenstande nach vorgesehen sind, etatmäßig, d. h. unter denselben Kapiteln, Titeln und etwaigen weiteren Unterabteilungen nachgewiesen werden müssen, unter denen sie im Etat aufgeführt sind, und zwar hat dies auch dann zu geschehen, wenn die Einnahmen oder Ausgaben bei der Etataufstellung nicht mit zum Ansatze gekommen sind, und wenn ihre etatmäßige Verrechnung zu Kapitel- oder Titelüberschreitungen führt. Einnahmen, die unter kein Kapitel oder keinen Titel des Etats fallen, und ebenso Ausgaben, die unter kein seinem Verwendungszwecke nach bestimmtes Etatkapitel oder unter keinen hierzu gehörigen Titel fallen, und für die der Etat auch keine Verfügungssumme (Dispositionssumme) ohne nähere Bezeichnung der hieraus zu bestreitenden Ausgaben enthält, sind als außeretatmäßige Einnahmen oder Ausgaben

---

[1] StHG. §§ 27, 29—31, StHG. AB. § 25.

und deshalb getrennt von denjenigen Einnahmen und Ausgaben nachzuweisen, die sich innerhalb des Rahmens des Staatshaushalts-Etats bewegen (vgl. S. 81, 82). Für die formelle Einrichtung und die sonstige Behandlung der Staatshaushaltsrechnungen und der dazu gehörigen Belege sind im übrigen die jeweilig gültigen Allgemeinen Vorschriften für das Staatsrechnungswesen maßgebend.

Kassengebarungen, die eines rechnungsmäßigen Nachweises bedürfen, mit der Ausführung des festgestellten Staatshaushalts-Etats aber in keinem unmittelbaren Zusammenhange stehen, wie z. B. die Abwicklung von Vorschüssen, der Nachweis eiserner Bestände usw., dürfen in den Staatshaushaltsrechnungen nicht zur Erscheinung gebracht werden. Ihr Nachweis erfolgt vielmehr seitens der Einzelkassen mit Ausnahme der Finanzhauptkasse, soweit diese Einzelkassenrechnungen abzulegen hat (vgl. S. 141), in Sonderrechnungen, die inhaltlich von den Staatshaushaltsrechnungen getrennt, aber räumlich mit ihnen verbunden sind, und die als Anhangsrechnungen zu den Staatshaushaltsrechnungen bezeichnet werden (vgl. A. R. V. § 17).

2. Die Ablegung des Rechenschaftsberichts in der Art und Weise, wie sie sich von jeher vollzogen hat, bildet, wennschon der Name „Rechenschaftsbericht" der Verfassungsurkunde fremd ist, seit dem Erlasse des Verfassungsgesetzes vom 5. Mai 1851 eine verfassungsrechtliche Einrichtung, während sie bis dahin nur auf freier Vereinbarung zwischen der Regierung und den Ständen beruhte. Insofern nämlich die Verfassungsurkunde in dem in dieser Beziehung maßgebenden § 98 der ursprünglichen Fassung vorschrieb, daß bei jedem ordentlichen Landtage den Ständen eine genaue Berechnung der in den vorhergegangenen drei Jahren erfolgten Einnahme und Ausgabe und ein Voranschlag des Bedarfs für die drei nächstfolgenden Jahre nebst den Vorschlägen zu dessen Deckung möglichst bald nach Eröffnung des Landtags mitzuteilen sei, unter den vorhergegangenen drei Jahren aber, die jene Berechnung umfassen sollte, die der jeweilig laufenden Finanzperiode unmittelbar vorhergegangenen drei Jahre zu verstehen waren,[1] legte sie dieser Berechnung an sich nur die Bedeutung einer Unterlage für die nach § 97 der Verfassungsurkunde den Ständen obliegende Prüfung der Notwendigkeit, Zweckmäßigkeit und Höhe der in dem Voranschlage für die neue Finanzperiode enthaltenen Ansätze bei.[2] Im Hinblicke darauf, daß der Landtag in gleicher Weise, wie dies noch gegenwärtig der Fall ist, auch bereits früher vor Ablauf des Schlußjahrs der jeweilig laufenden Finanzperiode einberufen werden mußte, um den Voranschlag des Staatsbedarfs für die bevorstehende Finanzperiode prüfen

[1] Landtagsakten 1836/37 Abt. I Bd. 1 S. 214.

[2] In Übereinstimmung hiermit lautete auch die Überschrift von § 98: „Darlegung des Staatshaushalts und Bedarfs an selbige" (d. h. an die Stände).

und feststellen zu können, ist es auch klar, daß es tatsächlich unmöglich gewesen wäre, den Ständen bald schon nach Eröffnung des Landtags eine Berechnung der Einnahmen und der Ausgaben aller drei Jahre der erst noch im Ablaufe begriffenen Finanzperiode mit der Absicht einer Rechenschaftsablage über die geführte Verwaltung mitzuteilen, daß letzteres vielmehr nur nach und nach würde haben geschehen können. Bereits auf dem Landtage 1836/37 machte deshalb die Regierung, indem sie sich einerseits dahin aussprach, daß es eine der ersten Pflichten einer jeden Regierung sei, eine offene und treue Prüfung der finanziellen Verhältnisse des Staates anzustellen und sich über das Geschehene Rechenschaft abzulegen, ja diese Verpflichtung um so wichtiger sei, als davon der ordnungsmäßige und sichere Gang der Staatsverwaltung abhänge und es sich um Verwaltung und Verfügung über anvertrautes Eigentum handle, anderseits darauf hinwies, daß ein gründlicher und zuverlässiger Rechenschaftsbericht erst dann aufgestellt werden könne, wenn die Unterlagsrechnungen, auf die er zu begründen sei, ganz oder wenigstens zum größten Teile geprüft und justifiziert seien, wozu ein Zeitraum von mindestens $1^1/_2$ bis 2 Jahren über den Verlauf der Finanzperiode hinaus gehöre, die Ansicht geltend, daß kein anderer Ausweg übrig zu bleiben scheine, als daß den Ständen ein vollständiger, die ganze Finanzperiode umfassender Rechenschaftsbericht jedesmal erst bei dem nächstfolgenden Landtage, d. h. um eine volle Finanzperiode später, mitgeteilt werde, als dies in § 98 für die daselbst behandelte Berechnung festgesetzt war.[1] Die Stände traten dieser Auffassung im wesentlichen zwar bei, erklärten jedoch, daß sie behufs der nach § 97 der Verfassungsurkunde ihnen obliegenden Prüfung der Notwendigkeit, Zweckmäßigkeit und Höhe der Budgetansätze vor jeder neuen Bewilligung den wirklichen Staatsbedarf und deshalb die für die Staatseinnahme und Staatsausgabe getroffenen Maßregeln nebst deren Resultaten kennen lernen müßten, darum aber auch in Zukunft zur Einsicht des vorgelegten Budgets spezieller Rechnungsübersichten über die im Ablaufe begriffene Finanzperiode nicht entbehren könnten. Damit verbanden sie den Ausdruck der Ansicht, daß im Sinne einer derartigen vorläufigen, wennschon kein vollendetes und geschlossenes Ganze bildenden Rechenschaft § 98 der Verfassungsurkunde zu nehmen und anzuwenden sei.[2] Mittels Allerhöchsten Dekrets vom 28. November 1837 wurde hierauf den Ständen die Zusicherung erteilt, daß ihnen auch künftig zum Behufe der Prüfung des Staatsbudgets für eine neue Finanzperiode jedesmal eine vorläufige Übersicht der in der nächstvorhergegangenen oder noch im Ablaufe begriffenen Periode erzielten oder demnächst zu

[1] Vgl. Beilage zu dem Allerhöchsten Dekrete vom 14. November 1836, Landtagsakten 1836/37 Abt. I Bd. 1 S. 211ff.

[2] Ständische Schrift vom 25. November 1837, Landtagsakten 1836/37 Abt. I Bd. 3 S. 213ff.

erwartenden Rechnungsergebnisse mitgeteilt werden solle. Dabei wurde jedoch zugleich ausgesprochen, daß auf diese vorläufige Übersicht bei der demnächst erfolgenden Aufstellung eines vollständigen Rechenschaftsberichts nicht weiter zurückzukommen, daher namentlich auch von einer Vergleichung derselben mit den Endergebnissen des Rechenschaftsberichts abzusehen sein werde.[1] Die Aufstellung dieser vorläufigen Rechnungsübersichten geschah in der Weise, daß in ihnen für die beiden ersten Jahre der Finanzperiode die wirklichen Rechnungsergebnisse, für das dritte Jahr dagegen nur Überschlagssummen eingestellt wurden. Ihre Mitteilung erfolgte bis auf einen Ausnahmefall, in dem die Übersicht dem Staatsbudget selbst als Unterlage beigegeben war, darum aber auch ihre Drucklegung und somit die Bekanntgabe an die Gesamtheit der Stände geschah,[2] nur an die mit der Prüfung des Staatsbudgets betrauten ständischen Deputationen, weshalb diese Übersichten auch nicht in Druck gelegt wurden.[3] Bereits von der Finanzperiode 1852/54 an kam jedoch die Mitteilung vorläufiger Rechnungsübersichten auf die der jeweiligen neuen Finanzperiode unmittelbar vorausgegangene Finanzperiode wieder in Wegfall, nachdem inmittelst die zwischen der Regierung und den Ständen wegen des Zeitpunkts der Vorlage des eigentlichen Rechenschaftsberichts getroffene Vereinbarung durch das Verfassungsgesetz vom 3. Mai 1851 ihre verfassungsrechtliche Grundlage erhalten hatte. Durch § 3 dieses Gesetzes wurde nämlich die Verfassungsurkunde in ihrem § 98 dahin abgeändert, daß von nun an bei jedem ordentlichen Landtage den Ständen eine genaue Berechnung über die Einnahme und Ausgabe in der vorletzten Finanzperiode mitgeteilt werden sollte. In Übereinstimmung mit der nunmehr vom Standpunkte des Verfassungsrechts aus eingetretenen Veränderung der Sachlage erhielt § 98 zwar die Überschrift: „Staatshaushaltsplan und Rechnungsablegung“. Im übrigen aber blieb der sachliche Inhalt sowohl des § 98 als auch der sonst noch auf die Rechnungsablegung der Regierung bezüglichen Paragraphen der Verfassungsurkunde — §§ 99 und 100 — unverändert dergestalt, daß selbst davon abgesehen wurde, die Überschrift von § 100, die lautete: „Ständische Erklärung über den aufzubringenden Staatsbedarf,“ sowie die Eingangsworte von § 100, die lauteten: „Nach pflichtmäßiger genauer Prüfung der gedachten Berechnungen, Übersichten und Unterlagen haben die Stände über den darnach aufzubringenden Bedarf ihre Erklärung an den König gelangen zu lassen“, in einer Weise umzugestalten, die auf die Tatsache Rücksicht genommen hätte, daß die

[1] Landtagsakten 1836/37 Abt. I Bd. 3 S. 265.

[2] Allerhöchste Dekrete vom 17. Januar und 11. Oktober 1849, Landtagsakten 1849 Abt. I S. 51, Übersicht B ebendas. S. 221 ff., Landtagsakten 1849/50 Abt. I Bd. 2 S. 1.

[3] Vgl. Allerhöchstes Dekret vom 20. November 1842, Landtagsakten 1842 Abt. I Bd. 1 S. 165, und Allerhöchstes Dekret vom 14. September 1845, Landtagsakten 1845 Abt. I Bd. 1 S. 317.

Berechnung über Einnahme und Ausgabe im Sinne von § 98 der Verfassungsurkunde von nun an nicht mehr die Eigenschaft eines bloßen Hilfsmittels für die Prüfung des neuen Staatshaushalts-Etats sondern in erster Linie die einer förmlichen Rechenschaft über die geführte Verwaltung haben sollte. Auch als zufolge des Verfassungsgesetzes vom 3. Dezember 1868 (Pkt. III, GVB. S. 1368) die dreijährigen Finanzperioden mit zweijährigen vertauscht wurden, trat nur eine aus dieser Tatsache sich ableitende Änderung des Inhalts von § 98 der Verfassungsurkunde ein, und da auch seitdem weitere Änderungen nicht erfolgt sind, gelten die auf die Rechnungsablage seitens der Regierung bezüglichen §§ 98—100 der Verfassungsurkunde in der durch die beiden Verfassungsgesetze vom 3. Mai 1851 und 3. Dezember 1868 bedingten Fassung auch gegenwärtig noch, mit der Maßgabe jedoch, daß das Gesetz, den Staatshaushalt betreffend, vom 1. Juli 1904 in seinem § 33 ausdrücklich bestimmt, der Rechenschaftsbericht werde den Ständen von der Regierung zur Entlastung vorgelegt, und damit zugleich eine Lücke in der Verfassungsurkunde ausfüllt.

Die Aufstellung des Rechenschaftsberichts in seinen einzelnen Teilen erfolgt bei denjenigen Ministerien, zu deren Geschäftsbereiche die Kassen gehören, auf deren Rechnungen er sich aufbaut, bezüglich der zum Königlichen Hausfideikomisse gehörigen Sammlungen für Kunst und Wissenschaft bei der Generaldirektion dieser Sammlungen, die Zusammenstellung dieser einzelnen Teile zu einem Ganzen behufs der Vorlage an die Stände bei dem Finanzministerium. Einzelnen Ministerien sind zu diesem Behufe besondere Buchhaltereien (Ministerialbuchhaltereien, bei dem Finanzministerium Finanzbuchhalterei genannt) beigegeben.

Bezüglich des Inhalts des Rechenschaftsberichts ist eine feststehende Bestimmung nur insofern getroffen, als § 34 des Gesetzes, den Staatshaushalt betreffend, vom 1. Juli 1904 vorschreibt, daß in diesen Bericht außer den Nachweisen über die Ausführung des Staatshaushalts-Etats neben einer Darstellung der Vermögenslage des Staates in der beteiligten Finanzperiode noch aufzunehmen sind:

1. eine Summarische Übersicht der beweglichen Bestände bei den Einzelkassen (Spezialkassen), Betriebsanstalten usw., ingleichen der Gebrauchsgegenstände und Dienststücke (Mobiliar und Inventar) sowie des unbeweglichen Vermögens der gesamten Staatsverwaltung;

2. eine Bilanz des Reinvermögens (Nettovermögens) des Staates an Kassenbeständen, Außenständen und Vorräten (Materialvorräten);

3. eine Übersicht der Staats- und Finanzhauptkassenschulden;

4. eine Übersicht der staatlichen Bestände (Fonds) zu bestimmten Zwecken;

5. eine Zusammenstellung der nach § 11 Abs. 2 und 4 dieses Gesetzes nicht eingezogenen oder erstatteten Beträge.

Dabei ist es selbstverständlich, daß sich der Rechenschaftsbericht, soweit er zum Nachweise der Ausführung des Staatshaushalts-Etats dient, allenthalben der inneren Einrichtung des Etats anzuschließen hat, und daß seine Nachweise, soweit sie den ordentlichen Staatshaushalt zum Gegenstande haben, für jedes der beiden Etatjahre getrennt gehalten werden müssen. Auch haben sich diese Nachweisungen nicht bloß auf die den Etatansätzen gegenüber erwachsenen Einnahmen und Ausgaben zu beschränken, sondern sie haben zugleich das aus der Vorperiode übernommene Soll an Einnahmeresten und Ausgaberesten, ingleichen an Ausgabereservaten zu berücksichtigen und sich somit auf das Gesamtsoll der Finanzperiode zu erstrecken (vgl. S. 63), ebenso die außeretatmäßigen Einnahmen und Ausgaben wie nicht minder die am Schlusse der Finanzperiode verbliebenen Bestände an Einnahmeresten und Ausgaberesten mit zu umfassen. Der Rechenschaftsbericht, wie er gegenwärtig aufgestellt wird, geht aber in seinen Nachweisungen noch weiter als die Staatshaushaltsrechnungen, indem er die Jahresergebnisse zugleich in Gesamtergebnisse für die Finanzperiode vereinigt, die am Schlusse der Finanzperiode verbliebenen Ausgabereservate, die er als Aufwand behandelt, mit aufführt, bei den Kapiteln des Etats der Überschüsse den Zuwachs oder Abgang an solchen beweglichen Beständen, die ihrem Geldwerte nach in den Staatshaushaltsrechnungen nicht mit verrechnet werden dürfen (vgl. S. 22, 68), mit berücksichtigt, um so nach Möglichkeit ein Bild von dem wirklichen Reinertrage der dabei in Betracht kommenden Betriebs- und Verwaltungszweige zu gewähren, weiter das Mehr oder Weniger des wirklichen Ergebnisses gegenüber dem Etatsoll zur Ziffer bringt, endlich neben bloßen Erläuterungen, die er zur Klarstellung einzelner Gebarungen gibt, zugleich die der Regierung bereits bekannten Etatabweichungen, soweit nötig, rechtfertigt und begründet. Selbstverständlich ist es im übrigen, daß er nicht, wie die Rechnungen der Einzelkassen (Spezialkassen), Einzelposten sondern nur Gesamtsummen, bei den verschiedenen Kapiteln und Titeln des Staatshaushalts-Etats mithin nur die Abschlußziffern, zum Nachweise bringen und daß er auch nicht rechnungsmäßig belegt sein kann. Nur soweit in ihm ausnahmsweise Ansätze für geheime Ausgaben, für Ausgaben also, die auch in den Staatshaushaltsrechnungen nicht näher dargelegt zu werden brauchen, vorkommen sollten, würde die Regierung gehalten sein, einen Verwendungsnachweis in der Form einer schriftlichen, von mindestens drei verantwortlichen Ministerialvorständen gegengezeichneten Versicherung des Königs beizubringen, daß die Verwendung zum wahren Besten des Landes stattgefunden habe (vgl. VU. § 99 Abs. 2).

Der Inhalt des Rechenschaftsberichts gestaltet sich in seinem Tabellenwerke, in das er eingekleidet ist, gegenwärtig so, daß er zunächst mit einer Anzahl Konten beginnt, die eine Darlegung der ganzen Vermögenslage des Staates in der Weise enthalten, daß zuvörderst die Passiven und Aktiven zu Anfang der Finanzperiode, sodann der Abgang und Zuwachs innerhalb der Finanzperiode, endlich die Aktiven und Passiven und das hiernach sich ergebende reine Staatsvermögen am Schlusse der Finanzperiode beziffert werden. Diesen Konten schließt sich, entsprechend der dem ordentlichen Staatshaushalts-Etat vorangehenden Hauptübersicht (vgl. S. 41), eine den ordentlichen Staatshaushalt umfassende Hauptübersicht der Überschüsse und Zuschüsse sowie der Reinerträge und Aufwände einerseits für jedes einzelne Kapitel, anderseits für die Gesamtheit aller Kapitel nach folgenden Mustern an:

I. Etat der Überschüsse.

Kap.	Gegenstand.	Einnahme- bez. — *Ausgabe-* Reste und **Reservate** zu Anfang der Finanzperiode.	**Etat** für 19../..	Überschüsse. 19..	19..	Zusammen.	Einnahme- bez. — *Ausgabe-* Reste und **Reservate** am Schlusse der Finanzperiode.	Zuwachs, — *Abgang* an beweglichen Beständen.	**Reinertrag.** (Spalte 7 ± 8 ± 9 ∓ 3.)	Gegen den Etat mehr, — *weniger.* (Spalte 10 − 4.)	Kap.	Erläuterungen.
1.	2.	3.	4.	5.	6.	7.	8.	9.	10.	11.	12.	13.
		ℳ ₰	ℳ	ℳ ₰	ℳ ₰	ℳ ₰	ℳ ₰	ℳ ₰	ℳ ₰	ℳ ₰		

II. Etat der Zuschüsse.

Kap.	Gegenstand.	Ausgabe- bez. — *Einnahme-* Reste und **Reservate** zu Anfang der Finanzperiode.	**Etat** für 19../..	Zuschüsse. 19..	19..	Zusammen.	Ausgabe- bez. — *Einnahme-* Reste und **Reservate** am Schlusse der Finanzperiode.	**Aufwand.** (Spalte 7 ± 8 ∓ 3.)	Gegen den Etat mehr, — *weniger.* (Spalte 9—4.)	Kap.	Erläuterungen.
1.	2.	3.	4.	5.	6.	7.	8.	9.	10.	11.	12.
		ℳ ₰	ℳ	ℳ ₰	ℳ ₰	ℳ ₰	ℳ ₰	ℳ ₰	ℳ ₰		

Auf die Hauptübersicht folgen **Einzelübersichten**, in denen die Rechnungsergebnisse jedes einzelnen Kapitels des ordentlichen Staatshaushalts-Etats titelweise, bei dem die Staatseisenbahnen betreffenden Kapitel 16 titel- und positionsweise (vgl. S. 36), nachgewiesen werden, und zwar dienen dabei folgende Muster zur Grundlage, denen die Bemerkung vorauszuschicken ist, daß das die Staatseisenbahnen betreffende Etatkapitel nur eine Spalte für Zuwachs und Abgang an beweglichen Beständen nicht mit enthält.

I. Etat der Überschüsse.

Tit.	Gegenstand.	Reste und **Reservate** zu Anfang der Finanzperiode.	**Etat** für 19../..	**Isteinnahmen** bez. **Istausgaben.**			Reste und **Reservate** am Schlusse der Finanzperiode.	Zuwachs, — *Abgang* an beweglichen Beständen.	**Ertrag** bez. **Aufwand.** (Spalte 7 ± 8 ± 9 ∓ 3.)	Gegen den Etat mehr, — *weniger*. (Spalte 10 − 4.)	Tit.	Erläuterungen.
				19..	19..	Zusammen.						
1.	2.	3.	4.	5.	6.	7.	8.	9.	10.	11.	12.	13.
		ℳ ₰	ℳ	ℳ ₰	ℳ ₰	ℳ ₰	ℳ ₰	ℳ ₰	ℳ ₰	ℳ ₰		

II. Etat der Zuschüsse.

Tit.	Gegenstand.	Reste und **Reservate** zu Anfang der Finanzperiode.	**Etat** für 19../..	**Isteinnahmen** bez. **Istausgaben.**			Reste und **Reservate** am Schlusse der Finanzperiode.	**Ertrag** bez. **Aufwand.** (Spalte 7 ± 8 ∓ 3.)	Gegen den Etat mehr, — *weniger*. (Spalte 9 − 4.)	Tit.	Erläuterungen.
				19..	19..	Zusammen.					
1.	2.	3.	4.	5.	6.	7.	8.	9.	10.	11.	12.
		ℳ ₰	ℳ	ℳ ₰	ℳ ₰	ℳ ₰	ℳ ₰	ℳ ₰	ℳ ₰		

Der die Ausführung des **außerordentlichen Staatshaushalts-Etats** betreffende Teil des Rechenschaftsberichts, der als **Übersicht der außerordentlichen Ausgaben und Reservate** des Staatshaushalts bezeichnet wird, enthält Jahresnachweise nicht, sondern gibt nur Ziffern für die ganze Finanzperiode. Dies geschieht in der Weise, daß er rücksichtlich derjenigen Bewilligungen, die in der Finanzperiode der Rechenschaftsablage selbst erfolgt sind, dem bewilligten Etatsoll, rücksichtlich der noch unerledigten Bewilligungen aus früheren Finanzperioden dagegen dem aus jeder von ihnen übernommenen Soll an Ausgabereservaten die Summe einerseits des innerhalb der Finanzperiode der Rechenschaftsablage davon tatsächlich bestrittenen Aufwandes, anderseits des am Schlusse der Finanzperiode etwa noch verbliebenen Bestandes an Ausgabereservaten, der entweder unverwendet bleibt, weil der Zweck der Bewilligung erreicht ist, oder in die nächste Finanzperiode übergeht, weil das Gegenteil der Fall ist, gegenübergestellt und auf diese Weise das Mehr oder Weniger gegen das Soll, damit aber zugleich etwaige Überschreitungen oder Ersparnisse, welche ersteren er in gleicher Weise begründet, wie dies im Rechenschaftsberichte über den ordentlichen Staatshaushalts-Etat geschieht, zur Erscheinung bringt. Als Muster für diese Übersicht sind dabei folgende beide gewählt, je nachdem es sich um Ausgabebewilligungen aus der Finanzperiode der Rechenschaftsablage oder aus Vorperioden handelt:

I.

Ausgabebewilligungen aus der Finanzperiode der Rechenschaftsablage.

Tit.	Gegenstand.	Etat für 19../..	Aus der Zentralkasse bestrittene Ausgaben.		Reservate am Schlusse der Finanzperiode 19../..		Rechnungsmäßiger Aufwand. (Spalte 4 + 5.)		Gegen den Etat mehr, — *weniger*. (Spalte 6 — 3.)		Tit.	Erläuterungen.
1.	2.	3.	4.		5.		6.		7.		8.	9.
		ℳ	ℳ	₰	ℳ	₰	ℳ	₰	ℳ	₰		

II.

Ausgabebewilligungen aus Vorperioden.

Tit.	Gegenstand.	Reservate zu Anfang der Finanzperiode 19../..		Aus der Zentralkasse bestrittene Ausgaben.		Reservate am Schlusse der Finanzperiode 19../..		Rechnungsmäßiger Aufwand. (Spalte 4 + 5 — 3.)		Tit.	Erläuterungen.
1.	2.	3.		4.		5.		6.		7.	8.
		ℳ	₰	ℳ	₰	ℳ	₰	ℳ	₰		

In der Summarischen Übersicht der (in Naturalbeständen bestehenden) beweglichen Bestände bei den Einzelkassen (Spezialkassen), Betriebsanstalten usw., ingleichen der Gebrauchsgegenstände und Dienststücke (Mobiliar und Inventar) sowie des unbeweglichen Vermögens der gesamten Staatsverwaltung einschließlich der als unverwendet zur Erwerbung von Grundeigentum sowie für bestimmte bauliche Zwecke mit Einschluß des Staatseisenbahnbaus noch zur Verfügung stehenden Ausgabesummen, die als „Äquivalente für Immobilien" bezeichnet werden, werden diese Werte für jedes einzelne daran beteiligte Etatkapitel nach dem Stande am Anfange der Finanzperiode, dem Zuwachse oder Abgange innerhalb der Finanzperiode und dem Stande am Schlusse der Finanzperiode nachgewiesen. Ebenso werden die Werte, die den Gegenstand der Bilanz des Reinvermögens (Nettovermögens) des Staates an Kassenbeständen, Außenständen und Vorräten (Naturalvorräten) bilden, nach dem Stande am Anfange der Finanzperiode, dem Zuwachse oder Abgange innerhalb der Finanzperiode und dem Bestande am Schlusse der Finanzperiode beziffert. Dabei finden sich einerseits als Aktiven Barschaft, Wertpapiere, Einnahmereste, Aktivvorschüsse und Vorräte, anderseits als Passiven Ausgabereste und Ausgabereservate und der sogenannte Domänenfonds aufgeführt. In gleicher Weise erfolgen die Nachweise in der Übersicht der Staats- und Finanzhauptkassenschulden. Dasselbe gilt von der Übersicht der staatlichen Bestände (Fonds) zu bestimmten Zwecken, nur daß hierbei noch unterschieden wird bei dem Zuwachse, ob und inwieweit er einerseits in Beiträgen aus der Staatskasse und bestimmungsgemäßen Zuflüssen, anderseits in Zinsen und verschiedenen anderen Einnahmen besteht, bei dem Abgange, ob und inwieweit er sich einerseits aus bestimmungsgemäßen Leistungen, anderseits aus Verwaltungsaufwand und verschiedenen anderen Ausgaben zusammensetzt.

Die Geldwerte, die für die beweglichen Bestände, zu denen insbesondere auch die Produktions-, Betriebs- und Unterhaltungsmaterialien der Betriebsanstalten gehören, sowie für die Gebrauchsgegenstände und Dienststücke (Mobiliar und Inventar) in die Summarische Übersicht dieser Bestände eingestellt werden, beruhen der Natur der Sache nach zumeist auf bloßen Schätzungen.

Von dem Nachweise unter den Gebrauchsgegenständen und Dienststücken bleiben die Werte aller Mobiliar- und Inventarbestände, die Teil des Königlichen Hausfideikommisses sind, selbst soweit ausgeschlossen, als sie den im Hausfideikommisse mit inbegriffenen, aber vom Staate verwalteten und, soweit ihre eigenen Einnahmen unzulänglich sind, unterhaltenen Königlichen Sammlungen für Kunst und Wissenschaft angehören. Hiernächst bleiben alle Inventariengegenstände außer Berücksichtigung, die zu solchen forstlichen oder landwirtschaftlichen Staatsgrundstücken oder gewerblichen

Staatsanstalten gehören, deren Wert nach einem durch Kapitalisierung des Reinertrags abgeschätzten Betrage (vgl. S. 153) in das unbewegliche Staatsvermögen eingestellt ist und daher den Wert des zu deren Bewirtschaftung erforderlichen stehenden Betriebsfonds, zu dem das bewegliche Inventar mit gehört, bereits in sich einschließt. Ebenso bleiben von den zu Kanzlei-, Expeditions- und Archivzwecken dienenden Gebrauchsgegenständen und Vorräten sowohl diejenigen, die durch den Gebrauch verbraucht werden und deshalb immer wieder erneuert werden müssen, wie Schreib-, Pack-, Heizungs- und Beleuchtungsmaterialien usw., als auch die zum täglichen Gebrauche bestimmten Bureaugerätschaften, die nach ihrer Abnutzung gleichfalls sofort wieder durch neue ersetzt werden müssen, wie Schreibzeuge, Scheren, Federmesser, Lineale, Klingeln, Leuchter, Lampen, Feuerzeuge, Aktentaschen usw., außer Berücksichtigung. Dagegen finden Aufnahme: bei allen Staatsbehörden, Verwaltungen und Anstalten die Werte der Gebrauchsgegenstände an Tischen, Stühlen, Schränken, Uhren usw., der Instrumente, der Maße, Wagen und Gewichte, der Lehr- und Unterrichtsmittel an Büchern, Zeichnungen, Karten, Apparaten, Modellen usw., der Sammlungen an derartigen und anderen Gegenständen sowie der in den Staatsgebäuden vorhandenen Haus- und Feuerlöschgerätschaften, endlich die Dienststücke (Inventariengegenstände) und Gerätschaften, die zu Betriebszwecken und zu technischen Zwecken dienen, wie z. B. die beweglichen Betriebsmaschinen, Maße, Gewichte, Werkzeuge usw. Periodisch erscheinende Zeitschriften und Bücher, deren Benutzung oder Geldwert nach Ablauf eines gewissen Zeitabschnittes aufgehoben wird, bleiben von der Aufnahme ganz ausgeschlossen. Der Wert veralteter Auflagen literarischer Werke wird nach dem Erscheinen neuer Auflagen voll abgeschrieben. Im übrigen wird für Bücher und Zeitschriften am Schlusse jeder Finanzperiode ein Abzug von 15% des Wertbetrags vorgenommen. Bei sonstigen beweglichen Gegenständen wird eine durchschnittliche Gebrauchsdauer von 30 Jahren angenommen, und es werden deshalb von ihrem Anschaffungswerte für jede Finanzperiode 6—7% abgeschrieben. Nach vollständiger Wertabschreibung werden sie zwar in den Bestandsverzeichnissen fortgeführt, aber in den Vermögensübersichten zum Rechenschaftsberichte überhaupt nicht mehr mit zur Erscheinung gebracht.

Bei dem Nachweise des unbeweglichen Staatsvermögens wird nicht besonders unterschieden, ob es sich dabei um Teile des Staatsguts im verfassungsrechtlichen Sinne (vgl. S. 98 ff.) handelt oder nicht. Die Vorführung der Bestände dieses Vermögens erfolgt vielmehr in vier Klassen, je nachdem diese entweder I. zur freien Benutzung der Krone oder II. zur öffentlichen Benutzung und zu gemeinnützigen und allgemeinen Zwecken oder III. zum Betriebe der Staatswirtschaft oder IV. zu Zwecken des Zivildienstes bestimmt sind. Im übrigen werden bei dem unbeweglichen Vermögen ebenso wie bei dem beweglichen nicht die einzelnen Objekte sondern nur die für die einzelnen Betriebs- und Verwaltungszweige sich ergebenden Gesamtwerte aufgeführt.

Die Wertbemessung erfolgt teils in der Weise, daß, wie dies namentlich bei den Staatseisenbahnen geschieht, die in die einzelnen Betriebszweige tatsächlich verwendeten Kapitalien zur Grundlage genommen werden, teils nach Maßgabe von Abschätzungen, die bei den Staatsforsten durch Kapitalisierung des 25 fachen Nutzertrags der letzten zehn Jahre, bei den Kalkwerken unter Zugrundelegung des mutmaßlichen Nachhalts und der Reinerträge der letzten fünf Jahre, bei den Kohlenwerken unter Zugrundelegung des mutmaßlichen Nachhalts und der innerhalb dessen anschlagsmäßig zu erwartenden Reinerträge erfolgen, während für den Wert von Gebäuden, die weder mit nutzbaren Grundstücken verbunden sind, noch zu Betriebsanstalten gehören, die Brandversicherungstaxe zugrunde gelegt wird, der Grund und Boden aber, auf dem diese Gebäude stehen, nebst etwaigem Hofraume und Garten, sobald sie nicht von erheblichem Umfange sind, bei der Wertabschätzung außer Ansatz bleibt.

Bezüglich der Staatseisenbahnen wird nicht, wie es im übrigen geschieht, der Wert der gesamten Gebrauchsgegenstände und Dienststücke sondern lediglich der Wert der Fahrbetriebsmittel nachgewiesen und als unbewegliches Vermögen das in die Staatseisenbahnen verwendete Gesamtkapital ausschließlich des Wertes der Fahrbetriebsmittel verzeichnet. Es beruht dies darauf, daß es bei dem außerordentlichen Umfange des in den Staatseisenbahnen angelegten beweglichen und unbeweglichen Vermögens nur mit einem ganz unverhältnismäßigen Arbeitsaufwande möglich sein würde, Gebrauchsgegenstände und Dienststücke sowie unbewegliches Vermögen nach den gleichen Grundsätzen wie bei den übrigen Verwaltungszweigen nachzuweisen.[1] Abschreibungen von dem Buchwerte gewisser der Abnutzung unterliegender Gegenstände und Anlagen finden bei der Staatseisenbahnverwaltung nicht statt. Es wird vielmehr das Anlagekapital unter Zugrundelegung der nach und nach zu Lasten des außerordentlichen Etats und neuerdings auch solcher Titel des ordentlichen Etats, bei denen es sich um Vermehrung der Betriebsmittel, Sicherheitseinrichtungen, Arealerwerb, Übergangsbeseitigungen sowie Um- und Erweiterungsbauten handelt, deren veranschlagter Kostenaufwand 100000 M nicht übersteigt, für die Eisenbahnen aufgewendeten Mittel ohne Abzüge rechnerisch festgestellt, weil die eintretenden Wertminderungen durch Ersatzleistungen ohne gleichzeitige Belastung des Anlagekapitals wieder ausgeglichen werden. Es werden nämlich nicht nur die fortlaufende Unterhaltung sondern grundsätzlich die Erneuerung und Ergänzung der

[1] Begründungsschrift zum Entwurfe des Gesetzes, den Staatshaushalt betreffend, vom 1. Juli 1904, Landtagsakten 1903/04 Dekrete Bd. 3 Nr. 32 S. 30.

einzelnen Betriebsgegenstände und Anlagen zu Lasten des ordentlichen Etats, also aus den Betriebseinkünften und ohne entsprechende Erhöhung des Anlagekapitals, bestritten. Da aber bei solchen Erneuerungen und Ergänzungen regelmäßig der beschaffte Ersatz zugleich eine Verbesserung gegenüber der bisherigen Anlage darstellt und meist erheblich kostspieliger und wertvoller ist als die ersetzte Anlage, liegt hierin eine wesentliche Erhöhung des Wertes der Eisenbahnanlagen, die im Anlagekapitale nicht erscheint. So werden die Betriebsmittel der Staatseisenbahnen nach ihrer Abnutzung ausnahmslos durch wesentlich stärkere, leistungsfähigere und kostspieligere neue Betriebsmittel — Lokomotiven und Tender wie auch Personen- und Güterwagen — ersetzt; es bleibt aber dem Anlagekapitale nur der Buchwert der ursprünglich beschafften billigeren und schwächeren Betriebsmittel zur Last.[1] Der Oberbau — Schwellen und Schienen — wird gelegentlich der im regelmäßigen Wechsel eintretenden Erneuerung in großem Umfange wesentlich verstärkt, indem Schienen stärkeren Profils und größerer Länge, breitere und längere Schwellen usw. verwendet werden, ohne daß der wesentliche Mehrwert der neuen Schienen usw. das Anlagekapital belastet.[2] Für die Bauwerke besteht die bereits S. 153 erwähnte Bestimmung, daß Um- und Erweiterungsbauten, sofern der veranschlagte Aufwand einen gewissen Kostenbetrag — zurzeit 100000 ℳ für das Objekt — nicht überschreitet, auch zu Lasten des ordentlichen Etats, daher auf Betriebskonto, verbucht werden, sodaß also umfängliche Neubauten mit erheblicher Steigerung des Wertes der Betriebsanlagen ohne eine entsprechende Erhöhung des Anlagekapitals ausgeführt werden.[3] Auch die maschinellen Anlagen werden zu Lasten des ordentlichen Etats nicht nur unterhalten sondern auch erneuert und ergänzt, sodaß auch insoweit erheblichere Wertsteigerungen eintreten, ohne daß das Anlagekapital rechnerisch einen Zuwachs erfährt. Auch die Reichsstatistik für alle deutschen Eisenbahnen stellt das Anlagekapital gleichmäßig nach den baren Aufwendungen der Verwaltung für das Unternehmen mit Ausschluß aller Unterhaltungen und Ergänzungen zu Lasten des Betriebs, aber auch ohne etwaige Abschreibungen, fest und berechnet danach die Verzinsung des Anlagekapitals.[4]

---

[1] Für die Ergänzung der Betriebsmittel waren beispielsweise im ordentlichen Staatshaushalts-Etat für 1904/05 5923000 ℳ eingestellt, während sich der Buchwert der dafür abgängigen Betriebsmittel nur auf 4019105 ℳ belief.

[2] Für Erneuerung des Oberbaus wurden beispielsweise in den Finanzperioden 1898—1903 zu Lasten des ordentlichen Staatshaushalts-Etats 29926458 ℳ oder durchschnittlich 4987743 ℳ bewilligt.

[3] An derartigen Ausgaben wurden beispielsweise in den Jahren 1880—1904 im ganzen 14243276 ℳ zu Lasten des ordentlichen Staatshaushalts-Etats bestritten.

[4] Landtagsakten 1905/06, Berichte der II. Kammer 2. Bd. Nr. 229 S. 14ff.

Achter Abschnitt.

Staatliche Kontrolle des Staatshaushalts.

1. Der Staatshaushalt, auf dessen geregelter Führung die wirtschaftliche Wohlfahrt des Staates wesentlich mit beruht, erfordert eine umfassende und strenge Kontrolle vom Standpunkte der Regierung nicht weniger als von dem der Stände, da die Regierung kein geringeres Interesse daran hat als die Stände, daß die Verwaltung der staatlichen Einnahmen und Ausgaben sowie des staatlichen Eigentums überall so geschieht, wie es einerseits den Staatszwecken, anderseits den in bezug auf diese Verwaltung bestehenden Vorschriften, Festsetzungen und Grundsätzen entspricht. Im Gegenteile wird dieses Interesse auf Seite der Regierung noch wesentlich gesteigert dadurch, daß die ihre Mitglieder bildenden Vorstände der einzelnen Ministerialdepartements für die gesetzmäßige, ordnungsmäßige und verfassungsmäßige Verwaltung der staatlichen Einnahmen und Ausgaben sowie des staatlichen Eigentums verfassungsrechtlich nicht bloß eine allgemeine Verantwortlichkeit gegenüber dem Staate, wie sie überhaupt allen Staatsdienern für ihre Dienstleistung obliegt (VU. § 42), sondern zugleich eine besondere Verantwortlichkeit den Ständen gegenüber tragen (VU. § 41 Abs. 1). Die Kontrolle des Staatshaushalts, wie sie seitens der Regierung ausgeübt werden kann und tatsächlich ausgeübt wird, vermag sich zudem um so wirksamer zu gestalten, als sie bereits an die laufende Verwaltung anknüpft und damit unmittelbar die Gegenwart beeinflußt, überdies aber auch die Vergangenheit umfaßt und in beiden Beziehungen die Zukunft beherrscht.

2. Die hauptsächlichsten Mittel, deren sich die Regierung zur Kontrolle der laufenden Verwaltung bedient, bestehen darin, daß sie die mit der Verwaltung der staatlichen Einnahmen und Ausgaben sowie des staatlichen Eigentums betrauten Behörden, Betriebsanstalten, Verwaltungsstellen, Kassen und Einzelbeamten regelmäßigen örtlichen Revisionen durch dazu geeignete Beamte unterwirft, von den untergebenen Behörden usw. sich fortlaufend Berichte über den Gang und Stand der finanziellen Verwaltung erstatten, auch Auszüge aus den von den Kassen geführten Geschäftsbüchern einreichen läßt, das finanzielle Verfügungsrecht namentlich der unteren Behörden usw. aber an vielfache Beschränkungen knüpft, soweit sie nicht solche geschäftliche Angelegenheiten, die mit Geldeinnahmen oder Geldausgaben, sei es dauernd oder vorübergehend, verknüpft sind, überhaupt der alleinigen Beschlußfassung der obersten Staatsbehörden vorbehält.

3. Zunächst nur der Vergangenheit zugewendet, aber in ihren Wirkungen für die Gegenwart nicht minder bedeutungsvoll wie für die Zukunft ist die rechnungsmäßige Kontrolle des Staatshaushalts, d. h. die Kontrolle, wie sie in der Prüfung und Feststellung der über die Verwaltung der staatlichen Einnahmen und Ausgaben sowie des staatlichen Eigentums abgelegten Rechnungen und dem unter Umständen hieraus sich ableitenden Erinnerungsverfahren gegen die beteiligten Organe ihren Ausdruck findet. Diese Kontrolle hat in Sachsen einen eigenartigen Entwicklungsgang genommen,[1] den in Kürze zu schildern deshalb angezeigt erscheint, weil nur dadurch gewisse Einrichtungen vollkommen verständlich werden, die noch bis in die jüngste Zeit bestanden haben und teilweise auch jetzt noch fortbestehen.

In den ältesten Zeiten, als Rechnungsablegung und Rechnungsabnahme nur mündlich von statten gingen, waren es teils die Landesherren selbst, teils deren oberste Hofbeamte und Räte (Marschall, Kämmerer, Truchseß, Schenk, Hofrichter, Kanzler, Hofmeister, Kammermeister usw.), die sich der Rechnungsabnahme unterzogen. Um die Mitte des 15. Jahrhunderts erfolgte die Anstellung eines besonderen obersten Rechnungsbeamten, der den Amtstitel Landrentmeister führte. Zur Unterstützung war ihm eine Anzahl von Hilfsbeamten beigegeben, die die sogenannte Renterei bildeten, aus der sich im Laufe der Zeit die noch heute bei verschiedenen Oberbehörden des Landes für das Rechnungswesen in Tätigkeit befindlichen Rechnungsexpeditionen entwickelt haben. Von jenem Zeitpunkte ab war es in erster Linie der Landrentmeister mit seinen Hilfsbeamten, denen die Rechnungsabnahme zufiel. Mit dem 16. Jahrhunderte trat an Stelle der mündlichen Rechnungsabnahme mehr und mehr die Ablegung schriftlicher Rechnungen, die, nachdem sich Kurfürst August für das Kammerwesen mit besonderen Kammerräten umgeben hatte, von diesen im Vereine mit dem Landrentmeister und dem Kammermeister geprüft wurden. Nach Vereinigung der Kammerräte zu einer Landesbehörde unter dem Namen Kammerkollegium ging die Rechnungsprüfung auf dieses über, zu welchem Behufe der Landrentmeister nebst der Renterei sowie der Kammermeister an dieses gewiesen waren. Nachdem sich außer dem Kammerkollegium im Laufe der Zeit noch weitere Landeskollegien gebildet hatten, unterzog sich jedes von ihnen innerhalb seines Geschäftskreises mit Hilfe der ihm beigegebenen Rechnungsexpedition der Rechnungsprüfung. Diese Dezentralisation im Rechnungswesen erwies sich aber den finanziellen Interessen der Landesherren um so weniger zuträglich, als sich die einzelnen Landeskollegien nach und nach eine solche Fülle von Machtbefugnissen angemaßt hatten, daß sie gewissermaßen einen Staat im Staate bildeten und an ihrem mindestens passiven Widerstande selbst der Wille der Landesherren vielfach scheiterte. Kurfürst Friedrich

[1] Vgl. Löbe, Die oberste Finanzkontrolle des Königreichs Sachsen in Schanz, Finanzarchiv Jahrg. II S. 589 ff.

August I. — gleichzeitig König von Polen — sah sich deshalb veranlaßt, durch Erlaß vom 24. Mai 1707 unter dem Namen „Oberrechenkammer“ oder „Oberrechnungskammer“, auch „Oberrechenrat“ genannt, eine selbständige, dem Landesherrn unmittelbar untergeordnete und lediglich ihm verantwortliche oberste kollegiale Rechnungsbehörde — die erste ihrer Art in Deutschland — ins Leben zu rufen. Da bei der Errichtung dieser neuen Behörde, die aus einem Präsidenten und vier Räten bestand und mit dem erforderlichen Hilfspersonale an Rechnungs- und Kanzleibeamten ausgestattet war, die Absicht hauptsächlich dahin ging, durch die von ihr auszuübende Kontrolle die Macht der verwaltenden Landeskollegien zu brechen, wurden ihr zunächst nur die Rechnungen der — bis auf eine, die Hofkasse, — unmittelbar mit den Landeskollegien verbundenen Zentralkassen (der sogenannten Hauptkassen, damals fünf an der Zahl, nämlich die Rentkammer, die Generalkriegskasse, auch Generalkriegszahlamt genannt, die Generalakzißkasse, die Kasse der Oberkämmerei oder Hofkasse und die Obersteuereinnahme) und die dazu gehörigen Unterlagsrechnungen zur Prüfung überwiesen. Dagegen blieb die Prüfung der von den Einzelkassen oder Individualkassen, wie sie damals genannt wurden, abzulegenden Rechnungen, die als Individualrechnungen bezeichnet wurden, nach wie vor den diesen Kassen vorgesetzten Landeskollegien mit der Maßgabe überlassen, daß der Oberrechenkammer nur das Recht einer Superrevison dieser Rechnungen vorbehalten wurde. Im übrigen hatte sich die Prüfung der Rechnungen durch die Oberrechenkammer nicht nur in formeller und rechnerischer sondern auch in sachlicher Richtung zu bewegen, darum aber auch auf die Frage der Richtigkeit, Zulässigkeit und Zweckmäßigkeit der in den Rechnungen ihren Ausdruck findenden finanziellen Gebarungen zu erstrecken.

Zur Beseitigung der großen Schwierigkeiten, mit denen die Oberrechenkammer in ihren geschäftlichen Beziehungen zu den Landeskollegien unausgesetzt zu kämpfen hatte, erhielt sie im Jahre 1734 eine veränderte Verfassung in der Weise, daß sie aus einem Minister als Direktor und je einem deputierten Rate des Geheimen Kriegsratskollegiums, des Kammer- und Berggemachs, der Landesregierung, des Obersteuerkollegiums und des Generalakzißkollegiums als Mitglieder zusammengesetzt wurde, denen für die laufenden Geschäfte drei wissenschaftlich gebildete Beamte unter der Bezeichnung als Oberrechnungsinspektoren und das erforderliche Rechnungs- und Kanzleipersonal beigegeben waren. Mit Rücksicht auf ihre Zusammensetzung erhielt sie nunmehr den Namen Oberrechnungsdeputation. Ihr geschäftlicher Wirkungskreis blieb, abgesehen von den sogenannten Individualrechnungen, die davon grundsätzlich völlig ausgeschlossen wurden, in der großen Hauptsache unverändert; auch ihre kollegiale Verfassung und unmittelbare Unterordnung unter den Landesherrn blieben aufrecht erhalten. Zur Zusammensetzung des Ratskörpers der Behörde aus deputierten Räten der verschiedenen Landeskollegien hatte man sich hauptsächlich in der Hoffnung entschlossen, daß auf diese Weise Differenzen mit den Landeskollegien in der wirksamsten Weise werde vorgebeugt werden können, indem die Deputierten jederzeit imstande seien, die für die Rechnungsprüfung benötigten Auskünfte zu erteilen, dadurch aber die Vernehmungen mit den Kollegien selbst vermieden werden würden. Diese Hoffnung erwies sich zwar als eine trügerische. Dessenungeachtet aber erhielt sich die Organisation des Jahres 1734 nahezu ein volles Jahrhundert, nämlich bis zum Jahre 1828, in unveränderter Geltung. Die einzige wesentliche Veränderung, die in diesem langen Zeitraume eintrat, bestand darin, daß der geschäftliche Wirkungskreis der Oberrechnungsdeputation i. J. 1772 insofern erweitert wurde, als ihr auch die Individualrechnungen, unbeschadet deren fortdauernder Abnahme durch die beteiligten Landeskollegien, zugängig gemacht wurden, um die darin sich wiederspiegelnden finanziellen Gebarungen in bezug auf ihre Statthaftigkeit und Angemessenheit einer Nachprüfung unterwerfen zu können. Im Jahre 1828 erfuhr sie eine veränderte Einrichtung in der Weise, daß sie aus einem Direktor, je einem deputierten Rate aus dem Geheimen Finanzkollegium, der Kriegsverwaltungskammer, der Landesregierung und dem Obersteuerkollegium sowie vier Oberrechnungsräten zusammengesetzt wurde, welche letztere mit den deputierten Räten gleiches Stimmrecht hatten, und denen die spezielle Leitung der auf die Rechnungsprüfung bezüglichen Geschäfte oblag. Rücksichtlich ihrer Beziehungen zu den Rechnungsführern trat in dem nämlichen Jahre eine Neuerung insofern ein, als sie durch das Mandat, die der Oberrechnungsdeputation hinsichtlich des Verfahrens gegen säumige Rechnungsführer verliehene Gewalt betreffend, vom 2. September 1828 (GS. S. 201) mit der Befugnis ausgestattet wurde, gegen einen Rechnungsführer, der die ihm zugestellten Erinnerungen ganz unbeantwortet ließ oder den über gezogene und beantwortete Erinnerungen von der Deputation erteilten Entscheidungen nicht Genüge leistete, nachdem er dessen zuvor unter Anberaumung einer nochmaligen kurzen Frist verwarnt worden war, dergestalt in contumaciam zu verfahren, daß er von der Deputation mittels eines Dekrets für geständig und überführt erklärt, der Defekt als liquid geachtet und dem Rechnungsführer zum Ersatze ausgeworfen wurde. Dem Rechnungsführer blieb jedoch nachgelassen, gegen ein solches Dekret binnen 10 Tagen bei der Oberrechnungsdeputation unter Anführung seiner Gegengründe und vermeintlichen Beschwerden auf die unmittelbare Entscheidung des Landesherrn anzutragen, worauf die Deputation, wenn sie die Gegengründe zu einer Abänderung ihrer Entscheidung nicht geeignet fand, an den Landesherrn zu berichten und dem weiteren Verfahren bis auf Eingang der landesherrlichen Entschließung Anstand zu geben hatte. Zur Einbringung der verwirkten Geldstrafen, die sie gegen säumige Rechnungsführer verhängt hatte, durfte sie unmittelbar das Nötige an des Rechnungsführers

Obrigkeit verfügen oder nach Befinden einem Justizbeamten deshalb Auftrag erteilen. Dagegen blieb die Einbringung der von ihr festgestellten Defekte und sonstigen Rückstände, da sich die ihr verliehene vollstreckende Gewalt nur auf die zur Beschleunigung des Rechnungsprüfungsverfahrens erforderlichen Handlungen erstrecken sollte, den den Rechnungsführern vorgesetzten Verwaltungsbehörden überlassen, mit denen sie sich deshalb zu vernehmen hatte. Durch § 19 Ziffer 3 des Gesetzes über Kompetenzverhältnisse zwischen Justiz- und Verwaltungsbehörden vom 18. Januar 1835 (GVB. S. 59) wurden diese Bestimmungen mit der Maßgabe aufgehoben, daß die Oberrechnungsdeputation berechtigt blieb, die Rechnungsführer durch Strafen zu ihren Obliegenheiten anzuhalten sowie bei nicht erfolgter oder ungenügender Beantwortung der Erinnerungen den Rechnungsabschluß nach dem Rechnungsergebnisse festzustellen und die ausgeworfenen Defektgelder oder Rückstände im Wege der Zwangsvollstreckung entweder selbst einzubringen, oder soweit die Hilfsvollstreckung in bewegliche oder unbewegliche Sachen, in Forderungen oder andere Rechte geschehen sollte, die Justizbehörde deshalb anzugehen, mit Vorbehalt jedoch für den Rechnungsführer, seinen etwaigen Anspruch im Wege Rechtens auszuführen.

Der durch den Erlaß der Verfassungsurkunde vom 4. September 1831 herbeigeführte Eintritt Sachsens in die Reihe der konstitutionellen Staaten übte auf die Oberrechnungsdeputation zunächst nur insofern eine Rückwirkung aus, als ihre unmittelbare Unterordnung unter den König beseitigt und ihr dafür das aus der Gesamtheit der Staatsminister bestehende Gesamtministerium als verfassungsmäßig verantwortliche Behörde vorgesetzt wurde. Nachdem jedoch in den maßgebenden Kreisen inzwischen die Anschauung die Oberhand gewonnen hatte, daß die von der Oberrechnungsdeputation bis dahin ausgeübte Kontrolle des Staatshaushalts, soweit sie gegen die Anordnungen der verwaltenden Behörden gerichtet war und daher in letzter Linie ihre Spitze auch gegen die Minister selbst kehrte, mit der bestehenden Verfassung unverträglich sei, weil diese eine Verantwortlichkeit der Minister nur der Landesvertretung gegenüber kenne, der obersten Rechnungsbehörde als eines Organs für die Kontrolle der finanziellen Verwaltung des Staates aber überhaupt nicht gedenke, erfolgte durch Allerhöchste Verordnung vom 15. Februar 1842 (GVB. S. 55) in Verbindung mit einer neuen Instruktion vom 3. Februar 1842 eine Neugestaltung der Behörde in der Weise, daß sie ihre Prüfungstätigkeit, die sich auf die von den oberen Landeskassen abzulegenden Rechnungen und Kostenverzeichnisse sowie alle diejenigen Rechnungswerke zu erstrecken hatte, die nicht durch andere Behörden zu prüfen waren, sodaß von ihrer Wirksamkeit namentlich die Individualrechnungen in der Hauptsache ausgeschlossen blieben, im wesentlichen auf dasjenige zu richten hatte, was zur Vertretung der Rechnungsführer gehörte. Mit Rücksicht auf diesen beschränkten Wirkungskreis wurde auch das Institut der deputierten Räte beseitigt und der Name Oberrechnungsdeputation mit dem Namen Oberrechnungskammer vertauscht. Die Zusammensetzung der Behörde aber blieb auf einen Direktor im Nebenamte und zwei Oberrechnungsräte beschränkt, welche letzteren in der Weise tätig zu werden hatten, daß jedem von ihnen eine Geschäftsabteilung zugewiesen war, in der unter seiner alleinigen Verantwortlichkeit die Geschäfte rein bureaukratisch erledigt wurden.

Nachdem in Preußen die Einrichtung und die Befugnisse der Oberrechnungskammer im Jahre 1872 ihre in der Verfassungsurkunde vom 31. Januar 1850 vorbehaltene gesetzliche Regelung gefunden hatten, machten sich auf dem Landtage 1871/73 auch aus der Mitte der zweiten Kammer Stimmen geltend, die die Wirksamkeit der sächsischen Oberrechnungskammer einerseits auf den gesamten Staatshaushalt ausgedehnt, anderseits sowohl den Zwecken der Staatsregierung wie der Landesvertretung — und zwar dieser letzteren für die Ausübung des ihr verfassungsmäßig zustehenden Rechtes der Kontrolle des Staatshaushalts — nutzbar gemacht, dabei zugleich die volle Unabhängigkeit und Selbständigkeit dieser Behörde von der Regierung sichergestellt wissen wollten und demgemäß den Erlaß eines Gesetzes für notwendig erklärten, durch das in gleicher Weise wie in Preußen die Verhältnisse der Oberrechnungskammer und ihre Beziehungen zur Regierung wie zur Landesvertretung festgestellt würden. Infolgedessen wurde auch von der Regierung auf den Landtagen 1873/74 und 1875/76 der Versuch unternommen, eine gesetzliche Regelung der Verhältnisse der Oberrechnungskammer herbeizuführen. Da aber dieser Versuch mißlang, entschloß sie sich, eine Reorganisation der Oberrechnungskammer vorläufig auf dem Verordnungswege durchzuführen. Es geschah dies durch Allerhöchste Verordnung vom 4. April 1877 (GVB. S. 193), durch die der Oberrechnungskammer in der Eigenschaft einer dem Gesamtministerium unmittelbar untergeordneten, den einzelnen Ministerialdepartements gegenüber selbständigen Kollegialbehörde die Aufgabe zugewiesen wurde, im Wege der nicht bloß in formeller und rechnerischer sondern vor allem in sachlicher Richtung sich bewegenden Rechnungsprüfung eine Kontrolle über den gesamten Staatshaushalt zu führen. Die Zuständigkeit der Oberrechnungskammer und der außer ihr an der Rechnungsprüfung noch beteiligten oberen Behörden — von den Ressortministerien der Ministerien der Justiz, der Finanzen, des Innern und des Kultus und öffentlichen Unterrichts, von anderen oberen Behörden der Generaldirektion der Staatseisenbahnen und der Zoll- und Steuerdirektion — war dabei in der Weise geregelt, daß der Oberrechnungskammer die Revision und Justifikation derjenigen Rechnungen oblag, die von den als obere Dependenzen der Ministerien anzusehenden Kassenverwaltungen einschließlich der Kassenverwaltung der insoweit die Stelle eines Ressortministeriums vertretenden Generaldirektion der Sammlungen für Kunst und Wissenschaft abgelegt wurden. Die Revision und Justifikation der übrigen Rechnungen dagegen mit Ausnahme der Rechnungen über die Staatsschuldenkasse und der Rechnungen der Kasse der Landesbrandversicherungsanstalt über die Einnahmen und Ausgaben und das Vermögen dieser Anstalt hatte bei den Ressortministerien und anderen oberen Verwaltungsbehörden stattzufinden. Vor der Justifikation aber waren sie einer Superrevision durch die Oberrechnungskammer unterworfen. Bezüglich der Rechnungen der Staatsschuldenkasse über die Verwaltung der Staatsschulden — der sogenannten Anleiherechnungen — bestimmt § 15 des Gesetzes, die Einrichtung der Staatsschuldenkasse betreffend, vom 29. September 1834 (GS. S. 211) daß sie zuvöderst von der Oberrechnungskammer geprüft und sodann mit deren Gutachten durch den für die Verwaltung der Staatsschulden bestehenden ständischen Ausschuß den Ständen bei jedem ordentlichen Landtage zur Erinnerung und Justifikation vorzulegen sind. Rücksichtlich der Rechnungen der Kasse der Landesbrandversicherungsanstalt aber schrieb § 36 Abs. 1 des damals gültigen Gesetzes, die Landesbrandversicherungsanstalt betreffend, vom 25. August 1876 vor, daß sie an die Oberrechnungskammer zur Prüfung und Justifikation einzureichen seien. Bei diesen gesetzlichen Bestimmungen mußte es somit bewenden. Die Rechnungen der Kasse der Oberrechnungskammer unterlagen nach einer Vorprüfung durch den Präsidenten dieser Behörde der Revision und Justifikation durch das Gesamtministerium. Eine Nutzbarmachung der Prüfungstätigkeit der Oberrechnungskammer für die Ausübung des ständischen Kontrollrechts war in der Verordnung vom 4. April 1877 nicht mit vorgesehen.

Ihren Schlußstein hat die Regelung der Verhältnisse der Oberrechnungskammer durch das mit dem 1. Januar 1905 in Kraft getretene Gesetz, die Oberrechnungskammer betreffend, vom 30. Juni 1904 (GVB. S. 277) erfahren, dessen wesentlichste Neuerungen, soweit es sich um die Prüfungstätigkeit dieser Behörde handelt, darin bestehen, daß die frühere Einrichtung, wonach der größere Teil der Rechnungen einem in zwei Instanzen sich abwickelnden Prüfungsverfahren — der Revision und der Superrevision — unterlag, beseitigt worden ist, in Ansehung aller Rechnungen vielmehr nur noch eine einmalige Prüfung, und zwar durch die Oberrechnungskammer, stattzufinden, dieser Prüfung aber eine Vorprüfung (Abnahme) der Rechnungen im Verwaltungswege vorauszugehen hat, und daß die Prüfungsarbeiten der Oberrechnungskammer auch für die den Ständen verfassungsmäßig obliegende Kontrolle des Staatshaushalts nutzbar gemacht werden.

Das Gesetz vom 30. Juni 1904 hält die unmittelbare Unterordnung der Oberrechnungskammer unter das Gesamtministerium zwar aufrecht, trifft jedoch gleichzeitig die Bestimmung, daß sie von diesem in der Aufstellung von Erinnerungen gegen die Rechnungen und in der Verfolgung des zur Erledigung der Erinnerungen gesetzlich vorgeschriebenen Weges sowie in der Anstellung der von ihr dabei für erforderlich erachteten Erörterungen nicht beschränkt werden darf. An der Selbständigkeit der Oberrechnungskammer den einzelnen Ministerien gegenüber hat es ebensowenig wie an ihrer kollegialen Verfassung etwas geändert. Wohl aber hat es die Unabhängigkeit ihrer Mitglieder in gleicher Weise sichergestellt, wie es bei den richterlichen Beamten der Fall ist. Insbesondere erfolgt die Anstellung der Mitglieder auf Lebenszeit. Auch unterliegen sie keinem Disziplinarverfahren, es sei denn, daß ihnen Verfehlungen zur Last fallen, die Verurteilung zur Dienstentlassung zur Folge haben würden. Als den Gegenstand der Wirksamkeit der Oberrechnungskammer bezeichnet das Gesetz vom 30. Juni 1904 die Führung der Kontrolle des gesamten Staatshaushalts im Wege der Prüfung und Feststellung der Rechnungen über Einnahmen und Ausgaben von Staatsgeldern sowie über Zugang und Abgang von Staatseigentum. Unter Feststellung der Rechnungen in diesem Sinne ist aber nicht sowohl die ziffermäßige Feststellung als vielmehr die Feststellung der Rechnungen nach der Richtung zu verstehen, ob die Verwaltung allenthalben ordnungsgemäß geführt oder ob und inwieweit eine Vertretung aus ihr begründet ist. Der Prüfung und Feststellung der Oberrechnungskammer unterliegen in erster Linie alle Geld- und Sach- (Natural-) Rechnungen, durch die die Ausführung des Staatshaushalts-Etats und der Unterlagen, auf denen er beruht, dargetan wird, die Rechnung über die Verwaltung der beweglichen Vermögensbestände des Staates und die Geld- und Sach- (Natural-) Rechnungen über die staatlichen Bestände (Fonds) zu bestimmten Zwecken (vgl. S. 19). Außerdem sind der Prüfung und Feststellung durch die Oberrechnungskammer aber auch die Geld- und Sach- (Natural-) Rechnungen derjenigen nichtstaatlichen Anstalten, Stiftungen und Vermögensmassen (Fonds) unterworfen, die, wie beispielsweise die Rechnungen der Kasse der auf dem Grundsatze der Gegenseitigkeit beruhenden Landesbrandversicherungsanstalt, lediglich von Staatsbehörden oder durch von Staatswegen angestellte Beamte ohne Beteiligung der Interessenten bei der Rechnungsprüfung verwaltet werden. Es ist dies teils eine Folge des der Staatsverwaltung zustehenden disziplinarischen Aufsichtsrechts über die beteiligten Beamten, teils erklärt es sich dadurch, daß der Staatsfiskus für den Schaden verantwortlich ist, den die die Verwaltung führenden Beamten durch eine in Ausführung der ihnen zustehenden Verrichtungen begangene, zum Schadensersatze verpflichtende Handlung den Anstalten usw. zufügen.[1] Bezüglich der Rechnungen der Kasse der Landesbrandversiche-

[1] BGB. § 89 Abs. 1 in Verbindung mit § 31.

rungsanstalt kommt noch hinzu, daß insoweit auch das diese Anstalt betreffende Gesetz vom 25. August 1876 die Zuständigkeit der Oberrechnungskammer begründete, woran auch durch das an dessen Stelle getretene Gesetz vom 1. Juli 1910 (vgl. § 25) nichts geändert worden ist. Ausgeschlossen von der Wirksamkeit der Oberrechnungskammer bleiben die bei der Militärverwaltung abgelegten Rechnungen über Stiftungen und Vermögensmassen (Fonds), die zu milden Zwecken bestimmt und aus Schenkungen oder letztwilligen Zuwendungen gebildet sind, indem für derartige Stiftungen und Vermögensmassen nach den bestehenden militärdienstlichen Vorschriften der Reichsfiskus haftet. Die Rechnungen der Kasse der Oberrechnungskammer werden zunächst von dem Präsidenten der Oberrechnungskammer geprüft und mit den von diesem gezogenen Erinnerungen den Ständen zur endgültigen Prüfung und Feststellung vorgelegt. Bezüglich der Anleiherechnungen der Staatsschuldenkasse ist es bei dem durch Gesetz vom 29. September 1834 geordneten Verfahren der Rechnungsprüfung (vgl. S. 161) verblieben.

Damit einer Belastung der Oberrechnungskammer mit minder wichtigen Rechnungswerken und einer Vermehrung ihres Personals vorgebeugt wird, die zu der Bedeutung derartiger Rechnungswerke in keinem richtigen Verhältnisse stehen würde, ist sie befugt, nach Maßgabe der ihr zur Verfügung stehenden Arbeitskräfte im Einverständnisse mit den Ressortministerien solche Rechnungen, die zwar den Staatshaushalt berühren, zum Staatshaushalts-Etat aber in keiner unmittelbaren Beziehung stehen, also nicht die Eigenschaft von Staatshaushaltsrechnungen haben oder Anstalten, Stiftungen und Vermögensmassen (Fonds) betreffen, die lediglich von Staatsbehörden oder durch von Staats wegen angestellte Beamte ohne Beteiligung der Interessenten bei der Rechnungsprüfung verwaltet werden, jedoch minder wichtig erscheinen, von der regelmäßigen Prüfung auszuschließen, diese vielmehr den Ressortministerien oder den von diesen zu beauftragenden Verwaltungsbehörden zu überlassen. Die Oberrechnungskammer soll aber von Zeit zu Zeit derartige Rechnungen einfordern, um sich zu überzeugen, daß die Verwaltung, über die sie geführt werden, vorschriftsmäßig erfolge. Auch muß die Regierung das Verzeichnis der von der regelmäßigen Prüfung der Oberrechnungskammer ausgeschlossenen Rechnungen und etwaige spätere Änderungen an ihm den Ständen mitteilen, damit diese Gelegenheit erhalten, sich von der Unbedenklichkeit der vorgenommenen Aussonderung zu überzeugen.

Die Prüfung der Rechnungen durch die Oberrechnungskammer hat sich nicht bloß auf die Vorschriftsmäßigkeit sowie die ursächliche und ziffermäßige Begründung der Rechnungseinträge sondern vor allem darauf zu richten, ob bei der Erhebung und Vereinnahmung sowie bei der Verwendung und Verausgabung von Staatsgeldern ingleichen bei der Erwerbung, Benutzung und Veräußerung von Staatseigentum nach den bestehenden Gesetzen und Vorschriften, unter genauer Beachtung der maßgebenden Verwaltungsgrundsätze, verfahren worden ist, und ob und wo nach den aus den Rechnungen zu beurteilenden Ergebnissen der Verwaltung im finanziellen Interesse des Staates Abänderungen nötig oder ratsam erscheinen. Die Kontrolle des Staatshaushalts, wie sie hiernach der Oberrechnungskammer obliegt, ist daher nicht bloß eine sogenannte Rechnungskontrolle, d. h. eine Kontrolle, bei der es sich nur um die Feststellung handelt, ob der Rechnungsführer richtig gerechnet und die für die Einrichtung der Rechnungen vorgeschriebene Form beobachtet, auch die Einträge in die Rechnungen den erteilten Anordnungen gemäß vorgenommen hat, sondern zugleich eine Verwaltungskontrolle, d. h. eine Kontrolle, die darauf gerichtet ist, ob und inwieweit in den den Rechnungen zugrunde liegenden Einzelfällen von den für letztere geltenden Vorschriften abgewichen worden ist, seien solche bloß für die vollziehenden Rechnungsführer oder für die anweisenden, den Rechnungsführern vorgesetzten Behörden gegeben, seien es einseitige Anordnungen der Verwaltung oder Bestimmungen der Gesetze. Gerade in der Verwaltungskontrolle aber liegt der wesentliche Teil der Bedeutung der Oberrechnungskammer und die Grundbedingung einer erfolgreichen Kontrolle des Staatshaushalts, soweit überhaupt die Rechnungsprüfung das Mittel hierzu bietet.[1] Selbstverständlich ist es aber, daß die Oberrechnungskammer auch bei Ausübung der Verwaltungskontrolle das Gebiet der finanziellen Wirtschaft des Staates nicht verlassen darf.

Die Vorprüfung (Abnahme) der Rechnungen vor ihrer Einsendung an die Oberrechnungskammer (vgl. S. 165) erfolgt entweder bei dem Ressortministerium oder bei der von diesem damit beauftragten Verwaltungsbehörde. Dabei sind die Rechnungen nebst Belegen, soweit nicht in bezug auf Unterlagsrechnungen, d. h. Rechnungen, die zur speziellen Bedeckung summarisch verschriebener Einnahme- und Ausgabeposten dienen, und in bezug auf die von der regelmäßigen Prüfung der Oberrechnungskammer ausgeschlossenen Rechnungen durch Vereinbarungen zwischen dieser und den Ressortministerien Ausnahmen zugelassen werden, sowohl in formeller und rechnerischer wie in sachlicher Hinsicht vollständig und gründlich zu prüfen sowie mit den nötigen Erläuterungen und Bemerkungen, auch den etwa noch fehlenden Bescheinigungen zu versehen. Wahrgenommene Mängel sind, soweit möglich, auf kürzestem Wege zu beseitigen. Von schriftlichen Erinnerungen gegen die Rechnungsführer ist der Regel nach abzusehen; mindestens aber sind Entscheidungen auf die

[1] Begründungsschrift zu dem Entwurfe des die Oberrechnungskammer betreffenden Gesetzes vom 30. Juni 1904, Landtagsakten 1903/04, Königliche Dekrete Bd. 3 Nr. 22 S. 18f., 24.

Beantwortung etwaiger solcher Erinnerungen nicht zu erteilen. Zur Beschleunigung der Rechnungsabnahme und damit die dabei vorgeschriebene rechnerische Vorprüfung auf bloße Stichproben beschränkt werden kann, ist die Prüfung der Rechnungsbelege möglichst bereits im Laufe des Rechnungsjahrs auszuführen, sodaß die Rechnungen schon auf Grund geprüfter und berichtigter Belege aufgestellt werden können. Der Oberrechnungskammer wird durch die Rechnungsabnahme, deren Ergebnis ihr mitzuteilen ist, und die darüber entscheidet, ob und inwieweit bei der ihr obliegenden Rechnungsprüfung davon Gebrauch zu machen ist, zugleich eine wünschenswerte Erleichterung in der Erledigung ihrer eigenen Prüfungsarbeiten gewährt; namentlich aber wird sie dadurch in die Lage versetzt, sich bei der rein rechnerischen Prüfung der Rechnungen auf bloße Stichproben zu beschränken. Ihrem Urteile wird durch die Rechnungsabnahme in keiner Weise vorgegriffen; vielmehr ist ihrer eigenen und selbständigen Beurteilung überlassen, die bei der Vorprüfung aufgestellten Erinnerungen als zutreffend zu erklären und zu den ihrigen zu machen oder zu verwerfen und für erledigt anzusehen. Ebensowenig wird sie dadurch in dem Umfange ihrer eigenen Prüfung beschränkt; vielmehr ist sie berechtigt, diese nach den nämlichen Richtungen vorzunehmen, nach denen die Vorprüfung stattgefunden hat, und den ihr zugegangenen und von ihr aufrecht erhaltenen Erinnerungen ihre eigenen hinzuzufügen.[1]

Die Einsendung der Rechnungen nebst Belegen an die Oberrechnungskammer innerhalb der von ihr durch Vernehmung mit den Ressortministerien oder denjenigen Behörden, die, wie die Generaldirektion der Sammlungen für Kunst und Wissenschaft und der Landtagsausschuß zur Verwaltung der Staatsschulden, insoweit die Stelle eines Ressortministeriums versehen, bestimmten Fristen erfolgt durch die Ressortministerien oder durch die die Stelle von solchen versehenden Behörden, falls nicht beiderseits etwas anderes vereinbart worden ist. Die Oberrechnungskammer übermittelt deshalb auch die Erinnerungen, die von ihr bei der Rechnungsprüfung gegen die Rechnungsführer oder die an den Kassenverwaltungen mit beteiligten Verwaltungsbehörden aufgestellt worden sind, an die Ressortministerien oder die die Stelle von solchen versehenden Behörden, damit sie von diesen zur Kenntnisnahme, und soweit sie nicht bloß zur Nachachtung zu dienen haben, sondern zur Beantwortung ausgesetzt sind, zur Beantwortung innerhalb der von der Oberrechnungskammer dafür festgesetzten Fristen an die Rechnungsführer und Verwaltungsbehörden hinausgegeben werden. Die Ressortministerien und die die Stelle von solchen vertretenden Behörden sind es deshalb auch, von denen die beantworteten Erinnerungen der Oberrechnungskammer wieder zugestellt

[1] Begründungsschrift zum Entwurfe des Gesetzes über die Oberrechnungskammer vom 30. Juni 1904 S. 19ff.

werden, und an die diese die von ihr auf die Beantwortungen erteilten Entscheidungen zur Bekanntgabe an die Rechnungsführer und Verwaltungsbehörden gelangen läßt. Erinnerungen, die gegen die Ressortministerien oder die die Stelle von solchen vertretenden Behörden gerichtet sind, werden im Wege des gewöhnlichen Schriftenwechsels mit diesen ausgetragen.

Soweit Erinnerungen der Oberrechnungskammer, die gegen Abweichungen von den ohne ständische Zustimmung ergangenen Vorschriften und Anordnungen und von den bisher als maßgebend für die Verwaltung angenommenen Grundsätzen gerichtet sind, durch den Schriftenwechsel mit dem Ressortministerium keine Erledigung gefunden haben, steht die Entscheidung darüber dem Gesamtministerium zu.

Falls sich bei der Rechnungsprüfung Vertretungen des Rechnungsführers herausstellen, deren Deckung durch die Beantwortuug der Erinnerungen nicht nachgewiesen wird, hat die Oberrechnungskammer die Vereinnahmung dieser Fehlbeträge (Defekte) an der gehörigen Stelle der nächstfolgenden Rechnung anzuordnen und zu überwachen. Die zu deren Beitreibung etwa nötige Veranstaltung aber hat sie, da sie selbst kein Organ der vollziehenden Gewalt und ihr auch deshalb nicht das Recht zusteht, Fehlbeträge (Defekte) unter Anwendung von Zwangsmitteln beizutreiben, der dem Rechnungsführer vorgesetzten Behörde zu überlassen. Versäumnisse in der Beitreibung seitens einer solchen Behörde würden eine Erinnerung der Oberrechnungskammer gegen diese begründen. Wenn sich wegen Gefahr im Verzuge eine schleunige Beitreibung der Defekte (Fehlbeträge) als notwendig darstellt, hat die Oberrechnungskammer dem zuständigen Ministerium hiervon sofort Mitteilung zu machen. Im übrigen ist ihr, wie bereits S. 94, 95 bemerkt worden ist, gestattet, Fehlbeträge (Defekte), wenn zu ihrer Erledigung ein unverhältnismäßiger Aufwand an Zeit oder Mühe erforderlich sein würde und ein höherer Betrag als 1000 ℳ für den einzelnen Fall dabei nicht in Frage kommt, sowie Fehlbeträge (Defekte), deren Uneinbringlichkeit bereits feststeht, nicht weiter zu verfolgen, sondern fallen zu lassen.

Die Schlußhandlung im Prüfungsverfahren der Oberrechnungskammer dem Rechnungsführer gegenüber bildet die ihr obliegende Ausstellung des sogenannten Justifikationsscheins, der ihm durch Vermittlung des Ressortministeriums oder der die Stelle eines solchen versehenden Behörde ausgehändigt wird. Diese Ausstellung hat zu erfolgen, wenn dem Rechnungsführer gegenüber Erinnerungen gegen die Rechnung nicht gezogen oder die gegen den Rechnungsführer aufgestellten Erinnerungen durch deren Beantwortung erledigt und die Vereinnahmung der etwa ausgeworfenen Fehlbeträge (Defekte) durch die nächstfolgende Rechnung nachgewiesen worden ist. Nach dem Ermessen der Oberrechnungskammer kann sie aber in den Fällen, in denen der Rechnungsführer die ihn treffenden Fehlbeträge (Defekte) anerkannt und deren Vereinnahmung in der nächstfolgenden abzulegenden Rechnung zugesichert hat, auch unerwartet des Nachweises der Vereinnahmung mit dem Vorbehalte dieser Nachweisung erfolgen. Seinem Inhalte nach besteht der Justifikationsschein in einer Erklärung dahin, daß aus den Geschäften des Rechnungsführers, auf die sich die Rechnung beziehe, ein Schuldverhältnis des Rechnungsführers zugunsten der Staatskasse nicht bestehe. Diese Fassung schließt sich der Bestimmung in § 397 Abs. 2 des Bürgerlichen Gesetzbuchs an, wonach das Schuldverhältnis erlischt, wenn der Gläubiger durch Vertrag mit dem Schuldner anerkannt hat, daß das Schuldverhältnis nicht bestehe. Die im Justifikationsscheine zu verlautbarende Erklärung hat sonach die Bedeutung eines sogenannten negativen Anerkenntnisvertrags. Dieser wird selbstverständlich dadurch nicht unwirksam, daß der Gläubiger nachweist, sein Anerkenntnis sei falsch gewesen, da er in Wirklichkeit eine gültige Forderung an den Schuldner wirklich gehabt habe. Wohl aber ist das Anerkenntnis wie jedes andere Rechtsgeschäft wegen Irrtums, Betrugs usw. anfechtbar. Auch kann es wegen ungerechtfertigter Bereicherung des Schuldners rückgängig gemacht werden (BGB. § 812 Abs. 2 in Verbindung mit Abs. 1.)[1] Durch die Justifikation der Rechnungen seitens der Oberrechnungskammer ist übrigens die Prüfung des Rechenschaftsberichts durch die Stände in keiner Weise beschränkt.

Über den Stand des Prüfungsverfahrens hat die Oberrechnungskammer alljährlich nach Ablauf ihres Geschäftsjahrs, das mit dem Kalenderjahre zusammenfällt, dem Gesamtministerium Vortrag zu erstatten. Dabei hat sie sich, soweit die Ergebnisse der Rechnungsprüfung Anlaß dazu bieten, über etwaige Verbesserungen und Vervollkommnungen in der Verwaltung, wobei sie selbstverständlich auf das Gebiet der finanziellen Verwaltung des Staates beschränkt ist (vgl. S. 164), gutachtlich zu äußern. Das Gesamtministerium aber hat hierauf Entschließung zu fassen und diese der Oberrechnungskammer bekannt zu geben.

Die Nutzbarmachung der Prüfungstätigkeit der Oberrechnungskammer für die ständische Kontrolle des Staatshaushalts (vgl. S. 170 ff.) vollzieht sich in der Weise, daß die Oberrechnungskammer selbständig für jede Finanzperiode einen Bericht aufzustellen hat, der dem von der Staatsregierung den Ständen vorzulegenden Rechenschaftsberichte beizufügen und dessen Inhalt gesetzlich in der Weise erschöpfend geregelt ist, daß er ergeben muß, ob und inwieweit bei der Ausführung des dem Rechenschaftsberichte zugrunde liegenden Staatshaushalts-Etats Abweichungen von den Bestimmungen des letzteren oder von sonstigen unter ständischer Zustimmung ergangenen Vorschriften und Anordnungen statt-

[1] Begründungsschrift zum Entwurfe des Gesetzes über die Oberrechnungskammer vom 30. Juni 1904 S. 22.

gefunden haben, insbesondere ob und welche Etatüberschreitungen und außeretatmäßige Ausgaben vorgekommen sind, endlich ob und welche erheblichen, d. h. die Rechnungsergebnisse wesentlich beeinflussenden Abweichungen von den auf die Staatseinnahmen und Staatsausgaben oder auf die Erwerbung, Benutzung und Veräußerung von Staatseigentum bezüglichen Gesetzen oder unter ständischer Zustimmung ergangenen Vorschriften zu verzeichnen gewesen sind. Da hiernach der Bericht der Oberrechnungskammer, mit dem die ihr obliegende Verwaltungskontrolle zugleich zu einer sogenannten Verfassungskontrolle wird, den Ständen eine Grundlage für die Entlastung der Regierung gewähren soll, hat er sich, soweit es sich um Abweichungen von den Bestimmungen des Staatshaushalts-Etats handelt, lediglich mit Verstößen gegen solche Bestimmungen zu beschäftigen, die in dem der ständischen Abstimmung unterliegenden Teile des Etats, dem sogenannten Dispositive (vgl. S. 43), enthalten sind und deshalb die Regierung in ihrem Verhältnisse zu den Ständen binden. Diesen bindenden Bestimmungen, deren Verletzung die Regierung belastet, ist eine Reihe von Grundsätzen gleichzustellen, die sich, wie insbesondere die Deckungsfähigkeit von Ausgabetiteln und deren Unterabteilungen (vgl. S. 65), die Übertragbarkeit von Ausgabesummen von einer Finanzperiode in die andere (vgl. S. 61), die Behandlung der Restbestände (vgl. S. 62), die Unzulässigkeit von Vorgriffen, d. h. der Verrechuung von Einnahmen und Ausgaben, die erst in einer späteren Finanzperiode fällig werden, bereits in einer früheren Finanzperiode (vgl. S. 63), oder absichtlich verspäteter Verrechnungen (vgl. S. 63), logischerweise aus dem Wesen des Etats, insbesondere aus seiner periodischen Aufstellung, und aus der Rechnungslegung ergeben. Dabei ist es selbstverständlich, daß nur tatsächlich verwirklichte Abweichungen von Normen der hier fraglichen Art zum Gegenstande des Berichts zu machen sind, daß also alles dasjenige, was in der Verwaltung entweder noch schwebt und in der obersten Instanz noch richtiggestellt werden kann oder bereits ordnungsmäßig ausgeglichen ist, nicht aufzunehmen ist.[1] Die Aufstellung des Rechenschaftsberichts erfolgt übrigens wie schon früher so auch gegenwärtig noch ohne Rücksicht darauf, ob die ihm zugrunde liegenden Rechnungen sämtlich bereits der geordneten Prüfung unterlegen haben oder nicht, da es sonst überhaupt nicht möglich sein würde, ihn rechtzeitig, d. h. bereits vor Ablauf des zweiten Jahres der auf die Berichtsperiode folgenden Finanzperiode (vgl. S. 145), den Ständen zugängig zu machen. Die Oberrechnungskammer hat deshalb bezüglich derjenigen Etatabschnitte, die in ihrem den Ständen gleichzeitig mit dem Rechenschaftsberichte vorgelegten Berichte noch nicht haben berücksichtigt werden können, einen Nachtragsbericht zu erstatten, der den Ständen noch im Laufe ihrer Tagung vorgelegt wird.

[1] Begründungsschrift zum Gesetze über die Oberrechnungskammer vom 30. Juni 1904 S. 24f.

Daß sich der Bericht der Oberrechnungskammer an die Stände außer auf die Verlautbarung von Tatsachen, die geeignet sind, die Frage der Entlastung der Staatsregierung zu beeinflussen, auch noch auf Gegenstände erstrecken könne, die, wie z. B. Vorschläge wegen Vereinfachungen und Verbesserungen in der Verwaltung, dem Gebiete der sogenannten Verwaltungskontrolle angehören, dazu bietet das die Oberrechnungskammer betreffende Gesetz vom 30. Juni 1904 keine Füglichkeit.[1]

Um die Oberrechnungskammer zur Erfüllung ihrer Aufgaben allenthalben zu befähigen, ist sie mit einer Reihe weittragender Sonderbefugnisse insofern ausgestattet, als sie berechtigt ist, von den Behörden jede zur Prüfung der Rechnungen für erforderlich erachtete Auskunft sowie die Einsendung von Kassenbüchern und Belegen, von den den Ressortministerien untergeordneten Behörden auch die Einsendung von Akten zu verlangen, der Präsident der Oberrechnungskammer befugt ist, Bedenken und Erinnerungen gegen die Rechnungen an Ort und Stelle durch Kommissare erörtern zu lassen, auch zur Unterrichtung über die Einzelheiten der Verwaltung sowie zur Vornahme von Erörterungen über die in bezug auf die Verwaltung der Kassen und die Führung der Kassenbücher bestehenden Einrichtungen Kommissare abzuordnen, ihr ein Mitwirkungsrecht bei allgemeinen Anordnungen der Behörden über die Führung der Kassen und der Kassenbücher, die ihr schon vor dem Erlasse mitzuteilen sind, in der Weise zusteht, daß sie befugt ist, auf etwaige Bedenken, die sich von ihrem Standpunkte dagegen ergeben, aufmerksam zu machen, endlich die Vorschriften über die formelle Einrichtung der Rechnungen durch Vereinbarung der Oberrechnungskammer mit den beteiligten Ministerien festgestellt werden und nur, soweit eine Einigung nicht eintritt, Feststellung durch das Gesamtministerium erfolgt. Dazu kommt, daß ihr nicht nur die auf die Rechnungslegung bezüglichen Beschlüsse des Landtags, und zwar diese durch das Gesamtministerium, bekannt zu geben sind, sondern daß auch alle Verfügungen der Ministerien, durch die in bezug auf Einnahmen oder Ausgaben des Staates eine allgemeine Vorschrift gegeben oder eine schon bestehende abgeändert oder erläutert wird, soweit sie nicht in dem Amtsblatte einer Behörde oder sonst öffentlich bekannt gemacht werden, sogleich bei ihrem Ergehen zur Kenntnis der Oberrechnungskammer gebracht werden müssen, und daß sie befugt ist, auf etwaige Bedenken, die sich von ihrem Standpunkte mit Bezug auf solche Verfügungen ergeben, aufmerksam zu machen.

---

[1] Vgl. die Vorbemerkungen zu dem Berichte der Oberrechnungskammer über die Ausführung des Staatshaushalts-Etats in der Finanzperiode 1908/09 (Landtagsakten 1911/12, Beilage zum Kgl. Dekrete Nr. 1 vom 7. November 1911).

Neunter Abschnitt.

Ständische Kontrolle des Staatshaushalts und Ministerverantwortlichkeit.

1. Schon die Ausübung des den Ständen durch § 97 der Verfassungsurkunde gewährleisteten Rechtes, bei Prüfuug des Staatshaushalts-Etats die Notwendigkeit, Zweckmäßigkeit und Höhe der Ansätze zu prüfen und deshalb Erinnerungen zu machen, schließt zwar bis zu einem gewissen Grade zugleich eine Kontrolle des Staatshaushalts in sich. Diese Kontrolle würde indessen, da sie nur zukünftige Ereignisse zur Voraussetzung hat, von mehr oder weniger zweifelhaftem Werte sein, wären die Stände nicht überdies in der Lage, zu erfahren und zu prüfen, wie sich die Verwaltung der staatlichen Einnahmen und Ausgaben sowie des staatlichen Eigentums in ihren tatsächlichen Erfolgen innerhalb jeder Finanzperiode gestaltet hat. Jene Kenntnis vermittelt, diese Prüfung ermöglicht ihnen der die Ergebnisse der geführten Verwaltung für jede Finanzperiode zur ziffermäßigen Darstellung bringende Rechenschaftsbericht (vgl. den siebenden Abschnitt), soweit nicht einzelne Etatgebarungen schon durch frühere Vorlagen, insbesondere größere Überschreitungen von Ausgabebewilligungen und außeretatmäßige Ausgaben durch Nachtragsetats (vgl. S. 26, 27, 85, 86), zu ihrer Kenntnis gebracht worden sind.

Die Verfassungsurkunde macht in § 100 den Ständen eine genaue Prüfung des Rechenschaftsberichts ausdrücklich zur Pflicht, ohne sich indessen darüber bestimmt auszusprechen, in welcher Richtung sich diese Prüfung zu bewegen habe. Schon das Wesen des Bewilligungsrechts aber, wie es verfassungsrechtlich den Ständen zusteht, macht es ohne weiteres klar, daß sich diese Prüfung nicht bloß auf die rechnerische Richtigkeit der in dem Rechenschaftsberichte vorgeführten Zahlenreihen zu beschränken sondern auch auf die Übereinstimmung der darin sich wiederspiegelnden finanziellen Gebarungen mit den dispositiven Festsetzungen des Staatshaushalts-Etats (vgl. S. 43) zu erstrecken hat. Denn nur erst eine derart sachliche Prüfung läßt erkennen, ob und inwieweit die beteiligten Departementsminister der Verantwortlichkeit genügt haben, die ihnen wie für die Verwaltung des Staates im allgemeinen so auch für die Verwaltung der staatlichen Einnahmen und Ausgaben sowie des staatlichen Eigentums den Ständen gegenüber obliegt (VU. § 41 Abs. 1). Das Recht zu einer solchen Prüfung schließt zugleich die Befugnis in sich, die Ansätze des Rechenschaftsberichts auch nach der Richtung hin zu prüfen, ob und inwieweit die in ihm bezifferten finanziellen Gebarungen notwendig oder doch zweckmäßig und ihrer Höhe nach gerechtfertigt waren, und deshalb nach Befinden Erinnerungen zu machen. Selbstverständlich erstreckt sich aber diese Befugnis nicht auf alle Ansätze des Rechenschaftsberichts gleichmäßig. Sie bleibt vielmehr ausgeschlossen hinsichtlich aller derjenigen Gebarungen, die sich innerhalb der in den Festsetzungen des Staatshaushalts-Etats gegebenen Schranken vollzogen haben. Denn insoweit sind die beteiligten Departementsminister von jeder Verantwortung frei. Nur an die Leistung von Ausgaben, die die Etatansätze übersteigen (Etatüberschreitungen, vgl. S. 81, 82) oder ihrer Art nach im Etat überhaupt nicht vorgesehen sind (außeretatmäßige Ausgaben, vgl. S. 82), kann sich eine Verantwortlichkeit auf Seite der Departementsminister knüpfen, vermöge deren die Stände von ihnen zu verlangen berechtigt sind, daß sie die hierbei in Frage kommenden Ausgaben, um deren Notwendigkeit oder doch Zweckmäßigkeit wie die Angemessenheit ihrer Höhe darzutun, teils der Art nach rechtfertigen, teils der Größe nach begründen. Denn derartige Etatabweichungen bedürfen nach § 10 Abs. 1 des Staatshaushaltsgesetzes der nachträglichen Genehmigung der Stände, und zwar ausnahmslos und ohne Rücksicht auf die Ursachen, die ihrer Entstehung zugrunde liegen, und auf die Höhe der Beträge, um die es sich hierbei handelt. Diese Genehmigung zu erteilen oder zu versagen, hängt aber nicht lediglich von der freien Entschließung der Stände ab; vielmehr schreibt das Gesetz vor, daß die Bestimmungen in § 97 der Verfassungsurkunde auch auf diese Fälle der nachträglichen Genehmigung sinngemäß anzuwenden sind. Hiernach aber dürfen die Stände, ebenso wie sie bei Beschlußfassung über den Entwurf des Staatshaushalts-Etats die für die ordnungsgemäße Führung des Staatshaushalts und die Erfüllung der dem Staate obliegenden Zahlungsverbindlichkeiten notwendigen Ausgaben zu bewilligen verpflichtet sind (vgl. S. 11, 12), bei Beschlußfassung über den Rechenschaftsbericht derartigen Ausgaben die Genehmigung auch insoweit nicht versagen, als sie über die Etatansätze hinaus geleistet worden oder ihrer Art nach im Etat überhaupt nicht vorgesehen sind. Denn hierbei fällt noch besonders ins Gewicht, daß sich die Mehrzahl der im Staatshaushalts-Etat als einer Vorausbestimmung für die Zukunft enthaltenen Einstellungen auf bloße Wahrscheinlichkeitsrechnungen gründet, bei denen Irrtümer nur zu leicht unterlaufen, und die trotz aller Wirtschaftlichkeit und Sparsamkeit der Verwaltung nur zu häufig durch die Wirklichkeit zunichte gemacht werden. Auch treten erfahrungsmäßig in jeder Finanzperiode neue unabweisbare Bedürfnisse hervor, die notwendigerweise Abweichungen von den Festsetzungen des Staatshaushalts-Etats bedingen. Etatüberschreitungen und außeretatmäßige Ausgaben beruhen daher auch zumeist nicht auf willkürlichen Verfügungen der Regierung in dem Sinne, daß die Abweichung vom Etat hätte unterbleiben können. Nur insoweit aber, als es von der Entschließung der Regierung abhängig war, ob die Ausgaben überhaupt oder nur in etatmäßiger Höhe oder darüber hinaus geleistet werden sollten, haben sie die Bedeutung von Handlungen, die die Regierung zu vertreten hat.[1]

[1] Vgl. auch die Begründungsschrift zum Entwurfe des Gesetzes über den Staatshaushalt vom 30. Juni 1904 S. 18.

Mehreinnahmen gegen die Etatansätze und außeretatmäßige Einnahmen können nur ausnahmsweise eine nachträgliche Genehmigung der Stände erforderlich machen. Eine solche Ausnahme würde beispielsweise gegeben sein, wenn in außerordentlichen, dringenden und unvorhergesehenen Fällen der in § 105 der Verfassungsurkunde behandelten Art (vgl. S. 11 des vorliegenden Werkes) eine Erhöhung der Normalsätze bestehender Abgaben oder die Aufnahme eines Anlehens ohne die an sich gebotene Zustimmung der Stände erfolgt wäre. Denn für derartige Fälle schreibt die Verfassungsurkunde ausdrücklich die nachträgliche Einholung der verfassungsmäßigen Genehmigung der Stände vor. Dies hat aber nicht erst im Wege der Vorlage des Rechenschaftsberichts an die Stände sondern so bald als irgend möglich und spätestens bei dem nächsten ordentlichen Landtage zu geschehen. Im einschlagenden Rechenschaftsberichte würden daher derartige Finanzgebarungen als bereits genehmigt zu erscheinen haben. Mehreinnahmen gegen die Etatansätze und außeretatmäßige Einnahmen, wie sie im gewöhnlichen Laufe der Dinge in die Erscheinung zu treten pflegen, bedürfen nachträglicher Genehmigung der Stände nicht, da ihnen gegenüber Verwaltungshandlungen, die eine solche Genehmigung erforderlich machen könnten, überhaupt nicht in Frage kommen, auch im allgemeinen es den finanziellen Interessen des Staates n r förderlich sein kann, wenn seine Einnahmequellen reichlicher fließen, als es bei den Veranschlagungen im Staatshaushalts-Etat angenommen worden ist, oder wenn sich Einnahmen ergeben, die ihrer Art nach bei Aufstellung des Staatshaushalts Etats überhaupt nicht vorausgesehen werden konnten oder doch nicht vorgesehen worden sind. Mehreinnahmen über die Etatansätze bilden daher auch keine Etatüberschreitungen im Sinne des Gesetzes über den Staatshaushalt vom 30. Juni 1904 (vgl. dessen § 10 Abs. 2 und S. 82 des vorliegenden Werkes).

2 Wenn und soweit es den beteiligten Departementsministern gelungen ist, die von ihnen den Ständen gegenüber zu vertretenden Abweichungen von den dispositiven Festsetzungen des Staatshaushalts-Etats oder von den sonst für die Verwaltung der staatlichen Einnahmen und Ausgaben sowie des staatlichen Eigentums maßgebenden Vorschriften zu rechtfertigen und zu begründen, haben sie damit ihrer verfassungsmäßigen Verantwortlichkeit Genüge geleistet, und sie sind infolgedessen berechtigt, von den Ständen eine dies in unzweideutiger Weise aussprechende Erklärung zu fordern. Diese Erklärung aber hat in der Form zu geschehen, daß die Stände der Regierung und damit den ihre Mitglieder bildenden Departementsministern, einem jeden von ihnen für seinen Teil, Entlastung erteilen. Denn gerade um diese Entlastung herbeizuführen, wird nach § 33 des Gesetzes, den Staatshaushalt betreffend, vom 1. Juli 1904 der Rechenschaftsbericht den Ständen von der Regierung vorgelegt. Selbstverständlich braucht aber diese Entlastung nicht unter allen Umständen

eine vorbehaltlose zu sein, sondern sie kann auch eine an Vorbehalte geknüpfte oder sonst eingeschränkte sein.[1]

Selbstverständlich wird durch die Entlastung, wie sie der Regierung von den Ständen erteilt wird, zunächst nur das Verantwortlichkeitsverhältnis der Departementsminister gegenüber den Ständen berührt. Die allgemeine Verantwortlichkeit dagegen, die die Minister überdies in ihrer Eigenschaft als Staatsdiener auf Grund der bereits S. 155 erwähnten allgemeinen verfassungsrechtlichen Bestimmung tragen, wonach alle Staatsdiener für ihre Dienstleistung verantwortlich sind (VU. § 42), wird, soweit es sich um Gebarungen handelt, auf die sich die sogenannte Verwaltungskontrolle (vgl. S. 164) erstreckt, durch die ständische Entlastung weder beseitigt, noch selbst nur beschränkt. Die an der Verwaltung der staatlichen Einnahmen und Ausgaben sowie des staatlichen Eigentums beteiligten Beamten, die der Klasse der Ministerialvorstände nicht angehören, werden von den Wirkungen der Entlastung, wie sie von den Ständen der Regierung gegenüber ausgesprochen wird, nicht berührt. Denn Beamte dieser Art stehen zu den Ständen überhaupt in keinerlei Verantwortlichkeitsverhältnisse; sie sind vielmehr allein den ihnen übergeordneten Staatsbehörden verantwortlich. Deshalb aber bleiben sie für von ihnen verschuldete Abweichungen von den für die Verwaltung der staatlichen Einnahmen und Ausgaben sowie des staatlichen Eigentums bestehenden Vorschriften, Festsetzungen und Grundsätzen nicht minder wie für etwaige Überschreitungen ihrer Ausgabebefugnisse auch so lange verhaftet, bis nicht deshalb seitens jener Behörden ihre Entlastung erfolgt.

3. Solange der Regierung die Entlastung seitens der Stände versagt bleibt, dauert diesen gegenüber die verfassungsmäßige Verantwortlichkeit der beteiligten Departementsminister fort. Ein unbedingtes Recht zu einer derartigen Versagung steht aber den Ständen nur soweit zu, als die von ihnen beanstandeten Finanzgebarungen mit dem bestehenden Verfassungsrechte überhaupt unverträglich wären und deshalb zugleich den Tatbestand einer Verfassungsverletzung in sich schließen würden. Fälle dieser Art würden insbesondere gegeben sein, wenn Ausgabebewilligungen wissentlich anderen als den im dispositiven Teile des Staatshaushalts-Etats dafür bezeichneten Zwecken dienstbar gemacht worden wären, oder wenn ohne Zustimmung der Stände und ohne daß es sich dabei um Ausnahmemaßregeln handelte, die die Verfassungsurkunde selbst bedingungsweise für zulässig erklärt, zur Aufnahme von Anleihen verschritten worden wäre (vgl. S. 11), oder wenn Erlöse aus Teilen des Staatsguts im verfassungsrechtlichen Sinne nicht zu dessen substanzieller Wiederergänzung, wie es nach § 18 der Verfassungsurkunde zu geschehen

[1] Beispielsweise pflegen die Stände bezüglich des den außerordentlichen Staatshaushalts-Etat betreffenden Teiles des Rechenschaftsberichts der Regierung jeweilig nur insoweit Entlastung zu erteilen, als abgeschlossene Rechnungen darüber vorliegen.

hat (vgl. S. 102), sondern zur Deckung laufender Ausgaben verwendet worden wären. Denn in Fällen der Verfassungsverletzung sind die Stände sogar berechtigt, deshalb gegen die beteiligten Ministerien oder anderen Staatsbehörden in einem gemeinschaftlichen Antrage eine Beschwerde an den König zu bringen (VU. § 140) oder gegen die Vorstände der Ministerien förmliche Anklage bei dem Staatsgerichtshofe zu erheben, der über Handlungen der Vorstände der Ministerien erkennt, die auf den Umsturz der Verfassung gerichtet sind oder die Verletzung einzelner Punkte der Verfassung betreffen (VU. §§ 141 ff.). Selbstverständlich können aber die Vorstände der Ministerien nur wegen solcher Handlungen, die auf ihrer eigenen Entschließung beruhen oder doch ausdrücklich oder stillschweigend von ihnen gebilligt worden sind, nicht aber auch wegen Handlungen Dritter in Anspruch genommen werden, die rechtzeitig gar nicht zu ihrer Kenntnis gekommen sind, und zu denen sie daher auch nicht haben Stellung nehmen können. Die Strafbefugnis des Staatsgerichtshofs ist in der Weise geregelt, daß er entweder seine ausdrückliche Mißbilligung des den Gegenstand der Anklage bildenden Verfahrens auszusprechen oder auf Entfernung des Schuldigen vom Amte zu erkennen hat, wobei nicht ausgeschlossen ist, daß gegen den Verurteilten auch noch ein weiteres Verfahren vor dem ordentlichen Richter Platz greift. Gegen den Ausspruch des Staatsgerichtshofs findet nur das Rechtsmittel der Berufung auf ein anderweites Erkenntnis desselben Gerichtshofs statt, der dabei in veränderter Zusammensetzung entscheidet. Der König darf weder die Untersuchung hemmen noch von dem ihm zustehenden Begnadigungsrechte in der Weise Gebrauch machen, daß ein von dem Staatsgerichtshofe in die Entfernung vom Amte verurteilter Ministerialvorstand in seiner bisherigen Stelle gelassen oder in einem anderen Justiz- oder Staatsverwaltungsamte angestellt wird, dafern nicht in Rücksicht der Wiederanstellung das Erkenntnis des Staatsgerichtshofs einen ausdrücklichen Vorbehalt zugunsten des Verurteilten enthält. Ebensowenig kann sich der Angeklagte durch freiwillige Aufgabe seines Amtes dem Urteilsspruche des Staatsgerichtshofs entziehen. Vermöchten die beteiligten Departementsminister einem derartigen Vorgehen der Stände nicht dadurch vorzubeugen, daß die beanstandeten Finanzgebarungen in ihren Wirkungen ausgeglichen würden, so würde, um das gleiche Ziel zu erreichen, der Regierung nur erübrigen, bei den Ständen um Erteilung von Indemnität, d. h. darum nachzusuchen, daß den vorgekommenen Verfassungsverletzungen keine weitere Folge gegeben werde, und wenn ihr von den Ständen hierauf Indemnität bewilligt werden würde, würden dadurch die beteiligten Departementsminister ihrer Verantwortlichkeit gegenüber den Ständen entbunden werden. Daß der Begriff der Indemnität unserem Verfassungsrechte fremd ist, hindert selbstverständlich die Stände nicht, nach ihrem freien Ermessen gegebenenfalls Indemnität zu erteilen.

Beilagen.

I.

Den Staatshaushalt berührende Bestimmungen der Verfassungsurkunde vom 4. September 1831 in ihrer gegenwärtig gültigen Fassung.

. . . .

. . . .

. . . .

Zweiter Abschnitt.

Von dem Staatsgute, sowie von dem Vermögen und den Gebührnissen des Königlichen Hauses.

§ 16.

1. Staatsgut.

Das Staatsgut besteht, als eine einzige unteilbare Gesamtmasse, aus dem, was die Krone an Territorien, Ämtern, Kammergütern, Domänen, den dazu gehörigen Fluren, Gebäuden und Inventarien, Grundstücken, Forsten und Mühlen, Berg- und Hüttenwerken, Kuxen, Regalien, Amtskapitalien, Einkünften, nutzbaren Rechten, öffentlichen Anstalten, Beständen, Außenständen und Vorräten jeder Art und sonst besitzt und erwirbt, und es geht dasselbe in seinem ganzen Umfange auf den jedesmaligen Thronfolger über. Neben demselben besteht das Fideikommiß des Königlichen Hauses. Von beiden ist das Privatvermögen des Königs und der Königlichen Familie zu unterscheiden.

§ 17 Abs. 1 und 2.

Das Staatsgut wird durch eine den Grundsätzen der Verfassung gemäß konstituierte Finanzbehörde verwaltet und lediglich zu Zwecken des Staats benutzt. Sein Ertrag bleibt den Staatskassen überlassen.

Übrigens ist dem Könige unbenommen, eine oder die andere Domäne, gegen Abzug einer, nach dem Durchschnittsertrage der letzten zehn Jahre, bestimmten Summe von der Zivilliste (§ 22) auf Lebenszeit zu eigner

Verwaltung und Benutzung zu übernehmen; auch bleiben die in der Beilage I. verzeichneten Schlösser, Paläste, Hofgebäude, Gärten und Räume zu der freien Benutzung des Königs.[1]

. . . .

§ 18.

Das Staatsgut ist stets in seinen wesentlichen Bestandteilen zu erhalten und kann daher, ohne Einwilligung der Stände, weder durch Veräußerungen vermindert, noch mit Schulden oder andern Lasten beschwert werden.

Unter dem Veräußerungsverbote sind jedoch diejenigen Veränderungen nicht begriffen, welche bei einzelnen Parzellen, zu Beförderung der Landeskultur, oder zu Entfernung wahrgenommener Nachteile durch Verkauf, Austausch oder Ablösung, sowie infolge eines gerichtlichen Urteils, oder zu Berichtigung zweifelhafter Grenzen nötig oder gut befunden werden sollten.

Die Kaufgelder sind, sobald sich eine vorteilhafte Gelegenheit findet, zu Erwerbung inländischen Grundeigentums anzuwenden, inzwischen aber auf eine andere zweckmäßige Weise werbend anzulegen.

Was durch eine solche Veräußerung an Grundeigentum, Rechten, Einkünften oder Kaufgeldern erlangt wird, nimmt die Eigenschaft des veräußerten Gegenstandes an und tritt an dessen Stelle.

Den Ständen ist bei jedem ordentlichen Landtage (§ 115) nachzuweisen, was seit dem letztvorherigen vom Staatsgute veräußert, warum die Veräußerung bewirkt, was dabei erlangt und in welcher Maße das erlangte Kaufgeld vorschriftsmäßig angewendet worden sei.

§ 19.

Alle Bestände, Forderungen und Ansprüche des Königlichen Fiskus gehen auf die allgemeinen Staatskassen über. Dagegen werden die auf ersterm haftenden Schulden und Ansprüche aller Art von letztern zu alleiniger Vertretung übernommen.

Die Rechte der Gläubiger bleiben unverletzt.

§ 20.[2]

2. Königliches Hausfideikommiß.

Das Königliche Hausfideikommiß besteht:

a) aus allem dem, was zu der Einrichtung oder Zierde der in der Beilage unter I verzeichneten Königlichen Schlösser, Paläste, Hofgebäude und Gärten dient,[3] dem Mobiliar, welches der Aufsicht der Hofämter und Hofintendanten anvertraut und zum Bedarfe oder Glanze des

---

[1] Diese Beilage ist hier nicht mit abgedruckt worden, weil ihr Inhalt in verschiedener Beziehung nicht mehr zutrifft.

[2] Abs. 1a und b in der Fassung des Verfassungsgesetzes vom 13. April 1888 Abschn. I.

[3] Vgl. die Anmerkung 1 zu § 17.

Hofs bestimmt ist, den Ställen, an Pferden, Wagen und sonstigem Inventar, den Jagderfordernissen, den in dem grünen Gewölbe und anderen Königlichen Sammlungen befindlichen Kostbarkeiten, Gold- und Silbergeräten und Porzellan, der Gemäldegalerie, den Kupferstich-, Naturalien-, Münz- und anderen Kabinetten, der Bibliothek, der Kunst-, Rüst- und Gewehrkammer;

b) aus demjenigen, was demselben nach § 21 zuwächst.

Dasselbe ist Eigentum des Königlichen Hauses, dessen Besitz geht aber, nach der §§ 6 und 7[1] für die Krone bestimmten Sukzessionsordnung und sonst, auf den jedesmaligen rechtmäßigen Regenten des Königreichs Sachsen über. Dasselbe ist von dem Lande unzertrennbar und unveräußerlich. Unter dem Veräußerungsverbote sind jedoch diejenigen Veränderungen nicht begriffen, welche durch Verkauf oder Austausch einzelner Gegenstände für gut befunden werden sollten. Was durch Veräußerung an Gegenständen oder Kaufgeldern erlangt wird, nimmt die Eigenschaft des veräußerten Gegenstandes an und tritt an dessen Stelle.

Die Kaufgelder sind, sobald sich eine vorteilhafte Gelegenheit findet, zu Vermehrung des Hausfideikommisses anzuwenden. Auch steht dem jedesmaligen Regenten lediglich unter Zustimmung der Stände das Befugnis zu, die zu demselben gehörigen Kostbarkeiten, bis zur Höhe einer Million Taler, in außerordentlichen Notfällen zu Staatszwecken zu verpfänden. Es ist jedoch der verpfändete Teil desselben, sobald als möglich, wieder einzulösen.

Nur in den § 105 erwähnten außerordentlichen dringenden Fällen, wo die Einberufung der Stände durch die Umstände unmöglich gemacht wird, kann eine Verpfändung desselben vom Könige, unter Verantwortlichkeit der ihn hierbei beratenden Minister, auch ohne Zustimmung der Stände, verfügt werden, und es treten alsdann die Bestimmungen des gedachten §s. in Kraft.

§ 21.[2]

3. Privateigentum des Königs.

Privateigentum des Königs ist alles dasjenige, was derselbe vor der Gelangung zum Throne bereits besessen hat, sowie dasjenige Vermögen,

---

[1] Die §§ 6 und 7 der Verfassungsurkunde bestimmen folgendes:

§ 6.

Erbfolge des Sächsischen Fürstenhauses.

Die Krone ist erblich in dem Mannesstamme des Sächsischen Fürstenhauses nach dem Rechte der Erstgeburt und der agnatischen Linealfolge, vermöge Abstammung aus ebenbürtiger Ehe.

§ 7.

Fernere Erbfolge.

In Ermangelung eines durch Verwandtschaft oder Erbverbrüderung zur Nachfolge berechtigten Prinzen geht die Krone auf eine, aus ebenbürtiger Ehe abstammende, weibliche Linie, ohne Unterschied des Geschlechts, über. Hierbei entscheidet die Nähe der Verwandtschaft mit dem zuletzt regierenden Könige, bei gleicher Nähe das Alter der Linie und in selbiger das Alter der Person. Nach dem Übergange gilt wieder der Vorzug des Mannesstamms in der Primogeniturordnung.

[2] In der Fassung des Verfassungsgesetzes vom 13. April 1888 Abschn. II.

was er während seiner Regierung aus Privatrechtstiteln erwirbt; es steht ihm darüber die freie Disposition unter den Lebenden und auf den Todesfall zu.

Hat der König über dieses Vermögen nicht disponiert, so wächst dasselbe bei seinem Ableben dem Hausfideikommisse zu.

Über Ersparnisse an der Zivilliste steht dem König die freie Disposition unter den Lebenden zu, bei seinem Ableben aber fallen solche ebenfalls dem Hausfideikommisse anheim.

§ 22.

4. Zivilliste.

Der König bezieht jährlich eine mit den Ständen, auf die Dauer seiner Regierung, verabschiedete Summe aus den Staatskassen, als Zivilliste, zu seiner freien Disposition in monatlichen Raten im voraus zahlbar.

Diese Summe ist als Äquivalent für die den Staatskassen, auf die jedesmalige Dauer der Regierungszeit des Königs, überwiesenen Nutzungen des Königlichen Domänengutes zu betrachten und kann, während der Regierungszeit des Königs, weder ohne dessen Zustimmung vermindert, noch ohne die Bewilligung der Stände vermehrt, auch, als wesentliches Bedürfnis zu Erhaltung der Würde der Krone, zu keiner Zeit und auf keine Weise mit Schulden belastet werden.

Diese Nutzungen sollen auch den Staatskassen so lange überwiesen bleiben, als eine Zivilliste bewilligt wird, welche der jetzt mit

Fünfmalhundert Tausend Talern —:—:

verabschiedeten an Höhe wenigstens gleichkommt.

Die Zivilliste des mit Tode abgegangenen Königs besteht fort, bis die seines Nachfolgers verabschiedet ist, jedoch längstens nur bis zur Vereinigung über ein neues Budget.

Von selbiger werden bestritten: die Schatullengelder des Königs und seiner Gemahlin, die Unterhaltungs- und Erziehungskosten seiner Kinder, die Gehalte aller Königlichen Hofbeamten und Diener, die künftig auszusetzenden Pensionen derselben, sowie ihrer Witwen und Kinder, der gesamte Aufwand für die Hofhaltung, den Stall, die Hofjagd und die dazu gehörigen Inventarien, den katholischen und evangelischen Hofgottesdienst, für letztern nach der Höhe des zeitherigen Beitrags, die Hofkapelle und Hoftheater, die Unterhaltungskosten der nach § 17 dem Könige zur freien Benutzung bleibenden Schlösser, Paläste, Hofgebäude und Gärten, endlich alle hier nicht erwähnte ordentliche oder außerordentliche Hofausgaben, deren Bestreitung nicht ausdrücklich auf das Staatsbudget gewiesen ist.

§ 23.

5. Apanagen und andere Gebührnisse der Glieder des Königlichen Hauses.

Die den dermaligen Gliedern des Königlichen Hauses ausgesetzten Apanagen, Wittümer und andern vertragsmäßigen Gebührnisse, Hand- und Garderobengelder, bleiben, unter Beobachtung der wegen der Sekundogenitur bestehenden Bestimmungen, auf deren Lebenszeit unverändert und werden in das Budget aufgenommen.

Über die künftig, unter Anrechnung der Sekundogenitur, zu gewährenden Apanagen, Wittümer, Heiratsgüter und andere dergleichen Gebührnisse ist mit den Ständen eine feststehende Bestimmung zu verabschieden, welcher nachmals in jedem einzelnen Falle nachzugehen ist, und welche in das Hausgesetz aufgenommen werden soll.

Ohne Einwilligung der Stände können diese Gebührnisse nicht verändert, und nie durch Überweisung von Grundstücken zur Benutzung gewährt werden.

Die Entrichtung derselben erfolgt aus den Staatskassen, ohne Zurechnung auf die Zivilliste.

Dritter Abschnitt.

Von den allgemeinen Rechten und Pflichten der Untertanen.

. . . .

. . . .

. . . .

§ 37.

9. Abgabenwesen.

Kein Untertan soll mit Abgaben oder andern Leistungen beschwert werden, wozu er nicht vermöge der Gesetze, oder kraft besonderer Rechtstitel, verbunden ist.

§ 38.

Alle Untertanen haben zu den Staatslasten beizutragen.

. . . .

. . . .

Vierter Abschnitt.

Von dem Staatsdienste.

§ 41 Abs. 1 und 2.

1. Ministerialdepartements, Gesamtministerium ....

Es bestehen die Ministerialdepartements der Justiz, der Finanzen, des Innern, des Kriegs, des Kultus und der auswärtigen Angelegenheiten, deren Vorstände den Ständen verantwortlich sind.

Diese Vorstände bilden das Gesamtministerium, als die oberste kollegiale Staatsbehörde.

. . . .

§ 42.

2. Verantwortlichkeit der Staatsdiener.

Alle Staatsdiener sind für ihre Dienstleistung verantwortlich.

. . . .

. . . .

Fünfter Abschnitt.

Von der Rechtspflege.

. . . .

. . . .

§ 50.

5. Gerichtsstand des Fiskus.

Der Fiskus nimmt in allen ihn betreffenden Rechtsstreitigkeiten Recht vor den ordentlichen Landesgerichten.

. . . .

. . . .

. . . .

Siebenter Abschnitt.

Von den Ständen.

I. Organisation der Ständeversammlung.

§ 61.

1. Allgemeine Bestimmungen. Ständeversammlung in zwei Kammern. Ständische Provinzialverfassung.

Für das ganze Königreich Sachsen besteht eine allgemeine, in zwei Kammern abgeteilte Ständeversammlung.

. . . .

. . . .

§ 62.

Rechtsgleichheit und Verbindung der beiden Kammern.

Beide Kammern sind in ihren Rechten und Befugnissen einander gleich. Zeit und Ort der Sitzungen beider sind jederzeit dieselben.

. . . .

. . . .

. . . .

§ 71 Abs. 1.[1]

Dauer der Funktion in der zweiten Kammer.

Alle zwei Jahre tritt vor Beginn eines ordentlichen Landtags der dritte Teil der Abgeordneten zur zweiten Kammer aus.

. . . .

. . . .

. . . .

---

[1] In der Fassung des Verfassungsgesetzes vom 3. Dezember 1868 Abschn. III.

II. Wirksamkeit der Stände.

§ 78.

1. Beruf der Stände im allgemeinen.

Die Stände sind das gesetzmäßige Organ der Gesamtheit der Staatsbürger und Untertanen, und als solches berufen, deren auf der Verfassung beruhende Rechte, in dem durch selbige bestimmten Verhältnisse zu der Staatsregierung, geltend zu machen und das unzertrennliche Wohl des Königs und des Landes, mit treuer Anhänglichkeit an die Grundsätze der Verfassung, möglichst zu befördern.

. . . .

. . . .

. . . .

§ 89.[1]

Beschränkungen durch die Verfassung des Norddeutschen Bundes.

Das § 97 gedachte Recht der Stände zur Beschlußfassung über den Staatsbedarf unterliegt den aus Artikel 2 und Artikel 70 der Verfassung des Norddeutschen Bundes sich ergebenden Beschränkungen.

. . . .

. . . .

§ 96.[2]

9. Wirksamkeit der Stände im Finanzwesen. Zustimmung derselben zur Veränderung und Erhebung der Abgaben.

Mit Ausnahme der §§ 89, 103 und 105 bemerkten Fälle können und dürfen die bestehenden direkten und indirekten Landesabgaben ohne Zustimmung der Kammern weder verändert noch ausgeschrieben oder erhoben werden.

Diejenigen Abgaben, welche zufolge der unter Zustimmung der Kammern mit andern Staaten abgeschlossenen Zoll-, Steuer- und Handelsverträge zu erheben sind, sowie die in Gemäßheit dieser Verträge zu bewirkende Erhöhung oder Herabsetzung derselben bedürfen keiner besondern Bewilligung der Kammern.

§ 97.

Erörterung und Deckung des Staatsbedarfs durch die Stände.

Die Stände haben die Verpflichtung, für Aufbringung des ordentlichen und außerordentlichen Staatsbedarfs durch Aussetzung der hierzu erforderlichen Deckungsmittel zu sorgen. Sie haben dagegen das Befugnis, hierbei die Notwendigkeit, Zweckmäßigkeit und Höhe der Ansätze zu prüfen und deshalb Erinnerungen zu machen, auch sich sowohl wegen der Annahme der angesetzten Summen, als über die Art der Deckung, die Grundsätze und Verhältnisse, nach welchen die Abgaben und Leistungen auf Personen und

[1] In der Fassung des Verfassungsgesetzes vom 3. Dezember 1868 Abschn. IV.

[2] In der Fassung des Verfassungsgesetzes vom 5. Mai 1851 und des Verfassungsgesetzes vom 27. November 1860.

Gegenstände zu legen und zu verteilen sind, sowie über die Dauer und Erhebungsweise zu entschließen.

§ 98.[1]

Staatshaushaltsplan und Rechnungsablegung.

Bei jedem ordentlichen Landtage (§ 115) wird den Ständen eine genaue Berechnung über Einnahme und Ausgabe in der vorletzten Finanzperiode und ein Voranschlag des Staatsbedarfs für die zwei nächstfolgenden Jahre nebst den Vorschlägen zu dessen Deckung möglichst bald nach Eröffnung des Landtags mitgeteilt.

§ 99.

Mitteilung von Erläuterungen und Rechnungen an die Stände.

Um beides beurteilen zu können, werden ihnen sowohl von der obersten Staatsbehörde, als auch, auf ihren Antrag, von den betreffenden Departementschefs, die nötigen Erläuterungen gegeben, sowie Rechnungen und Belege mitgeteilt werden.

Ansätze für geheime Ausgaben können dabei nur insoweit vorkommen, als eine schriftliche, von mindestens drei verantwortlichen Ministerialvorständen kontrasignierte Versicherung des Königs bezeugt, daß die Verwendung zum wahren Besten des Landes stattgefunden habe, oder stattfinden werde.

§ 100.

Ständische Erklärung über den aufzubringenden Staatsbedarf.

Nach pflichtmäßiger genauen Prüfung der gedachten Berechnungen, Übersichten und Unterlagen, haben die Stände über den darnach aufzubringenden Bedarf ihre Erklärung an den König gelangen zu lassen. Insofern sie hierbei auf Verminderung der verlangten Summen antragen, muß dieses unter bestimmter und ausführlicher Nachweisung der Gründe dazu, sowie der Gegenstände, bei welchen, und der Art und Weise, wie, ohne Hintansetzung des Staatszwecks, Ersparnisse gemacht werden können, geschehen.

§ 101.

Verfahren, wenn die Kammern über die Bewilligung geteilt sind.

Sind die beiden Kammern bei der Abstimmung über die Bewilligung geteilt, so tritt, zum Zwecke einer Vereinigung, das § 131 vorgeschriebene Verfahren ein.

§ 102.[2]

Verbot, die Bewilligung an fremde Bedingungen zu knüpfen.

Die ständische Bewilligung darf nicht an Bedingungen geknüpft werden, welche nicht das Wesen oder die Verwendung der Bewilligung unmittelbar betreffen.

---

[1] In der Fassung der Verfassungsgesetze vom 5. Mai 1851 § 3 und vom 3. Dezember 1868 Abschn. III.

[2] In der Fassung des Verfassungsgesetzes vom 5. Mai 1851 § 4.

§ 103.

Verfahren, wenn über die Bewilligung eine Vereinigung mit den Ständen nicht erfolgt.[1]

Die von den Ständen nach § 100 an die Regierung gelangenden Anträge und die Gründe, auf welchen sie beruhen, werden auf das reiflichste erwogen, auch, soweit es nur mit dem Staatswohle vereinbar ist, jederzeit berücksichtigt werden.

In dem Falle aber, daß sie unannehmbar befunden würden, die Stände hingegen auf deshalb ihnen geschehene Eröffnung und anderweite Beratung die Bewilligung in der verlangten Maße wiederholt ablehnen wollten, nicht minder in dem Falle, wenn der Landtag noch vor erfolgter definitiver Erklärung über die Bewilligung aufgelöst wird, läßt der König die Auflagen für den notwendigen Staatsbedarf, insofern sie nicht ausdrücklich nur für einen vorübergehenden, bereits erreichten Zweck bestimmt sind, nach Ablauf der Bewilligungszeit durch die oberste Staatsbehörde mittels einer in das Gesetz- und Verordnungsblatt aufzunehmenden Verordnung auf ein Jahr ausschreiben und erheben.

In dem zu erlassenden Ausschreiben wird der besonderen Natur desselben gedacht und Beziehung auf diesen Paragraphen der Verfassungsurkunde genommen.

Ein solches verlängertes Ausschreiben kann jedoch nur auf ein Jahr erlassen werden, weshalb der König längstens sechs Monate vor Ablauf dieser Frist einen anderweiten Landtag einberufen wird.

Die Bewilligung wird übrigens nur dann als abgelehnt betrachtet, wenn in einer der beiden Kammern mindestens zwei Dritteile der Anwesenden für die Ablehnung gestimmt haben.

Verfahren bei verspätigter oder verzögerter Bewilligung.[2]

Geht die Bewilligungsfrist vor erfolgter neuer Bewilligung zu Ende, ohne daß einer der im vorstehenden vorgesehenen Fälle eingetreten und ohne daß von der Staatsregierung die Vorlage des Budgets gegen die Bestimmung in § 98 verzögert worden ist, so werden die bestehenden Steuern und Abgaben, insofern sie nicht ausdrücklich nur für einen vorübergehenden, bereits erreichten Zweck bestimmt sind, noch auf ein Jahr, vorbehältlich der Bewilligung des Ausgabebudgets, in der bisherigen Weise forterhoben.

Diese Forterhebung darf jedoch ohne ständische Zustimmung nur dann erfolgen, wenn außer den eben gedachten Voraussetzungen auch noch

a) der Landtag mindestens sieben Wochen vor Ablauf der Bewilligungsfrist einberufen und ihm alsbald nach seiner Eröffnung ein Gesetz über provisorische Forterhebung der Steuern vorgelegt, die Genehmigung dieses Gesetzes aber bis vierzehn Tage vor Ablauf der Bewilligungsfrist entweder verweigert worden oder doch nicht erfolgt ist,

oder aber

b) die Verhältnisse eine rechtzeitige Einberufung oder den Zusammentritt

---

[1] In der Fassung des Verfassungsgesetzes vom 5. Mai 1851 § 5.
[2] In der Fassung des Verfassungsgesetzes vom 27. November 1860 §§ 1 und 2.

der Kammern durchaus unmöglich machen, welche Unmöglichkeit vor den Kammern nachträglich zu rechtfertigen ist.

§ 104.[1]

Form der Ausschreiben.

Mit Ausnahme der in den §§ 89, 96, 103 und 105 erwähnten Fälle soll in den Ausschreiben, welche Landesabgaben betreffen, die Bewilligung der Kammern besonders erwähnt werden, ohne welche weder die Einnehmer zur Einforderung berechtigt, noch die Untertanen zur Entrichtung verbunden sind.

§ 105.[2]

Verfahren, wenn schleunige finanzielle Maßregeln erforderlich sind.

Ohne Zustimmung der Stände kann kein Anlehn gültig gemacht werden.

Wenn in außerordentlichen, dringenden und unvorhergesehenen Fällen schleunige finanzielle Maßregeln erfordert werden, zu welchen an sich die Zustimmung der Stände notwendig ist, so ist eine außerordentliche Ständeversammlung einzuberufen.

Sollten jedoch die Verhältnisse eine rechtzeitige Einberufung oder auch den Zusammentritt der Kammern durchaus unmöglich machen, so darf der König, unter Verantwortlichkeit der ihn hierbei beratenden Vorstände der Ministerialdepartements, das zu Deckung des außerordentlichen Bedürfnisses unumgänglich Nötige provisorisch verfügen, auch erforderlichenfalls ausnahmsweise ein Anlehn aufnehmen; es sind aber die getroffenen Maßregeln sobald als irgend möglich der Ständeversammlung, und spätestens bei dem nächsten ordentlichen Landtage, vorzulegen, um deren verfassungsmäßige Genehmigung zu bewirken, auch ist selbiger über die Verwendung der erforderlich gewesenen Summen Nachweisung zu geben.

§ 106.

Reservefonds.

Um die Regierung für unvorhergesehene Ereignisse mit den erforderlichen außerordentlichen Hilfsmitteln zu versehen, ist ein Reservefonds zu bilden, welcher in das Budget aufgenommen und jedesmal bewilligt wird.

§ 107.

Staatsschuldenkasse.

Zu Verzinsung und Tilgung der Staatsschulden besteht eine besondere Staatsschuldenkasse, welche unter die Verwaltung der Stände gestellt ist.

Diese Verwaltung wird durch einen ständischen Ausschuß, mit Hilfe der von ihm ernannten und vom Könige bestätigten Beamten, geführt. Er hat auch bei erfolgender Auflösung der zweiten Kammer seine Geschäfte bis zu Eröffnung der neuen Ständeversammlung und erfolgter Wahl eines neuen Ausschusses fortzusetzen.

---

[1] In der Fassung des Verfassungsgesetzes vom 5. Mai 1851 § 7.

[2] In der Fassung des Verfassungsgesetzes vom 5. Mai 1851 § 8.

Der Regierung steht vermöge des Oberaufsichtsrechts frei, von dem Zustande der Kasse zu jeder Zeit Einsicht zu nehmen.

Die Jahresrechnungen über dieselbe werden von der obersten Rechnungsbehörde geprüft und bei jedem ordentlichen Landtage (§ 115) den Ständen zur Erinnerung und Justifikation vorgelegt. Nach erfolgter Justifikation wird das Resultat der Rechnungen im Namen der Stände durch den Druck bekannt gemacht.

§ 108.

10. Verhältnis der Stände im bezug auf das Staatsgut und auf das Fideikommiß des Königlichen Hauses.

Die Stände sind verpflichtet und berechtigt, über die Erhaltung des Staatsguts und des Königlichen Hausfideikommisses in der §§ 18 und 20 angegebenen Maße zu wachen.

. . . .

. . . .

. . . .

§ 112.

13. Königliche Sanktion der ständischen Beschlüsse in Landesangelegenheiten.

Alle ständische Beschlüsse, welche auf eine Angelegenheit des Landes Bezug haben, bedürfen, um wirksam zu werden, der ausdrücklichen Sanktion des Königs.

. . . .

. . . .

III. Landtag und Geschäftsbetrieb bei selbigem.

§ 115 Abs. 1—3.[1]

1. Landtag. Zeit und Ort des Landtags.

Der König wird längstens alle zwei Jahre einen ordentlichen Landtag einberufen, und außerordentliche, so oft es Gesetzgebungs- oder andere dringende Angelegenheiten erfordern.

Eine außerordentliche Zusammenkunft der Stände ist jedesmal nötig, wenn ein Regierungswechsel eintritt; die Einberufung erfolgt dann binnen der nächsten vier Monate.

Der Ort des Königreichs, wo der Landtag gehalten werden soll, hängt von der jedesmaligen Bestimmung des Königs ab. . . . . .

§ 116.[2]

Schluß und Vertagung des Landtags, Auflösung der zweiten Kammer.

Der König ordnet den förmlichen Schluß der Ständeversammlung an, kann auch solche vertagen und die zweite Kammer auflösen, wodurch zugleich die erste für vertagt erklärt wird.

---

[1] Abs. 1 in der Fassung des Verfassungsgesetzes vom 3. Dezember 1868 Abschn. III.

[2] Abs. 2 in der Fassung des Verfassungsgesetzes vom 12. Oktober 1874 Abschn. IV.

Die Vertagung darf ohne ausdrückliche ständische Zustimmung nicht über sechs Monate dauern.

Im Falle der Auflösung der zweiten Kammer soll die Wahl neuer Abgeordneten zu selbiger und die Einberufung der Stände ebenfalls innerhalb der nächsten sechs Monate erfolgen.

. . . .

§ 119.

Landtagsabschied.

Die definitiven Resultate des Landtags werden in eine förmliche Urkunde, den Landtagsabschied, zusammengefaßt, welche die Königliche Erklärung über die Verhandlungen mit den Ständen enthält, von dem Könige eigenhändig vollzogen, den Ständen bei ihrer Entlassung urschriftlich ausgehändigt und in die Gesetzsammlung aufgenommen wird.

§ 122.

Königliche Mitteilungen an die Kammern.

Von den Königlichen Mitteilungen an die Kammern ergehen diejenigen, welche auf Abgaben- und Bewilligungsgegenstände Bezug haben, zuerst an die zweite Kammer. Bei andern Gegenständen hängt es von dem Ermessen des Königs ab, an welche der beiden Kammern solche zuerst gelangen sollen.

. . . .

. . . .

§ 127.

Beratungen der Kammern.

Beratungen der Kammern können nur bei der Anwesenheit von mindestens der Hälfte der durch die Verfassung bestimmten Zahl der Mitglieder stattfinden.

§ 128.[1]

Abstimmung und Beschlußfassung derselben.

Beschlüsse können von den Kammern nur, wenn mindestens die Hälfte der verfassungsmäßigen Zahl der Mitglieder in der Sitzung anwesend ist, gefaßt werden.

Bei der Abstimmung hat jedes Mitglied, auch der Präsident, eine Stimme.

Die Beschlüsse werden, außer §§ 92, 103 und 152 bestimmten Fällen, nach absoluter Stimmenmehrheit gefaßt.

Wenn Gleichheit der Stimmen eintritt, so ist die Sache in einer folgenden Sitzung wieder zum Vortrage zu bringen. Würde auch in dieser Sitzung eine Stimmenmehrheit nicht erlangt, so gibt die Stimme des Präsidenten den Ausschlag.

---

[1] Abs. 1 in der Fassung des Verfassungsgesetzes vom 3. Dezember 1868 Abschn. III.

Ist der Gegenstand der Beratung ein solcher, wo bloß ein Gutachten der Stände zu eröffnen ist, so kann letzterm auf Verlangen jede abweichende Meinung beigefügt werden.

. . . .

. . . .

§ 131.

Verhandlungen zwischen beiden Kammern bei geteilter Ansicht. Verfahren, wenn ein Einverständnis nicht erlangt wird.

Können sich beide Kammern, infolge der ersten Beratung, über den betreffenden Gegenstand nicht sogleich vereinigen, so haben sie aus ihrem beiderseitigen Mittel eine gemeinschaftliche Deputation zu ernennen, welche unter den beiden Vorständen der Kammern über die Vereinigung der geteilten Meinungen zu beratschlagen hat, und deren Mitglieder hierauf das Resultat ihrer Verhandlung den Kammern zu anderweiter Beratung vorzutragen haben. Dafern sich dieselben auch dann nicht vereinigen, so treten bei Gesetzgebungs- und Bewilligungsgegenständen die § 92 enthaltenen Vorschriften ein. Bei bloßen Beratungsgegenständen aber wird alsdann von jeder Kammer eine durch ihren Vorstand, im Namen derselben, unterzeichnete besondere Schrift bei der obersten Staatsbehörde eingereicht.

§ 132 Abs. 1.

Gemeinschaftliche ständische Schriften.

Die Anträge und Beschlüsse, über welche beide Kammern sich vereinigt haben, werden in eine gemeinschaftliche ständische Schrift zusammengefaßt, welche, von den Vorständen beider Kammern im Namen der Ständeversammlung unterzeichnet, bei der obersten Staatsbehörde eingereicht wird.

. . . .

. . . .

II.

Gesetz, den Staatshaushalt betreffend; vom 1. Juli 1904.

§ 1.

(1) Die Führung des Staatshaushaltes erfolgt nach Maßgabe des verfassungsmäßig festgestellten Voranschlags der Einnahmen und Ausgaben des Staates (Staatshaushalts-Etat) für je eine Finanzperiode (Verfassungsurkunde § 98).

(2) Der Veranschlagung im Staatshaushalts-Etat unterliegen alle Einnahmen und Ausgaben des Staates mit Ausnahme:

a) der Einnahmen und Ausgaben bei den auf Gesetzen beruhenden oder mit ständischer Zustimmung begründeten staatlichen Beständen (Fonds) zu bestimmten Zwecken;

b) der aus der Veräußerung von Teilen des Staatsgutes im Sinne der §§ 16 bis 18 der Verfassungsurkunde sich ableitenden, in dem sogenannten Domänenfonds ihren rechnungsmäßigen Nachweis findenden Einnahmen und Ausgaben;

c) der, soweit nicht im Etat selbst gegenteilige Anordnungen getroffen sind, den beweglichen Vermögensbeständen des Staates zuzuführenden Einnahmen aus der Veräußerung von zum Staatsvermögen, nicht aber zum Staatsgute im Sinne der §§ 16 bis 18 der Verfassungsurkunde gehörigen Grundstücken und aus der Ablösung der mit solchen Grundstücken verbundenen Rechte.

(3) Der Staatshaushalts-Etat enthält den ordentlichen und, soweit nötig, den außerordentlichen Etat.

(4) Das Dekret, mit dem der Staatshaushalts-Etat den Ständen vorgelegt wird, hat die Gegenzeichnung sämtlicher Staatsminister zu tragen.

§ 2.

(1) In den ordentlichen Etat sind die aus den regelmäßigen Einnahmequellen des Staates fließenden Einnahmen und die davon zu bestreitenden Ausgaben nach Jahresbeträgen berechnet aufzunehmen.

(2) Der ordentliche Etat ist nach Kapiteln und Titeln aufzustellen. Die Kapitel haben den Anteil der einzelnen Verwaltungszweige an den Einnahmen und Ausgaben nachzuweisen. Die Titel sind dazu bestimmt, die Einnahmen und Ausgaben je nach ihrer Art in einheitliche Gruppen zu zerlegen, für die Ausgaben aber zugleich deren Zweck und den Höchstbetrag der der Verwaltung zur Verfügung gestellten Mittel anzugeben. Soweit Ausnahmen nicht in § 6 vorgesehen sind, darf der Zweck einer Ausgabe nicht so bezeichnet werden, daß er nicht deutlich erkennbar ist.

(3) Die Ausgaben zerfallen in persönliche und sächliche Ausgaben. Soweit es in einzelnen Fällen nicht möglich oder nicht zweckmäßig ist, persönliche und sächliche Ausgaben gesondert nachzuweisen, ist jedesmal ein ausdrücklicher Vermerk des Inhalts in die Gegenstandsspalte des Etats aufzunehmen, daß die Verrechnung beider Arten von Ausgaben an der betreffenden Stelle gestattet sei.

(4) Die Titel dürfen in weitere Unterabteilungen zergliedert werden.

(5) Einnahmen und Ausgaben sind in der Höhe zu veranschlagen, in der sie nach den bisherigen Erfahrungen voraussichtlich eingehen oder erforderlich werden.

(6) Bei einmaligen Ausgaben zu bestimmten Zwecken ist für jeden eine selbständige Ausgabebewilligung umfassenden Gegenstand ein besonderer Titel oder eine besondere Unterabteilung eines Titels zu bilden und nachzuweisen, wie der eingestellte Betrag berechnet worden ist.

§ 3.

(1) In den außerordentlichen Etat sind die einmaligen außergewöhnlichen Ausgaben aufzunehmen, die in den regelmäßigen Einnahmequellen keine Deckung finden, sondern aus den beweglichen Vermögensbeständen bestritten werden müssen. Einmalige außergewöhnliche Ausgaben, die lediglich

Verwaltungszwecken dienen, sind in der Regel von der Einstellung in den außerordentlichen Etat ausgeschlossen.

(2) Der außerordentliche Etat ist nach Titeln aufzustellen. Jeder Titel darf nur eine selbständige Ausgabebewilligung umfassen. Unterabteilungen sind zulässig. Die eingestellten Ausgaben sind nach Veranlassung und Höhe zu begründen.

§ 4.

In den Entwurf des Staatshaushalts-Etats dürfen neue oder gegen den Voretat erhöhte Ausgaben, soweit sie nicht auf gesetzlicher Verpflichtung oder auf ständischen Anträgen beruhen, nicht eingestellt werden, wenn der Finanzminister dagegen Widerspruch erhebt. Dieser Widerspruch kann nur darauf gestützt werden, daß die finanzielle Lage die Ausgabevermehrung nicht gestattet.

§ 5.

(1) Die bewilligten Summen dürfen nur zu der durch den Etat vorausgesetzten Zeit und nur für die bei den einzelnen Bewilligungen des Etats in der Gegenstandsspalte bezeichneten Zwecke verwendet werden, dafern nicht durch ausdrückliche Festsetzung im Etat eine anderweite Verwendung nachgelassen ist.

(2) Sind im Etat Ausgabebewilligungen als unter sich deckungsfähig bezeichnet worden, so werden Mehrausgaben an der einen Stelle durch Minderausgaben an der anderen Stelle ausgeglichen. Die zur Verausgabung gelangten Beträge sind auch in solchen Fällen ausschließlich dort zu verrechnen, wohin sie ihrem Gegenstande nach gehören.

(3) Werden Titel im Etat in Unterabteilungen zerlegt (vergl. § 2 Absatz 4 und § 3 Absatz 2), so sind die letzteren untereinander nur deckungsfähig, wenn dies im Etat vorbehalten ist.

§ 6.

(1) Soweit der Etat der Staatsregierung Mittel für allgemeine und unvorhergesehene Ausgaben oder ohne jede nähere Bezeichnung der Zwecke der davon zu bestreitenden Ausgaben zur Verfügung gestellt hat, dürfen beim Mangel gegenteiliger Festsetzung im Etat auf solche Verfügungssummen (Dispositionssummen) nur sächliche Ausgaben und auch diese nur dann verrechnet werden, wenn sie unter kein seinem Verwendungszwecke nach bestimmtes Etatkapitel fallen.

(2) Auf Verfügungssummen (Dispositionssummen), die nur nach der allgemeinen Richtung ihres Verwendungszweckes bestimmt sind, dürfen persönliche Ausgaben nicht verrechnet werden, falls nicht der Etat dies besonders vorgesehen und etwa hierunter fallende Gehalte oder fortlaufende außerordentliche Vergütungen (Remunerationen) an Beamte ausdrücklich beziffert hat. Persönliche und sächliche Ausgaben sind in den Rechnungen je für sich, mithin in besonderen Unterabteilungen nachzuweisen.

§ 7.

Künftig wegfallende Ausgabebewilligungen sind im Etat als solche zu bezeichnen. Über sie darf beim Mangel einer gegenteiligen Anordnung im

Etat von dem Zeitpunkte ab, zu dem der Grund der Bewilligung weggefallen ist, nicht weiter verfügt werden.

§ 8.

(1) Soweit über eine Ausgabebewilligung des ordentlichen Staatshaushalts-Etats innerhalb der Finanzperiode nicht verfügt worden ist, muß der unverwendet gebliebene Betrag als Ersparnis nachgewiesen werden.

(2) Diese Bestimmung findet keine Anwendung:

1. auf Ausgabebewilligungen, hinsichtlich deren zwischen der Staatsregierung und der Ständeversammlung vereinbart worden ist, daß der unverwendet gebliebene Betrag an solche Bestände (Fonds) abzugeben ist, die für gewisse Zwecke bestimmt sind;
2. auf die Beträge, die an den im Etat eingestellten Besoldungen dadurch, daß einzelne Stellen zeitweise unbesetzt sind, erspart und zur Bestreitung von Stellvertretungskosten verwendet werden. Eine solche Verwendung ist jedoch ausgeschlossen, wenn der Etat bei den einschlagenden Ausgabetiteln eine gegenteilige Anordnung getroffen hat.

(3) Ist eine Ausgabebewilligung übertragbar, so steht der innerhalb der Finanzperiode etwa unverwendet gebliebene Betrag der Staatsregierung für den ursprünglichen Zweck noch weiter zur Verfügung. Die Übertragbarkeit einer im ordentlichen Staatshaushalts-Etat eingestellten Ausgabebewilligung muß im Etat ausdrücklich vorbehalten werden, und zwar:

1. wenn die Zulässigkeit der Übertragung nur für die nächste Finanzperiode oder für eine Mehrzahl von Finanzperioden ausgesprochen werden soll, durch den Vermerk „auf die nächste Finanzperiode übertragbar" oder durch den Vermerk „auf die Finanzperioden . . . . übertragbar";
2. wenn die Übertragbarkeit ohne zeitliche Beschränkung bis zur Erreichung des Zweckes der Ausgabebewilligung gelten soll, durch den Vermerk „unbeschränkt übertragbar".

(4) Werden die in eine andere Finanzperiode übertragenen Ausgabebewilligungen (Ausgabereservate) während der Dauer der Wirkung der Übertragbarkeit (Absatz 3 Ziffer 1) oder zur Erreichung ihres Zweckes (Absatz 3 Ziffer 2) nicht oder nicht vollständig gebraucht, so sind die unverwendet gebliebenen Beträge als Ersparnis nachzuweisen.

(5) Die in den außerordentlichen Staatshaushalts-Etat aufgenommenen Ausgabebewilligungen stehen ohne besonderen Vorbehalt bis zur Erreichung ihres Zweckes zur Verfügung der Staatsregiernng. Ergibt sich nach Erreichung des Zweckes ein Minderverbrauch gegenüber der Etatsumme, so ist dieser ebenfalls als Ersparnis zu behandeln.

§ 9.

(1) Das Rechnungsergebnis der beiden, eine Finanzperiode bildenden Jahre hat als ein Ganzes zu gelten, so daß Mehraufwendungen bei einem Titel oder einer sonstigen Unterabteilung des ordentlichen Staatshaushalts-Etats, die gegenüber dem eingestellten Jahresbetrag in dem einen Jahre

stattgefunden haben, durch Minderaufwendungen in dem anderen Jahre bis zum Betrage der letzteren ausgeglichen werden.

(2) Weist das den ordentlichen Etat umfassende Rechnungsergebnis der beiden Jahre einer Finanzperiode einen Überschuß der Einnahmen gegenüber den Ausgaben aus, so ist dieser Überschuß den beweglichen Vermögensbeständen des Staates zuzuführen.

§ 10.

(1) Etatüberschreitungen und außeretatmäßige Ausgaben bedürfen der nachträglichen Genehmigung der Stände. Die Bestimmungen in § 97 der Verfassungsurkunde sind auch auf diese Fälle der nachträglichen Genehmigung sinngemäß anzuwenden.

(2) Als Etatüberschreitungen sind alle Mehrausgaben anzusehen, die sich bei Gegenüberstellung des rechnungsmäßigen Aufwands und des Etatsolls für die einzelnen Ausgabetitel des Staatshaushalts-Etats ergeben, insoweit nicht einzelne Ausgabetitel in dem Staatshaushalts-Etat ausdrücklich als deckungsfähig mit anderen bezeichnet sind und solchenfalls etwaige Mehrausgaben bei dem einen Titel durch etwaige Minderausgaben bei dem anderen Titel ausgeglichen werden.

(3) Unter einem Ausgabetitel im Sinne dieses Gesetzes ist jede Ausgabebewilligung eines Haupt- oder eines Unteretats zu verstehen, die einer selbständigen Beschlußfassung der Ständeversammlung unterlegen hat.

(4) Solche Mehrausgaben, bezüglich deren ein besonderer Vorbehalt wegen eines im Laufe der Finanzperiode etwa hervortretenden Mehrbedarfs in den Staatshaushalts-Etat aufgenommen worden ist, gelten nicht als Etatüberschreitungen.

§ 11.

(1) Hinsichtlich der dem Staate gegenüber zu erfüllenden Zahlungsverpflichtungen darf mit Genehmigung des zuständigen Ministeriums Stundung bewilligt werden. Der Einholung dieser Genehmigung bedarf es nicht, soweit die Erteilung von Stundung durch allgemeine Anordnung des zuständigen Ministeriums nachgeordneten Behörden gestattet worden ist.

(2) Auf die Geltendmachung der dem Staate zustehenden Ansprüche darf, soweit nicht schon die Unmöglichkeit der Geltendmachung des Anspruchs vorliegt oder die Verfolgung des letzteren aussichtslos erscheint, auf Grund einer vom zuständigen Ministerium erteilten allgemeinen oder besonderen Ermächtigung verzichtet werden. Auf Grund einer solchen Ermächtigung dürfen auch bereits vereinnahmte Beträge erstattet werden.

(3) Die Bestimmungen in Absatz 1 und 2 finden keine Anwendung, soweit durch Gesetze eine Ermächtigung zur Stundung, zum Verzicht oder zur Erstattung erteilt oder eine solche Ermächtigung ausgeschlossen ist.

(4) Fehlbeträge (Defekte), deren Betrag 1000 ℳ übersteigt, dürfen nur mit Zustimmung des Gesamtministeriums niedergeschlagen werden. Haben sich solche Fehlbeträge (Defekte) erst im Laufe des Rechnungsprüfungsverfahrens herausgestellt, so ist vor der Niederschlagung die Oberrechnungskammer gutachtlich zu hören.

(5) Die in Gemäßheit der Bestimmungen in Absatz 2 und 4 ausgesprochenen Verzichte, Erstattungen und Niederschlagungen sind, soweit ihr Geldbetrag im einzelnen Falle 300 ℳ übersteigt oder soweit ihr Gegenstand nicht in einer Geldsumme besteht, der Ständeversammlung für jedes Kapitel des ordentlichen und jeden Titel des außerordentlichen Etats im Rechenschaftsberichte — hinsichtlich der Geldbeträge summarisch — mitzuteilen. Diese Bestimmung findet keine Anwendung auf die von der Staatseisenbahnverwaltung nicht eingezogenen oder erstatteten Fahr-, Fracht-, Lager- und Wagenstandgelder, Konventionalstrafen und Ersatzansprüche gegen Beamte, Arbeiter und sonstige Angestellte der Eisenbahnverwaltung, desgleichen auf Konventionalstrafen, die beim Abschlusse von Bau- und Lieferungsverträgen von den übrigen Verwaltungen vereinbart werden. Im übrigen kann mit Zustimmung beider Kammern die Mitteilung für einzelne Arten von Verzichten, Erstattungen und Niederschlagungen unterbleiben.

(6) Unberührt bleiben die Bestimmungen, auf Grund deren Geldstrafen in Ausübung des Begnadigungsrechtes gestundet, ermäßigt oder erlassen werden können.

§ 12.

(1) Besoldungen dürfen nur nach Maßgabe der Festsetzungen des Staatshaushalts-Etats verliehen werden. Dasselbe gilt von sonstigen Dienstbezügen, die bei der Pensionierung anzurechnen sind.

(2) Bei der Verfügung über die in die Besoldungstitel eingestellten Gesamtsummen dürfen diese selbst und soweit die Zahl der Stellen und die Höchstbeträge der Gehalte festgesetzt sind, auch diese Zahl und diese Höchstbeträge nicht überschritten werden. Ist die Vermehrung der Beamten innerhalb der Finanzperiode unvermeidlich, so sind die Besoldungen der über die Etatansätze hinaus angestellten Beamten außeretatmäßig zu verrechnen (vergl. § 21 Absatz 3). Die Gnadenbezüge von den Besoldungen verstorbener Stelleninhaber sind bei den einschlagenden Besoldungstiteln mit zu verausgaben.

(3) Einem Beamten dürfen für die Verwaltung seines Amtes neben der hierfür im Etat ausgesetzten Besoldung, sofern der letztere keine gegenteilige Anordnung getroffen hat, weder Gewinn- und Gebührenanteile (Tantièmen) noch persönliche Zulagen oder ständige außerordentliche Vergütigungen (Remunerationen), noch Zuwendungen aus den zur Besoldung von Hilfsarbeitern bestimmten Etattiteln gewährt werden.

(4) Sind einem Beamten neben seinem Amte andere Dienstgeschäfte übertragen worden oder wird er überhaupt außerhalb seines Amtes verwendet, so kann ihm eine besondere Vergütung gewährt werden. Ein derartiger Nebenbezug ist, soweit er nicht als bloße Entschädigung für Dienstaufwand zu gelten hat, im Etat bei dem für das Amt bestimmten Besoldungstitel in der Erläuterungsspalte zu beziffern.

(5) Außerordentliche Vergütungen (Remunerationen), außerordentliche Zuwendungen (Gratifikationen) und Unterstützungen dürfen beim Mangel einer gegenteiligen Anordnung im Etat nur aus den hierzu ausdrücklich bestimmten Titeln gewährt werden.

§ 13.

(1) Soweit nicht der Etat für bestimmte Beamte ausdrücklich etwas anderes festsetzt, dürfen Wohnungen und sonstige Grundstücksnutzungen an Beamte nur gegen eine angemessene Vergütung überlassen werden.

(2) Die Vergütungen für Wohnungen sind im Etat bei den einschlagenden Besoldungstiteln (§ 12 Absatz 1) zu beziffern. Dasselbe gilt in den Fällen, in denen der Staat erst die den Beamten überlassenen Wohnungen hat ermieten müssen, von den aus der Staatskasse hierfür zu zahlenden Mietzinsen.

§ 14.

(1) Neubauten sowie Wiederherstellungs-, Erweiterungs- und Umbauten dürfen nur auf Grund genehmigter Bauentwürfe und Kostenanschläge begonnen und ausgeführt werden. Abweichungen hiervon können im Falle besonderen Bedürfnisses zugelassen werden.

(2) Das Gesamtministerium wird anordnen, welche Behörde die Genehmigung zu den Entwürfen und Anschlägen zu erteilen und darüber Bestimmung zu treffen hat, unter welchen Voraussetzungen von den genehmigten Entwürfen und Anschlägen abgewichen oder inwieweit, insbesondere wegen der Dringlichkeit oder der geringen Bedeutung gewisser Herstellungen, von der vorgängigen Aufstellung von Entwürfen und von Veranschlagung der Baukosten sowie von Einholung der Genehmigung abgesehen werden darf.

(3) Den Rechnungen über die einzelnen Bauausführungen sind die genehmigten Kostenanschläge und deren etwaige Unterbelege beizufügen.

§ 15.

Alle Werkverträge, die für Rechnung des Staates geschlossen werden, müssen auf vorausgegangene öffentliche Ausschreibung gegründet sein, sofern nicht Ausnahmen durch die Natur des Geschäfts gerechtfertigt oder durch das zuständige Ministerium für den einzelnen Fall oder für bestimmte Arten von Verträgen zugelassen werden.

§ 16.

Ist bei Bauten, für die im Staatshaushalts-Etat in einem besonderen Titel oder einer besonderen Unterabteilung eines Titels eine bestimmte Summe ausgeworfen ist, eine Überschreitung von 10 % der Anschlagssumme auf Grund anderweiter Veranschlagung oder aus anderen Gründen vorauszusehen, so ist den Ständen eine entsprechende Ergänzungsforderung zu unterbreiten. Bis zu deren Bewilligung ist, soweit es ohne Nachteile für den Staat angängig ist, die Bauausführung zu beanstanden oder zu unterbrechen.

§ 17.

Neue staatliche Bestände (Fonds) zu bestimmten Zwecken (§ 1 Absatz 2a) dürfen von Staats wegen nur auf dem Wege der Gesetzgebung begründet werden.

§ 18.

Zum Staatsvermögen, aber nicht zum Staatsgute im Sinne von §§ 16 bis 18 der Verfassungsurkunde gehörige Grundstücke (§ 1 Absatz 2c) dürfen, insofern sie von erheblichem Umfange oder erheblichem Werte sind, nur mit Zustimmung der Stände veräußert werden.

§ 19.

Durch die Einstellungen in den Etat werden für Dritte Rechte oder Verpflichtungen weder begründet, noch abgeändert, noch aufgehoben.

§ 20.

Die Staatshaushaltsrechnungen haben die Ausführung des Staatshaushalts-Etats darzulegen und müssen in ihrer Einteilung sowie in der Bezeichnung, Aufschrift und Aufrechnung ihrer einzelnen Abschnitte mit den Kapiteln, Titeln und etwaigen weiteren Unterabteilungen des Etats genau übereinstimmen.

§ 21.

(1) Die Einnahmen und Ausgaben sind, soweit sie im Staatshaushalts-Etat veranschlagt sind (vergl. § 1), in den Staatshaushaltsrechnungen unter denselben Kapiteln, Titeln und etwaigen weiteren Unterabteilungen nachzuweisen, unter denen sie im Etat aufgeführt sind.

(2) Einnahmen, die unter kein Kapitel oder unter keinen Titel des Etats fallen, sind in den Staatshaushaltsrechnungen als außeretatmäßige Einnahmen nachzuweisen.

(3) Ausgaben, die unter kein seinem Verwendungszwecke nach bestimmtes Etatkapitel oder unter keinen der hierzu gehörigen Titel fallen und für die der Etat auch keine Verfügungssumme (Dispositionssumme) ohne nähere Bezeichnung der hieraus zu bestreitenden Ausgaben enthält, sind in den Staatshaushaltsrechnungen als außeretatmäßige Ausgaben nachzuweisen (vergl. § 12 Absatz 2).

§ 22.

Alle Einnahmen und Ausgaben sind in den Staatshaushaltsrechnungen desjenigen Jahres nachzuweisen, in dem sie fällig geworden sind. Auf Anordnung des zuständigen Ministeriums dürfen jedoch Einnahmen und Ausgaben, die wirtschaftlich einem späteren Jahre als dem der Fälligkeit angehören, in diesem späteren Jahre verrechnet werden.

§ 23.

(1) Sind fällige Einnahmebeträge bis zum Bücherabschlusse (§ 29) nicht an die Kasse abgeführt worden, so sind sie in den Staatshaushaltsrechnungen bei den einschlagenden Kapiteln, Titeln oder etwaigen weiteren Unterabteilungen des Etats als Einnahmereste nachzuweisen.

(2) Haben fällige, nach ihrem Gegenstande, ihrer Höhe und der Person des Gläubigers feststehende Ausgabebeträge bis zum Bücherabschlusse (§ 29) nicht ausgezahlt werden können, so sind sie in den Staatshaushaltsrechnungen bei den einschlagenden Kapiteln, Titeln oder etwaigen weiteren Unterabteilungen des Etats als Ausgabereste nachzuweisen. Sind solche Beträge bereits zur Zahlung angewiesen worden, so dürfen sie unerwartet der tatsächlichen Zahlung endgültig verrechnet und als Verwahrungsposten behandelt

werden, deren Abwicklung sodann in der Anhangsrechnung zur Staatshaushaltsrechnung nachzuweisen ist.

(3) Das zuständige Ministerium kann mit Zustimmung der Oberrechnungskammer Ausnahmen von den in Absatz 1 und 2 gegebenen Vorschriften festsetzen.

(4) Die Beträge, die auf die in einer vorhergehenden Staatshaushaltsrechnung nachgewiesenen Einnahmereste (Absatz 1) nachträglich eingehen oder auf die in einer vorhergehenden Staatshaushaltsrechnung nachgewiesenen Ausgabereste (Absatz 2 Satz 1) nachträglich gezahlt werden, sind bei den Kapiteln, Titeln oder etwaigen weiteren Unterabteilungen des Etats, zu denen sie ihrer Natur nach gehören, als Resteinnahmen oder Restausgaben zu verrechnen.

(5) Beträge, die bereits in früheren Jahren zu vereinnahmen oder zu verausgaben gewesen wären, in früheren Staatshaushaltsrechnungen jedoch nicht als Einnahmereste (Absatz 1) oder als Ausgabereste (Absatz 2) nachgewiesen sind, sind als Einnahmen oder Ausgaben der laufenden Rechnung zu behandeln.

§ 24.

(1) Beträge, die aus Mitteln der laufenden Verwaltung mit der Maßgabe gewährt werden, daß sie später zurückzuzahlen sind (Vorschüsse), dürfen in den Rechnungen nur dann als Ausgaben und nach dem Rückempfange als Einnahmen nachgewiesen werden, wenn der Etat hierfür besondere Titel enthält. Ist dies nicht der Fall, so sind die bis zum Bücherabschlusse (§ 29) noch nicht zurückgezahlten Vorschüsse als Bestände nachzuweisen, als solche nach erfolgtem Bücherabschlusse der Zentralkasse zu überweisen und von dieser in die Staatsvermögensrechnung aufzunehmen.

(2) Ergibt sich später, daß ein solcher Vorschuß ganz oder teilweise uneinbringlich ist, so darf der uneinbringliche Betrag nicht in der Staatsvermögensrechnung abgeschrieben werden, er ist vielmehr von der Verwaltung, aus deren Mitteln er gewährt worden war, als Ausgabe zu verrechnen.

(3) Die Bedingungen, unter denen Vorschüsse aus der Staatskasse verabfolgt werden dürfen, sind durch allgemeine Vorschriften festzustellen, die den Ständen zur Kenntnisnahme mitzuteilen sind.

§ 25.

(1) In den Staatshaushaltsrechnungen dürfen Ausgaben von den Einnahmen und Einnahmen von den Ausgaben regelmäßig nur insoweit vorweg abgezogen werden, als dies im Etat vorgesehen ist.

(2) Ohne ausdrückliche Bestimmung dürfen gekürzt werden:

1. bei der Vereinnahmung des Erlöses aus der Veräußerung der nicht zum Staatsgut im Sinne der §§ 16 bis 18 der Verfassungsurkunde gehörigen Grundstücke: der Betrag, der zur Bestreitung der durch die Veräußerung entstandenen notwendigen Kosten oder zu dem mit der Veräußerung eines staatlichen Grundstücks im Zusammenhang stehenden Ankauf eines anderen Grundstückes aufgewendet worden ist;

2. bei der Verausgabung von Baukosten: der Betrag der auf den Bau zu verwendenden, von der Landes-Brandversicherungsanstalt gewährten Schädenvergütungen oder Zuschüsse; ferner der Erlös aus dem als notwendige Folge der Bauausführung sich ergebenden Abbruche von Gebäuden und Gebäudeteilen und der Erlös aus der Verwertung der durch den Abbruch entbehrlich werdenden baulichen Ausstattungsgegenstände und Vorräte (Inventarienstücke und Materialien);
3. bei der Verausgabung der Kosten, die zur Beschaffung des Ersatzes für vernichtete oder unbrauchbar gewordene, gegen Schäden versichert gewesene bewegliche Gegenstände aufgewendet worden sind: der Betrag der erlangten Schädenvergütung;
4. bei der Verausgabung der Kosten, die zur Wiederherstellung schadhaft gewordener, nicht zu den baulichen Ausstattungsgegenständen (Inventarienstücken) gehöriger Gegenstände aufgewendet worden sind: der Erlös aus den gewonnenen Gegenständen (Materialien).

(3) Empfängt eine Kasse verausgabte Beträge zurück oder hat sie vereinnahmte Beträge zurückzuzahlen, so ist in den Staatshaushaltsrechnungen oder in deren Unterlagen die Einnahme von den Ausgaben oder die Ausgabe von den Einnahmen abzusetzen, falls nicht insoweit besondere Titel im Etat vorgesehen sind.

§ 26.

Als Einnahmen und Ausgaben sind auch die Geldwerte der von einzelnen Verwaltungen im eigenen Wirtschaftsbetrieb erzeugten und verbrauchten Gegenstände zu behandeln, wenn letztere im Etat mitveranschlagt worden sind. Ebenso dürfen Vermehrungen und Verminderungen von Vorräten ihrem Geldwerte nach mitverrechnet werden, dafern dies im Etat vorgesehen ist.

§ 27.

Die Staatshaushaltsrechnungen müssen sowohl in ihren einzelnen Ansätzen als im ganzen das durch den Abschluß festgestellte Ergebnis der Kassenbücher wiedergeben.

§ 28.

(1) Die Staatshaushaltsrechnungen werden in der Regel für ein volles Kalenderjahr abgelegt.

(2) Die Rechnungsablegung über die Ausführung von Bauten und andere einmalige Herstellungen, Anschaffungen und Unternehmungen, über welche selbständige Rechnungen abzulegen sind, erfolgt nach Eintritt der Vollendung.

(3) Ausnahmen von den Bestimmungen in Absatz 1 und 2 können von den zuständigen Ministerien mit Zustimmung der Oberrechnungskammer zugelassen werden.

(4) Für den Fall, daß eine Kassen- oder Sach-(Naturalien-)Verwaltung im Laufe des Rechnungsjahres entweder neu errichtet wird oder gänzlich aufhört, sind Rechnungen, welche den Zeitraum von der Errichtung der

Kassen- oder Sach-(Naturalien-)Verwaltung bis zum Schlusse des Jahres beziehentlich von Anfang des Jahres bis zur Auflösung der Kasse umfassen, abzulegen, ohne daß es deshalb einer besonderen Genehmigung bedarf.

§ 29.

Der Abschluß der Kassenbücher für das Rechnungsjahr hat bei den Einzelkassen (Spezialkassen), soweit nicht ausnahmsweise unter besonderen Umständen von dem zuständigen Ministerium im Einvernehmen mit der Oberrechnungskammer und dem Finanzministerium ein anderer Zeitpunkt nachgelassen wird, spätestens am 31. Januar des dem Rechnungsjahre folgenden Jahres, bei der Finanzhauptkasse als Zentralkasse aber spätestens 3 Wochen nach dem Eingange der letzten Anzeige über die Ergebnisse des Abschlusses der Einzelkassen (Spezialkassen) (§ 30) oder falls etwa die Kassenbücher über die der Finanzhauptkasse zur speziellen Vertretung überwiesenen Kapitel des ordentlichen Staatshaushalts-Etats noch später abgeschlossen werden sollten, spätestens 3 Wochen nach dem Abschlusse dieser Kassenbücher zu erfolgen.

§ 30.

Die Einzelkassen (Spezialkassen) haben, soweit nicht zwischen den zuständigen Ministerien und der Oberrechnungskammer andere Vereinbarungen getroffen worden sind, jedesmal binnen 14 Tagen nach dem für den Abschluß ihrer Kassenbücher festgesetzten Zeitpunkte (§ 29) auf Grund dieses Bücherabschlusses der Finanzhauptkasse als Zentralkasse summarisch den Betrag ihrer Isteinnahme, Einnahmereste, Istausgabe und Ausgabereste anzuzeigen (Schlußabrechnungen). Diese Bestimmung findet auf die Staatsschuldenkasse hinsichtlich des Rechnungswerks über die Verzinsung und Tilgung der Staatsschulden keine Anwendung.

§ 31.

Bei keiner Kasse dürfen nach erfolgtem Abschlusse der Kassenbücher (§ 29) noch Einnahmen oder Ausgaben für Rechnung des abgelaufenen Jahres gebucht werden.

§ 32.

(1) Sind Einnahmen oder Ausgaben an einer falschen Stelle verrechnet worden, so ist die Verwechselung in den Kassenbüchern auszugleichen.

(2) Sind die Kassenbücher bereits abgeschlossen, so unterbleibt die Ausgleichung, es sei denn, daß bei der Verwechselung übertragbare (§ 8 Absatz 3) Ausgabemittel oder solche Einnahmen beteiligt sind, deren Verwendung auf bestimmte Zwecke beschränkt ist.

§ 33.

Der Rechenschaftsbericht (§ 98 der Verfassungsurkunde) wird den Ständen von der Regierung zur Entlastung vorgelegt.

§ 34.

(1) In den den Ständen mitzuteilenden Rechenschaftsbericht sind außer den Nachweisen über die Ausführung des Staatshaushalts-Etats neben einer

Darstellung der Vermögenslage des Staates in der betreffenden Finanzperiode noch aufzunehmen:

1. eine Summarische Übersicht der beweglichen Bestände bei den Einzelkassen (Spezialkassen), Betriebsanstalten usw., ingleichen der Gebrauchsgegenstände und Dienststücke (Mobiliar und Inventar) sowie des unbeweglichen Vermögens der gesamten Staatsverwaltung,
2. eine Bilanz des Reinvermögens (Nettovermögens) des Staates an Kassenbeständen, Außenständen und Vorräten (Naturalvorräten),
3. eine Übersicht der Staats- und Finanzhauptkassen-Schulden,
4. eine Übersicht der staatlichen Bestände (Fonds) zu bestimmten Zwecken sowie
5. eine Zusammenstellung der nach § 11 Absatz 2 und 4 dieses Gesetzes nicht eingezogenen oder erstatteten Beträge.

(2) Die für die Staatseisenbahnverwaltung bestehenden besonderen Bestimmungen werden durch diese Vorschriften nicht berührt.

§ 35.

Dieses Gesetz tritt mit dem 1. Januar 1905 in Kraft; mit seiner Ausführung ist Unser Finanzministerium beauftragt.

III.

Verordnung des Finanzministeriums zur Ausführung des Gesetzes vom 1. Juli 1904, den Staatshaushalt betreffend; vom 18. Januar 1905.

Zur Ausführung des Gesetzes, den Staatshaushalt betreffend, vom 1. Juli 1904 (G.- u. V.-Bl. S. 286) wird auf Grund § 35 desselben folgendes verordnet:

§ 1.

Zu § 1 (4).

Die Bestimmung in § 1 (4) findet auch auf ein Dekret Anwendung, mit welchem den Ständen ein Nachtrags-Etat vorgelegt wird.

§ 2.

Zu § 2 (1).

Unter Jahresbeträgen im Sinne von § 2 (1) ist je die Hälfte der auf die Finanzperiode zu veranschlagenden Einnahme- oder Ausgabesummen zu verstehen, gleichviel ob die Veranschlagung sich auf die ganze Finanzperiode oder nur auf einen Teil derselben erstreckt.

§ 3.

Zu § 2 (3).

Wenn die Ausgaben im Staatshaushalts-Etat bei einzelnen Kapiteln in solche für bestimmt bezeichnete Zwecke und in allgemeine Ausgaben zerlegt werden, sind auch die letzteren in persönliche und sächliche Ausgaben zu trennen. Nur soweit dies in einzelnen Fällen nicht möglich oder nicht zweckmäßig ist, ist der in § 2 (3) geordnete Vermerk zulässig.

§ 4.

Zu §§ 2 (4) und 20.

(1) Die Ausgabetitel dürfen nur dann in weitere Unterabteilungen zergliedert werden, wenn den letzteren selbständige Ausgabebewilligungen zugewiesen werden.

(2) In den Staatshaushaltsrechnungen dürfen Einnahmen und Ausgaben in noch weitere Unterabteilungen, als sie der Staatshaushalts-Etat selbst vorsieht, nur mit Genehmigung des zuständigen Ministeriums zerlegt werden. In den Rechenschaftsbericht sind solche weitere Unterabteilungen nicht zu übernehmen.

§ 5.

Zu § 2 (5).

Wenn sich für die Veranschlagung schwankender Einnahmen und Ausgaben kein zutreffenderer Maßstab oder Anhalt bietet, ist der Veranschlagung, soweit möglich, der Durchschnitt der letzten drei Rechnungsjahre zugrunde zu legen.

§ 6.

Zu § 2 (6).

(1) Die Vorschrift in § 2 (6) bezieht sich nicht auf solche Fälle, in denen es sich jeweilig um eine Mehrzahl von einmaligen Aufwendungen für im einzelnen noch nicht feststehende Gegenstände handelt und im Etat Verfügungssummen (Dispositionssummen) ausgeworfen werden.

(2) Dagegen fallen insbesondere unter die Bestimmung die einmaligen Ausgaben, die bei Titeln des ordentlichen Etats neben fortlaufenden Beträgen als künftig wegfallend vorkommen oder die zwar durch eine Reihe von Finanzperioden fortgesetzt gefordert werden, aber zur Deckung einer einmaligen größeren Ausgabe bestimmt sind.

§ 7.

Zu § 5 (1).

(1) Ist zu Beginn einer Finanzperiode der Staatshaushalts-Etat noch nicht verabschiedet, so dürfen unerwartet der ständischen Genehmigung zur Bestreitung der laufenden Bedürfnisse des Staatshaushaltes bis zur Höhe der im Voretat festgestellten Jahresbeträge, soweit es sich dabei nicht um Ansätze für bloß vorübergehende, bereits erreichte Zwecke handelt, vorläufig Ausgaben geleistet werden. Diese Ausgaben sind in den Kassenbüchern des Jahres, das sie betreffen, vorbehaltlich der durch eine etwaige veränderte

Feststellung der Etatansätze bedingten Ausgleichung, sogleich als etatmäßige Ausgaben zu verschreiben.

(2) Von Ausgabebewilligungen des verabschiedeten Etats für bestimmt bezeichnete Unternehmungen darf nicht eher Gebrauch gemacht werden, als bis feststeht, daß und in welchem Umfange diese Unternehmungen ausgeführt werden.

§ 8.

Zu § 5 (2) und (3).

Der Vorbehalt der gegenseitigen Deckungsfähigkeit von Titeln oder Unterabteilungen von solchen darf, soweit es sich um einmalige Ausgaben zu bestimmten Zwecken handelt, in den Entwurf des Staatshaushalts-Etats nur aufgenommen werden, wenn die Aufwendungen untereinander in einem inneren Zusammenhange stehen.

§ 9.

Zu § 6 (1).

Verfügungssummen (Dispositionssummen) für allgemeine und unvorhergesehene Ausgaben oder für Ausgaben, deren Zwecke nicht näher bezeichnet werden, dürfen von einem Ministerium nur für seinen gesamten Geschäftsbereich in den Staatshaushalts-Etat eingestellt werden und sind je einem besonderen Kapitel zuzuweisen.

§ 10.

Zu § 8 (2) Ziffer 2.

Als Stellvertretungskosten dürfen außerordentliche Vergütungen (Remunerationen) und außerordentliche Zuwendungen (Gratifikationen) nur dann verrechnet werden, wenn ein ausdrücklicher Vermerk dieses Inhalts nach Maßgabe von § 12 (5) in den Etat aufgenommen worden ist.

§ 11.

Zu § 8 (3).

Die Übertragbarkeit darf nur für selbständige Ausgabebewilligungen vorbehalten werden.

§ 12.

Zu §§ 11 (5) und 34 (1) Ziffer 5.

Dem Finanzministerium sind von den übrigen Ministerien sowie von der Generaldirektion der Sammlungen für Kunst und Wissenschaft zwecks Anfertigung der in § 34 (1) Ziffer 5 geordneten Zusammenstellung der nach § 11 (2) und (4) nicht eingezogenen oder erstatteten Beträge Nachweisungen oder Fehlanzeigen nach dem unter A anliegenden Muster bis zum 1. Juli des auf die abgelaufene Finanzperiode folgenden Jahres mitzuteilen.

§ 13.

Zu §§ 12 (1), 25 (1) und 10.

Wenn in Ausgaben, die auf Grund einer ausdrücklichen Bestimmung des Staatshaushalts-Etats von Einnahmen vorweg abgezogen werden dürfen,

Besoldungen und sonstige, bei der Pensionierung anzurechnende Dienstbezüge von Beamten enthalten sind, so sind die Besoldungen nach Stellenzahl und Gehaltsnormalien sowie die sonstigen pensionsfähigen Dienstbezüge unmittelbar unter demjenigen Einnahmetitel, bei dem der Abzug der Besoldungen usw. vorgesehen ist, in der Gegenstandsspalte des Staatshaushalts-Etats anzugeben oder den betreffenden Etatkapiteln besondere Beamtenetats beizufügen, auf die bei den fraglichen Einnahmetiteln hinzuweisen ist. Macht sich innerhalb der Finanzperiode eine Überschreitung der Stellenzahl nötig und sind infolgedessen die Besoldungen der über die Etatansätze hinaus angestellten Beamten außeretatmäßig zu verrechnen, so ist im Rechenschaftsberichte in der Gegenstandsspalte dem Abzugsvermerke hinzuzufügen „darunter . . . . . ℳ außeretatmäßige Ausgaben“ und in der Erläuterungsspalte Auskunft über die Art dieser Ausgaben zu geben.

§ 14.

Zu § 12 (2) und (5).

(1) Bei Beamtengruppen, für welche die Besoldungssumme unter Zugrundelegung eines Durchschnittsgehaltes berechnet ist, mindert sich im Falle der Einziehung einer Stelle jene Summe vom Tage der Einziehung ab um den auf sie entfallenden Durchschnittsgehalt. Ist der für die verbleibenden Stellen angewiesene Gehaltsbetrag höher als die Summe, die sich aus der Vervielfältigung des Durchschnittsgehaltes mit der Zahl der Beamten der Gruppe ergibt, so trägt der Unterschied die Eigenschaft eines künftig wegfallenden Ergänzungsbetrags zur Erhaltung bisheriger Besoldungen an sich, der als solcher, soweit nötig, im nächsten Staatshaushalts-Etat für sich zu veranschlagen ist.

(2) Die Summe, welche für die im Etat festgesetzte Stellenzahl bewilligt ist, darf, falls eine oder mehrere Stellen zeitweilig nicht besetzt sind, für die geringere Stellenzahl nicht dergestalt verwendet werden, daß die auf die unbesetzten Stellen nach dem Etat entfallenden Besoldungsbeträge den Inhabern der übrigen Stellen zugewiesen werden.

(3) Eine Überschreitung der im Etat für eine Beamtengruppe festgesetzten Stellenzahl liegt dann nicht vor, wenn die über den Etatansatz hinaus angestellten Beamten auf unbesetzte Stellen einer anderen aus demselben Ausgabetitel im Sinne des § 10 Absatz 3 des Gesetzes zu besoldenden Beamtengruppe Anrechnung finden.

(4) Werden innerhalb der Finanzperiode bei solchen Beamtengruppen, die nach dem Gehaltsklassensysteme aufrücken, Beamte außeretatmäßig angestellt, so ist diesen nur der Mindestgehalt zu gewähren und der Gesamtbetrag der Gehalte für die etatmäßigen Beamten der betreffenden Gruppe bis zur späteren Regelung im Staatshaushalts-Etat unverändert zu lassen.

(5) Dasselbe gilt für Beamtengruppen, die nach dem Gehaltsklassensysteme aufrücken, wenn der Fall der Beamtenvermehrung im Etat selbst schon vorgesehen und eine Verfügungssumme zu diesem Zwecke ausgeworfen ist, sowie wenn der Etat lediglich einen Vorbehalt wegen eines innerhalb der Finanzperiode etwa hervortretenden Mehrbedarfs an Beamten

enthält und die Anstellung von Beamten über die Stellenzahl des Etats hinaus tatsächlich erfolgt.

§ 15.

Zu § 13 (2).

(1) Die von den Beamten für die Überlassung von Dienstmietwohnungen zu entrichtenden Vergütungen sind im Etat bei den einschlagenden Besoldungstiteln in der Erläuterungsspalte zu beziffern.

(2) Ist in dem von den Beamten zu bezahlenden Mietzinse zugleich die Vergütung für die etwa den Beamten aus Staatsmitteln gewährte Heizung und Beleuchtung oder eines von beiden enthalten, so ist dies in dem Vermerke mit zu erwähnen, auch der Vergütungsbetrag zu beziffern, dafern ein solcher gesondert ausgeworfen worden ist.

§ 16.

Zu §§ 14 (1) und 16.

(1) Unter den in §§ 14 (1) und 16 genannten Bauten sind Hochbauten und Tiefbauten zu Lande und zu Wasser, einschließlich der Eisenbahn- und Straßenbauten aller Art, dagegen nicht Tagebaue und unterirdische Grubenbaue beim Bergbau zu verstehen. Die aus Etatmitteln für laufenden Bauaufwand zu bestreitenden Jahresbauherstellungen und Instandsetzungen der Dienst- und Dienstmietwohnungen fallen nicht unter den Begriff der Wiederherstellungsarbeiten im Sinne des § 14 (1).

(2) Bis zum Erlasse der in § 14 Absatz 2 dem Gesamtministerium vorbehaltenen Anordnung bewendet es bezüglich der Aufstellung und Genehmigung von Bauentwürfen und Kostenanschlägen sowie bezüglich der Voraussetzungen, unter denen von den genehmigten Entwürfen und Anschlägen abgewichen werden darf, auch nach dem Inkrafttreten des Gesetzes bei den für die einzelnen Verwaltungszweige zurzeit maßgebenden Bestimmungen.

§ 17.

Zu § 16.

Unter Anschlagssumme im Sinne von § 16 ist die im Etat ausgeworfene Ausgabesumme zu verstehen.

§ 18.

Zu § 18.

(1) Überweisungen von Grundstücken, die zum Staatsvermögen, aber nicht zum Staatsgute gehören, an das Staatsgut sind Veräußerungen im Sinne von § 18.

(2) Wird in anderen Fällen ein nicht zum Staatsgute gehöriges Grundstück von einem staatlichen Verwaltungszweige einem anderen überwiesen, so ist dies nicht als Veräußerung im Sinne von § 18 zu betrachten.

(3) Ein Ausgleich wegen der in Absatz 2 genannten Überweisungen zwischen den einzelnen Verwaltungen ist nur herbeizuführen, wenn eine Verwaltung, die ein Grundstück an eine andere Verwaltung abzugeben hat,

zur Beschaffung von Ersatz entweder ein anderes Grundstück anzukaufen oder einen Neu- oder Umbau auszuführen oder Aufwendungen beider Art zu machen genötigt ist. Darüber, ob diese Fälle vorliegen, entscheidet die Verwaltung, die das Grundstück abgibt. In diesen Fällen ist der abgebenden Verwaltung der Kaufwert des Grundstückes oder die Bausumme oder beides von der empfangenden Verwaltung mit der Maßgabe zu ersetzen, daß, wenn der Kaufpreis für das neu zu erwerbende Grundstück oder die aufzuwendende Bausumme oder beides weniger als der Kaufwert des abgegebenen Grundstückes beträgt, nur der Betrag zu leisten ist, den die Verwaltung, die ein Grundstück abgegeben hat, zur Beschaffung des Ersatzes aufwenden muß.

(4) Wenn Gebrauchsgegenstände und Dienststücke (Mobiliar und Inventar) von einer Verwaltung an eine andere Verwaltung überwiesen werden, hat ein Ausgleich zwischen den einzelnen Verwaltungen nur einzutreten, falls die Sachen durch die Überweisung Teile des Staatsgutes werden.

(5) In der nach § 34 (1) Ziffer 1 dem Rechenschaftsberichte beizugebenden summarischen Übersicht sind Überweisungen von Grundstücken, Gebrauchsgegenständen und Dienststücken (Mobiliar und Inventar) von einer Staatsverwaltung an eine andere, soweit nicht auf Grund von § 34 (2) Ausnahmen für die Staatseisenbahnverwaltung zugelassen sind, in der bisherigen Weise als Abgang oder Zuwachs nachzuweisen.

§ 19.

Zu § 21 (2) und (3).

(1) Wenn Kapitel oder Titel vorhanden sind, die sich zur Verschreibung von Einnahmen, von anderen persönlichen Ausgaben als Besoldungen und von sächlichen Ausgaben eignen, darf die Verschreibung auch dann nicht außeretatmäßig bewirkt werden, wenn die Einnahmen oder Ausgaben bei der Etataufstellung nicht mit zum Ansatze gekommen waren und wenn ihre Einstellung zu Kapitel- oder Titelüberschreitungen führt.

(2) Falls eine Ausgabe zwar ihrem Gegenstande nach einem der zu bestimmten Verwendungszwecken ausgesetzten Kapitel des Staatshaushalts-Etats angehört, nicht aber auch gleichzeitig in dem Wortlaute der bei einem solchen Kapitel vorgesehenen Titel ihre Deckung findet, so hat außeretatmäßige Verrechnung bei einem solchenfalls zu bildenden außeretatmäßigen persönlichen oder sächlichen Titel des betreffenden Etatkapitels zu erfolgen.

(3) Bei solchen Kapiteln, bei denen Titel mit der Aufschrift „verschiedene Einnahmen“ oder „verschiedene andere Einnahmen“ oder „verschiedene andere sächliche Ausgaben“ gebildet sind, ist die außeretatmäßige Verschreibung von Einnahmen oder von sächlichen Ausgaben, die ihrem Gegenstande nach den betreffenden Kapiteln zuzuteilen sind, ausgeschlossen.

§ 20.

Zu § 22.

(1) Trifft das zuständige Ministerium oder die Generaldirektion der Sammlungen für Kunst und Wissenschaft eine Anordnung nach Maßgabe von § 22 Satz 2, so sind Einnahmen oder Ausgaben, die wirtschaftlich dem

nächsten Jahr angehören, in die Kassenbücher für dieses nach deren Anlegung zu übertragen, dagegen Einnahmen oder Ausgaben, die wirtschaftlich einer über das nächste Jahr hinausliegenden Zeit angehören, als Verwahrungsposten oder als Vorschüsse zu behandeln.

(2) In der nämlichen Weise ist zu verfahren, wenn bei einer Kasse ausnahmsweise Einnahmen oder Ausgaben vorkommen, die erst in späteren Jahren fällig werden.

§ 21.

Zu § 23 (1) und (2).

Auch Rückstände, die bei außeretatmäßigen Einnahmen und Ausgaben vorkommen, unterliegen der in § 23 (1) und (2) geordneten Restbehandlung. Ihr Nachweis hat bei den dafür in den Staatshaushaltsrechnungen einzustellenden außeretatmäßigen Kapiteln oder Titeln zu erfolgen.

§ 22.

Zu § 24 (1).

Als „besondere" Tittel im Sinne von § 24 (1) Satz 1 sind nur solche anzusehen, die dem Wortlaute ihrer Aufschriften nach Vorschüsse oder Rückempfänge von Vorschüssen umfassen.

§ 23.

Zu § 25 (1).

Rabatte und Vermittelungsgebühren, die die Staatskasse im geschäftlichen Verkehre mit Dritten gewährt oder empfängt, ingleichen Gewinnanteile auf Versicherungskosten fallen nicht unter die Bestimmungen des § 25 (1). Sie sind, soweit möglich, anstatt in den Rechnungen, auf den Belegen in Abzug zu bringen.

§ 24.

Zu § 25 (3).

Als „besondere" Titel im Sinne von § 25 (3) sind nur solche anzusehen, die dem Wortlaute ihrer Aufschriften nach Rückeinnahmen oder Rückvergütungen umfassen.

§ 25.

Zu § 26.

Die Geldwerte der Vermehrungen und Verminderungen von Vorräten müssen, soweit sie in den Rechnungen mit nachgewiesen werden und infolgedessen den Isteinnahmen und den Istausgaben beizuzählen sind, in den Schlußabrechnungen getrennt von den letzteren besonders ersichtlich gemacht werden.

§ 26.

Zu § 29.

Fällt der äußerste Termin des Bücherabschlusses auf einen Sonn- oder Festtag, so ist spätestens am vorhergehenden Werktage abzuschließen. Unter Festtagen sind nur staatlich anerkannte Feiertage zu verstehen.

§ 27.

Zu § 32 (2).

Soweit falsch verrechnete Einnahmen oder Ausgaben nach dem Abschlusse der Kassenbücher ausgeglichen werden müssen, hat dieser Ausgleich in der nächsten noch nicht abgeschlossenen Staatshaushaltsrechnung einzutreten. Sind jedoch übertragbare Ausgabemittel beteiligt, so ist die Ausgleichung nur vorzunehmen, soweit übertragbare Beträge verhanden sind.

Muster A
(zu § 12 der Ausführungsverordnung).

Nachweisung

der
in der Finanzperiode 19../..
auf Grund von § 11 Absatz 2 und 4 des Gesetzes,
den Staatshaushalt betreffend,

ausgesprochenen Verzichte, Erstattungen und Niederschlagungen, soweit ihr Geldbetrag im einzelnen Falle 300 ℳ übersteigt oder soweit ihr Gegenstand nicht in einer Geldsumme besteht.

Lfde. Nr.	Kap. bez. Titel.	Gegenstand.	Zahl der Verzichte, Erstattungen und Niederschlagungen.	Geldbetrag (summarisch). ℳ	Bemerkungen.
		I. Ordentlicher Staatshaushalts-Etat.			
		II. Außerordentlicher Staatshaushalts-Etat.			

IV.

Gesetz, die Oberrechnungskammer betreffend, vom 30. Juni 1904 in der Fassung des Abänderungsgesetzes vom 6. August 1908.

§ 1. Die Oberrechnungskammer hat die Kontrolle des gesamten Staatshaushaltes im Wege der Prüfung und Feststellung der Rechnungen über Einnahmen und Ausgaben von Staatsgeldern sowie über Zugang und Abgang von Staatseigentum zu führen.

Sie ist unmittelbar dem Gesamtministerium untergeordnet, darf jedoch von diesem in der Aufstellung von Erinnerungen gegen die Rechnungen und in der Verfolgung des zur Erledigung der Erinnerungen gesetzlich vorgeschriebenen Weges sowie in der Anstellung der von ihr dabei für erforderlich erachteten Erörterungen nicht beschränkt werden. Den einzelnen Ministerien gegenüber ist sie selbständig.

§ 2. Die Oberrechnungskammer besteht aus einem Präsidenten einem Vizepräsidenten und der erforderlichen Anzahl von Räten.

Anstellungsbehörde aller Mitglieder sowie Dienstbehörde des Präsidenten ist das Gesamtministerium. Der Präsident ist Dienstbehörde der übrigen Mitglieder und der sonstigen Beamten der Oberrechnungskammer.

§ 3. Nebenämter oder mit außerordentlicher Vergütung verbundene Nebenbeschäftigungen dürfen den Mitgliedern der Oberrechnungskammer weder übertragen noch von ihnen, abgesehen von schriftstellerischen Arbeiten, übernommen werden.

§ 4. Die Mitglieder der Oberrechnungskammer werden auf Vorschlag des Gesamtministeriums vom König auf Lebenszeit ernannt und müssen zum Richteramt oder sonst zum höheren Staatsdienste befähigt sein. Vor Besetzung der Stelle des Vizepräsidenten oder eines Rates ist der Präsident der Oberrechnungskammer gutachtlich zu hören.

Vater und Sohn, Schwiegervater und Schwiegersohn, Brüder und Schwäger dürfen nicht zugleich Mitglieder der Oberrechnungskammer sein. Steht ein Mitglied in einem solchen Verhältnisse zu einem Minister, so hat es in den zu dessen Ressort gehörigen Angelegenheiten nicht mitzuwirken.

Die unfreiwillige Versetzung der Mitglieder in ein anderes Amt ist ausgeschlossen.

Die Stelle eines Mitgliedes darf nicht als Nebenamt verliehen werden.

Ein Mitglied darf nicht einer der beiden Kammern der Ständeversammlung angehören.

Der Vizepräsident und die Räte rücken vom Mindestbetrage bis zum Höchstbetrage des im Staatshaushalts-Etat für sie ausgeworfenen Gehaltes innerhalb einer dreimaligen Frist von je drei Jahren in Stufen auf, die durch den Staathaushalts-Etat festgesetzt werden.[1]

---

[1] Die Fassung des Abs. 6 von § 4 beruht auf § 1 des Gesetzes vom 6 August 1908 (GVB. S. 281), das im übrigen keine weiteren Änderungen enthält.

Solange sie jedoch unter Einziehung ihres Gehaltes beurlaubt[1] oder infolge eines gegen sie eingeleiteten strafgerichtlichen oder disziplinarischen Verfahrens (§ 6) vorläufig vom Amte enthoben sind oder sich im zeitweiligen Ruhestand befinden, tritt eine Aufrückung in eine höhere Gehaltsstufe nicht ein. Nimmt das beurlaubt gewesene Mitglied seine Dienstgeschäfte wieder auf, so kann die Urlaubszeit bei Berechnung der Aufrückungsfrist berücksichtigt werden. Wird das vorläufig vom Amte enthobene Mitglied später freigesprochen oder das eingeleitete Verfahren eingestellt oder erfolgt nach der Versetzung in den zeitweiligen Ruhestand der Wiedereintritt in den Dienst, so ist die Zeit, während deren das Mitglied vorläufig vom Amte enthoben war oder sich im Ruhestande befand, bei Berechnung der Aufrückungsfristen mitzuzählen. Auch kann im Falle der vorläufigen Enthebung vom Amte die Aufrückung von dem Zeitpunkte ab nachverfügt werden, zu dem das Mitglied aufgerückt sein würde, wenn es nicht vorläufig vom Amte enthoben worden wäre.

§ 5. Die Mitglieder der Oberrechnungskammer unterliegen, abgesehen von den Bestimmungen des § 6, keinem Disziplinarverfahren.

§ 6. Auf die Dienstentlassung der Mitglieder, ihre vorläufige Enthebung vom Amte und ihre Versetzung in zeitweiligen oder dauernden Ruhestand sind die Vorschriften des Gesetzes vom 20. März 1880 über die Dienstverhältnisse der Richter entsprechend anzuwenden.[2]

---

[1] Inwieweit Einziehung des Gehalts, d. h. des ganzen Gehalts im Falle der Beurlaubung des Vizepräsidenten und der Räte der Oberrechnungskammer eintreten kann, richtet sich nach den für alle Zivilstaatsdiener gleichmäßig gültigen Bestimmungen in § 15 des Zivilstaatsdienergesetzes vom 7. März 1835, zufolge deren bei der auf längere Zeit als zwei Monate während eines Jahres nachgesuchten Dispensation von Dienstgeschäften für den dritten Monat ein Abzug der Hälfte des monatlichen Gehalts eintritt, für die weitere Urlaubszeit aber nach dem Ermessen der Anstellungsbehörde die Einziehung des ganzen Gehalts auf die Dauer der Urlaubszeit verfügt werden kann, in dem einen wie in dem anderen Falle jedoch, dafern nicht der Urlaub zur Herstellung der Gesundheit notwendig war.

[2] Unter den auf die Dienstentlassung der Mitglieder der Oberrechnungskammer, ihre vorläufige Enthebung vom Amte und ihre Versetzung in den zeitweiligen oder dauernden Ruhestand entsprechend anzuwendenden Bestimmungen des Gesetzes über die Dienstverhältnisse der Richter vom 20. März 1880 (GVB. S. 31) sind folgende zu verstehen:

§ 15. Ein Richter, welcher

1. die Pflichten verletzt, die ihm sein Amt auferlegt, oder
2. sich durch sein Verhalten in oder außer dem Amte der Achtung, des Ansehens oder des Vertrauens, die sein Beruf erfordert, unwürdig zeigt, unterliegt der Disziplinarbestrafung.

§ 17. Disziplinarstrafen sind:

1. . . . .
2. . . . .
3. Dienstentlassung.

. . . .

§ 47. Ist gegen einen Richter im strafgerichtlichen Verfahren die Untersuchungshaft verhängt oder wegen eines Verbrechens oder wegen eines Vergehens, wegen dessen auf Verlust der bürgerlichen Ehrenrechte oder auf Verlust der Fähigkeit zur Bekleidung öffentlicher Ämter erkannt werden kann, die Voruntersuchung oder die Eröffnung des

Zu entscheiden hat der Disziplinarhof in der durch § 26 dieses Gesetzes bestimmten Zusammensetzung[1] auf Antrag eines Beauftragten des Gesamtministeriums. Gegen die Entscheidung findet ein Rechtsmittel nicht statt.

Hauptverfahrens beschlossen, oder ist im Disziplinarstrafverfahren ein auf Dienstentlassung des Richters lautendes, noch nicht rechtskräftiges Urteil ergangen, so tritt die vorläufige Enthebung des Richters vom Amt auf die Zeit bis zur Beendigung der Straf- oder Disziplinarsache von Rechts wegen ein.

§ 48. Dienstentlassung kann außer dem Falle eines Disziplinarvergehens (§ 15 unter 1 und 2) auch dann verfügt werden, wenn ein Richter in Konkurs verfallen ist oder wenn ein Richter in ungeordneter Vermögenslage sich befindet und hierdurch das Ansehen beeinträchtigt wird, welches seine dienstliche Stellung erfordert.

§ 50. Die Versetzung des Richters in den zeitweiligen Ruhestand kann verfügt werden, wenn er durch Krankheit, welche eine Wiederherstellung hoffen läßt, ein Jahr hindurch an der Verrichtung seiner Dienstgeschäfte fast gänzlich behindert gewesen und beim Ablauf des Jahres noch nicht vollständig genesen oder in der Folgezeit durch erneute Krankheit anderweit auf längere Zeit an der Verrichtung seiner Dienstgeschäfte behindert worden ist.

§ 51. Die Versetzung des Richters in den dauernden Ruhestand ist zu verfügen,

1. wenn im Fall des § 50 nach Ablauf eines Jahres von der Versetzung in den zeitweiligen Ruhestand an die volle Diensttüchtigkeit noch nicht wieder eingetreten ist,
2. wenn der Richter durch ein körperliches Gebrechen oder wegen Schwäche seiner körperlichen oder geistigen Kräfte zu Erfüllung seiner Amtspflicht dauernd unfähig geworden ist,

und kann nach dem Ermessen der Anstellungsbehörde verfügt werden,

3. wenn der Richter das fünfundsechzigste Lebensjahr erfüllt hat.

§ 52. Der Beschluß der Anstellungsbehörde ist dem betreffenden Richter in den Fällen der §§ 48, ... 50 und des § 51 unter 1 mindestens einen Monat, in den Fällen des § 51 unter 2 und 3 mindestens drei Monate vor dem Zeitpunkt, mit welchem die Versetzung eintreten soll, schriftlich zu eröffnen.

§ 53. Bestreitet der Richter die Voraussetzungen, unter denen die Dienstentlassung oder die Versetzung .... in den Ruhestand auf Grund der Bestimmungen in §§ 48 bis 51 ohne sein Ansuchen verfügt werden kann, so hat er dies vor Ablauf der Hälfte der in § 52 bestimmten Fristen der Anstellungsbehörde anzuzeigen.

Der Bestimmung in § 51 unter 3 gegenüber ist zu bemerken, daß ein Mitglied der Oberrechnungskammer ebensowenig wie ein Richter lediglich deshalb, weil er das 65. Lebensjahr erfüllt hat, in den dauernden Ruhestand versetzt werden kann. Vielmehr kann dies nur unter der Voraussetzung geschehen, daß infolge der Erreichung dieses Lebensalters Umstände bei ihm eingetreten sind, die ihn für sein Amt nicht mehr als geeignet erscheinen lassen. Denn wenn das bloße Ermessen der Anstellungsbehörde den Ausschlag geben sollte, würde ein Rechtsmittel gegen deren Entschließung überhaupt nicht zugelassen worden sein. Auch würde dies im Widerspruche damit stehen, daß die Mitglieder der Oberrechnungskammer ebenso wie die Richter auf Lebenszeit ernannt werden (vgl. § 4 Abs. 1 des Gesetzes vom 30. Juni 1904). Anderseits ist für die Lebenslänglichkeit der Anstellung fortdauernde Eignung für den Dienst selbstverständliche Voraussetzung, wie sich dies auch aus § 51 unter 1 und 2 ergibt.

[1] Nach § 26 des Gesetzes vom 20. März 1880 besteht der Disziplinarhof in den hier fraglichen Angelegenheiten aus dem Präsidenten und den Senatspräsidenten des Oberlandesgerichts und drei Landgerichtspräsidenten, und an jeder Entscheidung des Disziplinarhofs müssen drei Mitglieder des Oberlandesgerichts und zwei Landgerichtspräsidenten teilnehmen.

§ 7. Für das Verfahren zur Vorbereitung dieser Entscheidung gilt folgendes:

1. Der Präsident des Disziplinarhofes beauftragt einen dem letzteren angehörenden Richter, die Tatsachen zu erörtern, nötigenfalls den Beweis unter Vorladung des Mitgliedes, gegen welches sich das Verfahren richtet, zu erheben und darüber schriftlich zu berichten.

   Der Bericht ist dem Mitglied und dem Beauftragten des Gesamtministeriums zuzufertigen.

2. Der Entscheidung geht eine mündliche Verhandlung vor dem Disziplinarhofe voraus. Hierbei können Zeugen und Sachverständige — auch eidlich — vernommen werden. Das Mitglied und der Beauftragte des Gesamtministeriums sind zu hören.

3. Das Mitglied kann sich eines Rechtsanwaltes als Beistandes oder Vertreters bedienen. Der Disziplinarhof ist aber befugt, das persönliche Erscheinen des Mitgliedes unter der Verwarnung anzuordnen, daß bei seinem Ausbleiben kein Vertreter werde zugelassen werden.

§ 8. Die der Oberrechnungskammer beizugebenden Rechnungsbeamten werden auf den Vorschlag des Präsidenten von dem Gesamtministerium ernannt. Für das erforderliche Kanzlei- und Dienerpersonal ist der Präsident der Oberrechnungskammer Anstellungsbehörde.

§ 9. Der Geschäftsgang bei der Oberrechnungskammer wird durch eine Geschäftsordnung geregelt, die von der Oberrechnungskammer aufzustellen und dem Gesamtministerium zur Bestätigung vorzulegen, den Ständen aber zur Kenntnisnahme mitzuteilen ist. Dasselbe gilt auch bezüglich späterer Abänderungen und Ergänzungen der Geschäftsordnung.

In der Geschäftsordnung sollen auch die Bestimmungen über die Geschäftsleitung des Präsidenten enthalten sein.

§ 10. Die Oberrechnungskammer faßt ihre Beschlüsse in allen wichtigeren Angelegenheiten kollegialisch nach Stimmenmehrheit der Mitglieder einschließlich des Vorsitzenden. An jeder kollegialischen Beschlußfassung müssen einschließlich des Vorsitzenden mindestens drei Mitglieder teilnehmen. Wenn an der Beschlußfassung mehr als drei Mitglieder teilnehmen und die Stimmen gleich geteilt sind, so gibt die Stimme des Vorsitzenden den Ausschlag.

Die kollegialische Beratung und Beschlußfassung ist erforderlich, wenn

1. an das Gesamtministerium der in § 21 bezeichnete Vortrag erstattet,
2. der für die Stände bestimmte Bericht (§ 22) festgestellt,
3. allgemeine Grundsätze aufgestellt oder bestehende abgeändert,
4. allgemeine Instruktionen erlassen oder abgeändert,
5. über Anordnungen der obersten Verwaltungsbehörden Gutachten abgegeben,
6. Fehlbeträge (Defekte), zu deren Erledigung ein unverhältnismäßiger Aufwand an Zeit und Mühe erforderlich sein würde,

in höherem Betrage als von 300 M (§ 19 Absatz 3) fallen gelassen werden sollen.

Inwieweit für sonstige Angelegenheiten kollegiale Beratung und Beschlußfassung erforderlich ist oder im einzelnen Falle herbeigeführt werden kann, bestimmt die Geschäftsordnung.

§ 11. Der Prüfung und Feststellung durch die Oberrechnungskammer unterliegen alle Geld- und Sach-(Natural-)Rechnungen, durch welche die Ausführung des Staatshaushalts-Etats und der Unterlagen, auf denen er beruht, dargetan wird, die Rechnung über die Verwaltung der beweglichen Vermögensbestände des Staates, ingleichen die Geld- und Sach-(Natural-) Rechnungen über die staatlichen Bestände (Fonds) zu bestimmten Zwecken sowie derjenigen Anstalten, Stiftungen und Vermögensmassen (Fonds), die lediglich von Staatsbehörden oder durch von Staats wegen angestellte Beamte ohne Beteiligung der Interessenten bei der Rechnungsprüfung verwaltet werden. Die bei der Militärverwaltung abgelegten Rechnungen über Stiftungen und Vermögensmassen (Fonds), die zu milden Zwecken bestimmt und aus Schenkungen oder letztwilligen Zuwendungen gebildet sind, bleiben von dieser Vorschrift unberührt.

Inwieweit den Rechnungen Bestandsverzeichnisse (Inventarienverzeichnisse) beizufügen sind oder nur deren regelmäßige Führung nachzuweisen ist, bleibt der Bestimmung der Oberrechnungskammer nach Verschiedenheit der Kassenzweige überlassen.

Die Rechnungen der Kasse der Oberrechnungskammer werden zunächst von dem Präsidenten der Oberrechnungskammer geprüft und mit den von diesem gezogenen Erinnerungen den Ständen zur endgültigen Prüfung und Feststellung vorgelegt.

§ 12. Die Oberrechnungskammer ist befugt, nach Maßgabe der ihr zur Verfügung stehenden Arbeitskräfte im Einverständnisse mit den Ressortministerien solche Rechnungen, welche zwar den Staatshaushalt berühren, zum Staatshaushalts-Etat aber in keiner unmittelbaren Beziehung stehen oder welche Anstalten, Stiftungen und Vermögensmassen (Fonds) betreffen, die lediglich von Staatsbehörden oder durch von Staats wegen angestellte Beamte ohne Beteiligung der Interessenten bei der Rechnungsprüfung verwaltet werden (§ 11 Absatz 1), jedoch minder wichtig erscheinen, von der regelmäßigen Prüfung auszuschließen, diese vielmehr den Ressortministerien oder den von diesen zu beauftragenden Verwaltungsbehörden zu überlassen. Die Oberrechnungskammer soll jedoch von Zeit zu Zeit derartige Rechnungen einfordern, um sich zu überzeugen, daß die Verwaltung, über die sie geführt werden, vorschriftsmäßig erfolge.

Das Verzeichnis der von der regelmäßigen Prüfung der Oberrechnungskammer ausgeschlossenen Rechnungen sowie etwaige spätere Abänderungen an demselben sind den Ständen von dem Gesamtministerium mitzuteilen.

§ 13. Die Prüfung der Rechnungen ist auf die Vorschriftsmäßigkeit sowie die ursächliche und ziffermäßige Begründung der Rechnungseinträge, weiter aber noch besonders darauf zu richten:

a) ob bei der Erhebung und Vereinnahmung sowie bei der Verwendung und Verausgabung von Staatsgeldern, ingleichen bei der Erwerbung, Benutzung und Veräußerung von Staatseigentum nach den bestehenden Gesetzen und Vorschriften, unter genauer Beachtung der maßgebenden Verwaltungsgrundsätze, verfahren worden ist,

b) ob und wo nach den aus den Rechnungen zu beurteilenden Ergebnissen der Verwaltung im finanziellen Interesse des Staates Abänderungen nötig oder ratsam erscheinen.

§ 14. Die Oberrechnungskammer ist berechtigt, von den Behörden jede zur Prüfung der Rechnungen für erforderlich erachtete Auskunft sowie die Einsendung von Kassenbüchern und Belegen, von den den Ressortministerien untergeordneten Behörden auch die Einsendung von Akten zu verlangen.

Der Präsident der Oberrechnungskammer ist befugt, Bedenken und Erinnerungen gegen die Rechnungen an Ort und Stelle durch Kommissare erörtern zu lassen, auch zur Unterrichtung über die Einzelheiten der Verwaltung sowie zur Vornahme von Erörterungen über die in bezug auf die Verwaltung der Kassen und Führung der Kassenbücher bestehenden Einrichtungen Kommissare abzuordnen. In allen Fällen der Absendung eines Kommissars hat er dem Ressortministerium vorher Mitteilung zu machen.

§ 15. Alle Verfügungen der Ministerien, durch welche in Beziehung auf Einnahmen oder Ausgaben des Staates eine allgemeine Vorschrift gegeben oder eine schon bestehende abgeändert oder erläutert wird, müssen, soweit sie nicht in dem Amtsblatte einer Behörde oder sonst öffentlich bekannt gemacht werden, sogleich bei ihrem Ergehen zur Kenntnis der Oberrechnungskammer gebracht werden.

Allgemeine Anordnungen der Behörden über die Verwaltung der Kassen und die Führung der Kassenbücher sind schon vor ihrem Erlasse der Oberrechnungskammer mitzuteilen.

Die Oberrechnungskammer ist befugt, auf etwaige Bedenken, die sich von ihrem Standpunkte mit Bezug auf diese Verfügungen und Anordnungen ergeben, aufmerksam zu machen.

Die auf die Rechnungslegung bezüglichen Beschlüsse des Landtags sind der Oberrechnungskammer von dem Gesamtministerium bekannt zu geben.

§ 16. Die Vorschriften über die formelle Einrichtung der Rechnungen werden durch Vereinbarung der Oberrechnungskammer mit den beteiligten Ministerien oder, soweit eine Einigung nicht eintritt, durch Entscheidung des Gesamtministeriums festgestellt und von den beteiligten Ministerien erlassen.

§ 17. Die Einsendung der Rechnungen nebst Belegen an die Oberrechnungskammer zum Zwecke der Prüfung und Feststellung erfolgt durch das Ressortministerium, soweit dasselbe nicht mit Bezug hierauf etwas anderes mit der Oberrechnungskammer vereinbart hat. Die Fristen zur Einsendung sind nach Vernehmung mit den Ressortministerien von der Oberrechnungskammer zu bestimmen.

Vor Einsendung der Rechnungen findet eine Vorprüfung (Abnahme) derselben bei dem Ressortministerium oder der von diesem damit beauftragten Verwaltungsbehörde statt. Dabei sind die Rechnungen nebst Belegen sowohl in formeller und rechnerischer wie in sachlicher Hinsicht vollständig und gründlich zu prüfen sowie mit den nötigen Erläuterungen und Bemerkungen, auch den etwa noch fehlenden Bescheinigungen zu versehen. Bei der Abnahme ist auch die Erledigung wahrgenommener Mängel, soweit möglich, auf kürzestem Wege herbeizuführen; von schriftlichen Erinnerungen gegen die Rechnungsführer ist der Regel nach abzusehen, soweit aber solche ausnahmsweise dennoch erfolgen, sind Entscheidungen auf deren Beantwortung nicht zu erteilen. Nach Beendigung der Abnahme wird das Ergebnis der Oberrechnungskammer mitgeteilt. Diese entscheidet darüber, ob und inwieweit bei der ihr obliegenden Rechnungsprüfung davon Gebrauch zu machen ist.

Soweit es sich ermöglichen läßt, ist die Prüfung der Belege bereits im Laufe des Rechnungsjahres selbst auszuführen, dergestalt, daß die Rechnung schon auf Grund geprüfter und berichtigter Belege aufgestellt werden kann. Sind die Belege bereits vor Eingang bei der Abnahmestelle rechnerisch geprüft, so kann die für die Abnahme vorgeschriebene rechnerische Vorprüfung auf Stichproben beschränkt werden.

In bezug auf Unterlagsrechnungen und solche Rechnungen, die nach Maßgabe von § 12 Absatz 1 von der regelmäßigen Prüfung der Oberrechnungskammer ausgeschlossen werden, können Ausnahmen von diesen Grundsätzen durch Vereinbarung zwischen den Ressortministerien und der Oberrechnungskammer zugelassen werden.

§ 18. Die Oberrechnungskammer hat die bei Prüfung der Rechnungen aufgestellten Erinnerungen dem Ressortministerium mitzuteilen; sie ist jedoch befugt, sachlich (materiell) unerhebliche Mängel, denen eine grundsätzliche Bedeutung nicht beiwohnt, nach ihrem Ermessen entweder überhaupt nicht zum Gegenstande von Erinnerungen zu machen oder, ohne eine Beantwortung zu verlangen, nur zur Kenntnis der Verwaltungsbehörde oder des Rechnungsführers zu bringen. Das Ressortministerium hat die Beantwortung der Erinnerungen, soweit eine solche notwendig ist, herbeizuführen und sodann letztere mit den Beantwortungen an die Oberrechnungskammer zur Entscheidung zurückzugeben.

In gleicher Weise ist in den Fällen zu verfahren, in denen eine Erinnerung durch die Beantwortung noch nicht vollständig erledigt worden ist und deshalb eine anderweite Beantwortung sich nötig macht.

Die Fristen zur Beantwortung der Erinnerungen werden von der Oberrechnungskammer festgestellt.

Bezüglich derjenigen Erinnerungen der Oberrechnungskammer, die gegen Abweichungen von den ohne ständische Zustimmung ergangenen Vorschriften und Anordnungen und von den bisher als maßgebend für die Verwaltung angenommenen Grundsätzen gerichtet sind und durch den Schriftenwechsel mit dem Ressortministerium keine Erledigung gefunden haben, steht dem Gesamtministerium die Entscheidung zu.

§ 19. Stellen sich bei der Rechnungsprüfung Vertretungen des Rechnungsführers heraus, deren Deckung durch die Beantwortung der Erinnerungen nicht nachgewiesen wird, so hat die Oberrechnungskammer die Vereinnahmung dieser Fehlbeträge (Defekte) an der gehörigen Stelle der nächstfolgenden Rechnung anzuordnen und zu überwachen, während die zu deren Beitreibung etwa nötige Veranstaltung der dem Rechnungsführer vorgesetzten Verwaltungsbehörde obliegt.

Wenn sich wegen Gefahr im Verzuge eine schleunige Verfügung zur Beitreibung der Fehlbeträge (Defekte) als notwendig darstellt, so hat die Oberrechnungskammer dem zuständigen Ministerium hiervon sofort Mitteilung zu machen.

Der Oberrechnungskammer ist gestattet, Fehlbeträge (Defekte), wenn zu ihrer Erledigung ein unverhältnismäßiger Aufwand an Zeit oder Mühe erforderlich sein würde und ein höherer Betrag als 1000 (eintausend) Mark für den einzelnen Fall dabei nicht in Frage kommt, sowie Fehlbeträge (Defekte), deren Uneinbringlichkeit bereits feststeht, nicht weiter zu verfolgen, sondern fallen zu lassen.

§ 20. Sind dem Rechnungsführer gegenüber Erinnerungen gegen die Rechnung nicht gezogen oder sind die gegen den Rechnungsführer aufgestellten Erinnerungen durch deren Beantwortung erledigt und ist die Vereinnahmung der etwa ausgeworfenen Fehlbeträge (Defekte) durch die nächstfolgende Rechnung nachgewiesen worden, so ist von der Oberrechnungskammer eine Erklärung dahin auszustellen, daß aus den Geschäften des Rechnungsführers, auf welche sich die Rechnung bezieht, ein Schuldverhältnis des Rechnungsführers zugunsten der Staatskasse nicht bestehe (Justifikationsschein). Diese Erklärung wird dem Rechnungsführer durch Vermittelung des Ressortministeriums ausgehändigt. Dem Ermessen der Oberrechnungskammer wird überlassen, in den Fällen, in denen der Rechnungsführer die ihn treffenden Fehlbeträge (Defekte) anerkannt und deren Vereinnahmung in der nächstfolgenden abzulegenden Rechnung zugesichert hat, den Justifikationsschein unerwartet des Nachweises der Vereinnahmung mit dem Vorbehalte dieses Nachweises zu erteilen.

Durch die von der Oberrechnungskammer bewirkte Justifikation ist die Prüfung des Rechenschaftsberichts durch die Stände (§ 22) in keiner Weise beschränkt.

§ 21. Die Oberrechnungskammer hat alljährlich nach Ablauf ihres Geschäftsjahres dem Gesamtministerium über den Stand des Prüfungsverfahrens Vortrag zu erstatten und sich hierbei, insoweit die Ergebnisse der Rechnungsprüfung Anlaß dazu bieten, über etwaige Verbesserungen und Vervollkommnungen in der Verwaltung gutachtlich zu äußern (vergl. § 13b).

Das Gesamtministerium hat auf derartige Äußerungen Entschließung zu fassen und der Oberrechnungskammer davon Kenntnis zu geben.

§ 22. Dem von der Staatsregierung den Ständen auf jede Finanzperiode vorzulegenden Rechenschaftsbericht ist ein von der Oberrechnungskammer selbständig aufzustellender Bericht beizufügen, aus welchem sich ergeben muß,

1. ob und inwieweit bei der Ausführung des dem Rechenschaftsberichte zugrunde liegenden Staatshaushalts-Etats Abweichungen von den Bestimmungen des letzteren oder von sonstigen unter ständischer Zustimmung ergangenen Vorschriften und Anordnungen stattgefunden haben, insbesondere

2. ob und welche Etatüberschreitungen und außeretatmäßige Ausgaben vorgekommen sind, endlich
3. ob und welche erheblichen Abweichungen von den auf die Staatseinnahmen und Staatsausgaben oder auf die Erwerbung, Benutzung und Veräußerung von Staatseigentum bezüglichen Gesetzen oder unter ständischer Zustimmung ergangenen Vorschriften zu verzeichnen gewesen sind.

Der Bericht der Oberrechnungskammer ist an das Gesamtministerium einzureichen und zwar so zeitig, daß er zugleich mit dem Rechenschaftsberichte den Ständen vorgelegt werden kann.

§ 23. Bezüglich der Rechnungen über die zum Königlichen Hausfideikommiß gehörigen Sammlungen für Kunst und Wissenschaft hat die Generaldirektion der Königlichen Sammlungen die Stelle des Ressortministeriums zu versehen.

Rücksichtlich der Rechnungen über die Staatsschuldenkasse bewendet es bei der Bestimmung in § 15 des Gesetzes vom 29. September 1834 (Sammlung der Gesetze und Verordnungen vom Jahre 1834 S. 209). Wegen Prüfung dieser Rechnungen findet, soweit sie hiernach der Oberrechnungskammer obliegt, das in den §§ 17 und 18 des gegenwärtigen Gesetzes vorgeschriebene Verfahren mit der Maßgabe Anwendung, daß der Landtagsausschuß zu Verwaltung der Staatsschulden an Stelle des daselbst erwähnten Ressortministeriums zu treten hat.

§ 24. Das gegenwärtige Gesetz tritt mit dem 1. Januar 1905 in Kraft.

Bezüglich der Rechnungswerke, deren Revision und Justifikation nach der bisherigen Regelung bei den Ministerien und anderen Behörden stattgefunden hat, ist das Revisionsverfahren wegen der auf das Jahr 1902 und weiter zurück abgelegten Rechnungen auch dann, wenn es bis zum 1. Januar 1905 noch nicht beendigt ist, in der bisherigen Weise bis zur Justifikation fortzusetzen.

§ 25 Die Bestimmung in § 19 unter 3 des Gesetzes über Kompetenzverhältnisse zwischen Justiz- und Verwaltungsbehörden vom 28. Januar 1835 (G.- u. V.-Bl. S. 55), insoweit sie sich auf die damalige Oberrechnungsdeputation bezieht, sowie das Mandat, die der Oberrechnungsdeputation usw. verliehene Gewalt betreffend, vom 1. September 1828 (Gesetzsammlung vom Jahre 1828 S. 201), insoweit es durch jene Bestimmung nicht bereits aufgehoben ist, und die Verordnung, die Oberrechnungskammer betreffend, vom 4. April 1877 (G.- u. V.-Bl. S. 193) treten vom 1. Januar 1905 an außer Kraft.

Sachregister.

(Die Ziffern bezeichnen die Seitenzahlen.)

Verlag von Veit & Comp. in Leipzig

Handbuch des Königlich Sächsischen Etat-, Kassen- und Rechnungswesens

nit Einschluß der rechnungsmäßigen Staatshaushaltskontrolle

von

Dr. Ernst Löbe,

Wirkl. Geheimen Rat und Präsidenten der Königl. Sächs. Oberrechnungskammer.

Zweite, vollständig neu bearbeitete Auflage.

gr. 8. 1904. geh. 20 ℳ, geb. in Halbfranz 22 ℳ 50 ₰.

Das Budgetrecht des Königreiches Sachsen

von

Dr. iur. et phil. Felix von Schroeder.

gr. 8. 1906. geh. 3 ℳ 20 ₰.

Rechtskraft im Verwaltungsstreitverfahren

Kritische Untersuchungen über die Anwendung zivilrechtlicher Grundsätze in der Verwaltungsjurisdiktion

von

Dr. Wolfgang Müller,

Regierungsassessor.

gr. 8. 1910. geh. 1 ℳ 20 ₰.

Die Rezesse zwischen Sachsen und Schönburg

von

Dr. iur. Hans Ernst Schmidt.

gr. 8. 1910. geh. 4 ℳ.

Verlag von Veit & Comp. in Leipzig

Das Kirchenpatronatrecht in der evangelisch-lutherischen Landeskirche des Königreichs Sachsen

von

Dr. iur. Otto Albert.

gr. 8. 1908. geh. 2 ℳ 20 ₰.

Die Teilung der Militärgewalt im deutschen Bundesstaat.

Die Militärhoheitsrechte in ihrer Verteilung zwischen Kaiser und Landesherrn.

Mit besonderer Berücksichtigung des Königreichs Sachsen.

Eine staatsrechtliche Studie

von

Dr. iur. Walter Felix Mueller.

gr. 8. 1905. geh. 2 ℳ 20 ₰.

Volkswirtschaftliche und wirtschaftsgeschichtliche Abhandlungen.

Wilhelm Stieda als Festgruß zur sechzigsten Wiederkehr seines Geburtstages dargebracht.

Im Verein mit Schülern und Verehrern herausgegeben von

Dr. Wilhelm Eduard Biermann,

a. o. Professor für Nationalökonomie an der Universität Leipzig.

Mit einem Bildnis von W. Stieda.

Lex. 8. 1912. geh. 9 ℳ.

Inhalt: Siegfried Moltke, Bibliothekar der Handelskammer zu Leipzig, Zwei Kapitel aus Leipzigs Handels- und Verkehrsgeschichte. I. Die Bank des Quints (1727). II. Ein Eisenbahnprojekt Leipzig-Magdeburg (1829). — Dr. Bruno Moll, Privatdozent für Nationalökonomie a. d. U. Kiel, Untersuchungen zur Geschichte des Objektes direkter Steuern. — Dr. Wilhelm Wick, Geschäftsführer des Verbandes der öffentlichen gemeinnützigen Arbeitsnachweise des Königreichs Sachsen zu Leipzig, Zur Geschichte des öffentlichen gemeinnützigen Arbeitsnachweises in Leipzig. — Dr. Wilhelm Eduard Biermann, a. o. Prof. für Nationalökonomie a. d. U. Leipzig, Der Abbé Galiani als Nationalökonom, Politiker und Philosoph nach seinem Briefwechsel. — Dr. Leon Zeitlin, Berlin, Ludwig Börne als Student der Kameralwissenschaften. — Dr. Karl Bräuer, Assistent des volkswirtschaftlichen Seminars a. d. U. Leipzig, Kritische Studien zur Literatur und Quellenkunde der Wirtschaftsgeschichte. — Dr. Johannes März, stellvertretender Syndikus des Verbandes Sächsischer Industrieller zu Dresden, Die Bedeutung des Unternehmerstandes für den industriellen Fortschritt in Sachsen. Ein Beitrag zur Geschichte der sächs. Industrie. — Alexander Dominicus, Oberbürgermeister zu Berlin-Schöneberg, Das Stellenvermittlungsgesetz und seine Bedeutung für die öffentl. Arbeitsnachweise. — Dr. Johannes Tack, Senatssekretär zu Bremen, Einiges über die Stellung der fremden, insonderheit der niederländischen Schiffahrt in Bremen während des 16., 17. und 18. Jahrhunderts. — Otto Meißgeier, Vorsitzender des Verbandes deutscher Mietervereine zu Leipzig, Zur Frage der Untervermietung in Leipzig.